AF378077

MAJA D'AOUST

Astrología de la sombra

*Cómo trabajar las oposiciones
de tu carta natal*

EDICIONES OBELISCO

Si este libro le ha interesado y desea que le mantengamos informado
de nuestras publicaciones, escríbanos indicándonos qué temas son de su interés (Astrología,
Autoayuda, Ciencias Ocultas, Artes Marciales, Naturismo, Espiritualidad, Tradición…)
y gustosamente le complaceremos.

Puede consultar nuestro catálogo en www.edicionesobelisco.com

Colección Astrología
ASTROLOGÍA DE LA SOMBRA
Maja D'Aoust

1.ª edición: abril de 2025

Título original: *Astrology of the Shadow Self*

Traducción: *Antonio Cutanda*
Maquetación: *Marga Benavides*
Corrección: *Elena Morilla*
Diseño de cubierta: *Enrique Iborra*

© 2024, Maja D'Aoust (por el texto y las ilustraciones)
Edición publicada por acuerdo con Inner Traditions International Ltd.,
a través de International Editors and Yáñez Co.
(Reservados todos los derechos)
© 2025, Ediciones Obelisco, S. L.
(Reservados los derechos para la presente edición)

Edita: Ediciones Obelisco, S. L.
Collita, 23-25 Pol. Ind. Molí de la Bastida
08191 Rubí - Barcelona - España
Tel. 93 309 85 25
E-mail: info@edicionesobelisco.com

ISBN: 978-84-1172-256-8
D L B 1996-2025

Impreso en España en los talleres gráficos de Romanyà/Valls, S. A.
Verdaguer, 1 - 08786 Capellades (Barcelona)

Printed in Spain

*A los adivinos que tienen el coraje de entrar en los reinos de la sombra
para enfrentarse a sus comportamientos sombríos, aspectos de uno mismo
que conviene traer a la conciencia. La liberación de todos
y cada uno de ellos depende de un proceso de elevación
desde la ignorancia a la luz, dejando que nuestras ramas
asciendan hacia el cielo y que nuestras raíces se extiendan
por las oscuras profundidades de atávicos vestigios.*

Introducción a la sombra

Cuídate de las organizaciones que proclaman su devoción a la luz sin asumir la oscuridad ni inclinarse ante ella; pues, al idealizar la mitad del mundo, se ven obligadas a despreciar al resto.

Starhawk, en *Dreaming the Dark*
(Soñando con la oscuridad)

EL MUNDO ES UN LUGAR MARAVILLOSO Y TERRIBLE, donde podemos encontrar tanto las cosas más increíbles como las bolsas de miseria más abyectas, y todas ellas coexisten simultáneamente en un gigantesco estofado. Yo me he habituado a denominar este reino como la arena de la alegría terror; y, si hago las cosas bien, este libro va a ser probablemente incómodo para ti, porque las sombras causan incomodidad, motivo por el cual las apartamos de nuestra conciencia, las ocultamos para no tener que mirarlas a la cara. Pero este acto de ocultación da lugar a una percepción falseada de la realidad en la que vivimos, aunque nos evite ver las sombras presentes en nuestro interior, en los demás y en el mundo natural en el cual vivimos. Este libro viene con un aviso de activación, porque se ocupa de energías y formas negativas. Pero estas cosas desagradables conforman asimismo la realidad, y lo único que hay que hacer es integrarlas, en vez de empeñarnos en excluirlas del otro dipolo, el de la energía positiva y los materiales edificantes. Al presentar esta obra no estoy sugiriendo en modo alguno que esto es lo único que hay, ni es un pergamino de perdición ni implica que

presentaciones arquetípicas con el fin de identificarlas y prepararnos para transmutarlas.

La oscuridad pertenece a lo femenino divino. Esto no es una declaración de género, sino que guarda relación con las correspondencias energéticas. La energía femenina es energía negativa, lo cual no significa que sea mala; la cultura occidental ha proyectado connotaciones negativas sobre esta energía, asociándola con el miedo a la muerte y al estancamiento. Pero, en lo que a este libro se refiere, la energía negativa hace referencia a una carga energética y una quietud. La energía negativa se hunde; es densa y va hacia abajo. La energía negativa es también el motivo por el cual se forma la materia en el universo. Las cosas no pueden crecer en una dirección positiva, masculina, permanentemente –pues eso daría lugar a un cáncer, a un crecimiento excesivo–, y ése es el motivo por el cual debe existir la energía negativa. Si todo ascendiera permanentemente, seríamos Ícaros y nos abrasaríamos con el Sol. La proporción áurea; gobierna esta área de energía negativa, y es la Tierra en sí misma donde finalmente se nos pondrá a descansar, en su rocoso abrazo. Las cavernas de la Tierra son necesarias para el crecimiento, porque ninguna criatura se habría formado sin la quietud, sin un recipiente que le proporcionara un espacio para su nutrición y desarrollo, en un entorno de carga iónica negativa, como ocurre con la sangre, el sudor y las lágrimas. Las tradiciones de la diosa nos piden que dejemos espacio para que la sombra crezca, para alimentarla, para sostenerla como un bebé mientras aprende, aunque intente arañarnos los ojos durante el proceso. Es como cuando la música decae y se sume en tonos graves, cuando el ritmo se hace lento y las vibraciones son bajas.

Las diosas ctónicas gobiernan nuestro cuerpo, el mundo de los muertos, lo que comemos y cómo nos reproducimos. Son cosas incontrolables para la mayoría de las personas, y constituyen el reino de nuestro subconsciente. A menos que seas capaz de mantener conscientemente el ritmo de tu respiración mientras duermes, vas a estar bajo el control de la sombra de la Tierra, que es la encargada de tu ego inconsciente. Al igual que un iceberg, la mayor parte de ti se halla oculta bajo la superficie, en las cuevas. Por cada estrella que resplandece en el cielo, existe una inmensa oscuridad. Y, si hemos de juzgar las cosas en función del volumen, la oscuridad, el espacio y el vacío llevan las de ganar. El ego se rebelará contra nuestra madre, contra nuestros progenitores, contra la oscuridad; es algo natural en el desarrollo. De modo que nos vemos enfrentados constantemente a las incontrolables e incognoscibles cavernas de nuestro ser. Aquello que no podemos controlar, a lo que no podemos dar órdenes, lo que nos trae la vida y la muerte, nos hace sentir una intensa incomodidad.

Los seres humanos se esfuerzan por alcanzar las alturas de la grandeza, pero suelen ser arrojados a la ruina por causa de cosas insignificantes: la traición de una amistad o un amante, una puñalada por la espalda… A pesar de nuestras enormes capacidades, a menudo somos pequeños y mezquinos. Y, aunque te eleves en tu madurez por encima del lodo, puedes ser víctima de alguien que no haya salido de él. Una estrella podría estar brillando en el cielo, en la cumbre de su gloria, para caer a continuación dentro de un agujero negro sin haber hecho nada para merecerlo. La naturaleza es mezquina también, con toda la grandeza que exhibe. Un león puede verse arrebatado de su poder por una minúscula bacteria, del mismo modo que un insulto insignificante puede atravesar fatídicamente el corazón de una persona.

Contener a la sombra y tratar con ella es un esfuerzo del que no hay que avergonzarse, sino que hay que cultivar, porque atañe a todo ser humano, pues el lado sombrío conviene que emerja hasta la conciencia. Esto no significa, en modo alguno, que las personas dejen de ser responsables de sus actos. Ninguna víctima de un crimen cometido por medio de un comportamiento sombrío podrá transmutar esa sombra ni es responsable, pues lo que necesita es ayuda. La sombra es una hidra de múltiples cabezas, y quizás tengamos que aceptar finalmente que la persecución y el castigo público de aquellas personas que consideramos culpables de un comportamiento de la sombra no va a conseguir erradicar la sombra en la humanidad. ¿Cuántos cuerpos habrá que arrojar al volcán de los sacrificios hasta que evolucionemos en las esferas de esa sombra que nos atormenta a todos? Creemos que vamos a deshonrar a la sombra y a desterrarla a la inexistencia para hacer justicia, pero la deshonra lo único que hace es alimentarla, la hace más fuerte y la justifica. Humillar al humillado genera más humillación, pues es un círculo vicioso.

En nuestra sociedad solemos deshonrar y denigrar a aquellas personas que exteriorizan su naturaleza violenta, mientras nos sentamos cómodamente en el sillón del juez, comemos carne de un animal que otro ha matado salvajemente por nosotros, vivimos sobre un territorio que se le arrebató violentamente a otro pueblo, aunque no lo hiciéramos nosotros mismos, y llevamos anillos de diamantes que fueron arrancados a la Tierra por personas hambrientas a las que otros, no nosotros, hicieron trabajar en condiciones de esclavitud. Amonestamos a aquel que da el puñetazo primero, pero pagamos lanzadoras de misiles. Nos entretienen con aquellos desgraciados que no pueden controlar sus impulsos, porque los medios de comunicación hacen una fortuna con sus relatos. Hacemos un espectáculo de ellos y los ponemos en la picota, les arrojamos tomates y nos sentimos bien por lo virtuosos que somos, y los castigamos a ellos, y no a nosotros, por perpetrar delitos violentos. Es esto una desconexión disociativa de nuestra propia naturaleza, cuando el hipócrita es una especie de sombra que tenemos que asumir todos, yo incluida. Yo no tengo que responsabilizarme por este gigantesco problema de sombra; sin embargo, sí que podemos tomar conciencia de las contradicciones y contemplarlas. Quizás tú tengas alguna solución o alguna estrategia; al menos, tú puedes expandir tu conciencia como consecuencia de haberlas contemplado, y eso ya estaría bastante bien.

Te aconsejo que consideres este libro como una especie de cámara privada en la que puedes entrar como el que entraría en una cueva vacía y silenciosa, para contemplar sin temor, sin vergüenza ni juicios la indecorosa naturaleza oculta de tu sombra. Puedes tomarte este libro a sorbitos o a grandes tragos, dependiendo del veneno que seas capaz de soportar de una sentada. Este libro no es para sumergirse en él si no te hallas en la actitud mental adecuada, o si te lleva a reprenderte o a juzgarte a ti mismo. Este libro se te ofrece para que obtengas una visión a vista de pájaro, y desde una perspectiva transpersonal, de algunos de tus comportamientos, decisiones y actos más complicados de aceptar y, lo que es más importante, de la destructiva capacidad de la naturaleza y del mundo natural. Vivimos en una realidad potencialmente hostil y ciertamente peligrosa, y si tienes alguna duda de ello, no tienes más que meterte desnudo en la naturaleza, y lo descubrirás por ti mismo. La naturaleza tiene un millón de maneras de envenenarnos y de matarnos, y quizás tomando conciencia de ello podamos sortearlas. No hay forma de escapar de la naturaleza; te tiene rodeado e incluso llena tu vientre, entra en tu interior con cada aliento. Echemos un vistazo alrededor.

Lo inaceptable debe estar oculto [...] Para aquellos de noso-
tros que nos sentimos incómodos y que nos hemos llegado a
alarmar ante ese borrado sistemático de todo rastro de nega-

tividad, nuestra época satisface fácilmente cualquier objeción con una impresionante muestra de actividades deshonestas, revueltas, rebeliones y perversiones de todo tipo. Incluso podría decirse que las cultiva. Además, todo se vuelve más o menos subversivo.

ANNIE LEBRUN, en *The Reality Overload*
(Un exceso de realidad)

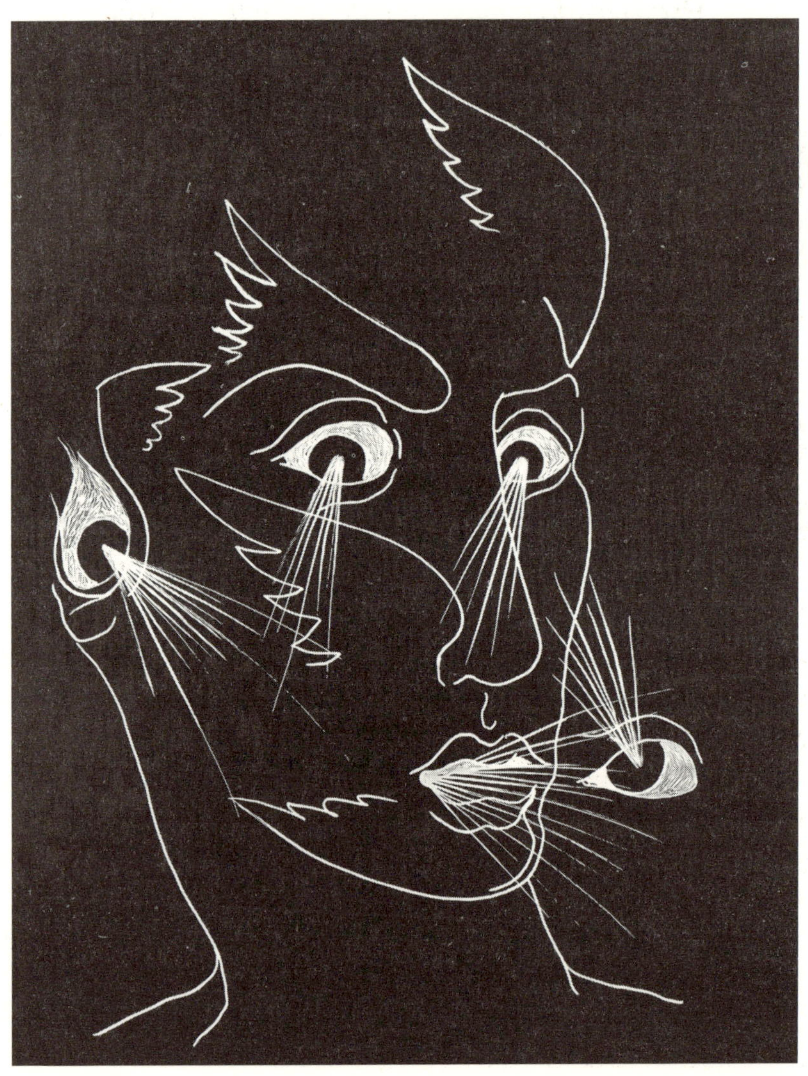

Astrología e identidad

Profundizando en la carta natal

*En la medida en que la personalidad sigue siendo potencial,
puede llamarse trascendente, y en la medida en que es inconsciente, es indistinguible de todas aquellas cosas que portan sus
proyecciones, símbolos del mundo exterior y símbolos cósmicos. Todo esto conforma la base psicológica del concepto del
hombre como un macrocosmos a través de los componentes
astrológicos de su carácter.*

CARL G. JUNG, en *Psicología y religión*[1]

¿QUIÉN SOY YO? ¿DE DÓNDE VENGO? Ser humano significa enfrentarse
al misterio de la existencia desde algún punto de nuestra conciencia.
Muchas personas, reconocidas como buscadoras, pasan gran parte de
su existencia cautivadas por preguntas como éstas. Otras asumen una
fe o una religión que parece satisfacer esta curiosidad, en tanto que
otras encuentran las respuestas a través de un arduo trabajo. El viaje de
descubrimiento que emprenden los seres humanos para saber qué y
quiénes son sigue siendo un territorio inexplorado. Y en esa búsqueda
de identidad, casi todo el mundo termina mirando a las alturas, al cielo estrellado, pues no hay nada como encontrar tu sitio en el mundo

---

1. Publicado por Ediciones Paidós, Barcelona, 2011.

contemplando extasiado las innumerables estrellas que pueblan el firmamento nocturno. Y por improbable que sea encontrar nuestra identidad mediante la contemplación de algo tan vasto e incognoscible como el espacio exterior, sí que es posible obtener ahí gran cantidad de intuiciones. El abismo infinito, cuando se observa desde un único punto, ofrece una perspectiva que puede desvelarnos el secreto.

No resulta sorprendente que la astrología tuviera sus orígenes en la prehistoria, dado que la gente no tenía más que mirar al cielo y observar las estrellas. Todas las culturas de la antigüedad rastrearon cuidadosamente las estrellas –chinos, mayas, aztecas, babilonios, egipcios, nativos americanos, todo el mundo. Las estrellas influyeron en el comportamiento humano: la gente utilizaba las estrellas para medir el tiempo, para determinar cuándo plantar la cosecha y para navegar. Las estrellas tienen una influencia física mensurable en nuestra existencia, aunque no trabajes con ellas a un nivel metafísico; por ejemplo, las estrellas te alcanzan con sus rayos cósmicos cada vez que sales a la calle.

La astrología es una herramienta que puede servir para una impresionante diversidad de objetivos. Es bien conocido que reyes, reinas y presidentes de naciones han recurrido a ella como técnica predictiva de acontecimientos, para anticipar tendencias importantes. La astrología puede ser un espejo del instante en su forma de astrología horaria o electiva, que proporciona datos para valorar un acontecimiento actual. Pero uno de sus usos más populares es el de la exploración de tendencias psicológicas, de carácter y personalidad, que nos revela las inclinaciones de la psique humana a través del arquetipo y el mito. La astrología es una poderosa herramienta para la adquisición de conocimientos, para resolver misterios acerca de la identidad y para aliviar el malestar existencial.

Este libro se centra en el uso de la astrología con fines psicológicos, concretamente en la indagación sobre la identidad, el carácter y la personalidad. Casi no hace falta justificar la utilización de la astrología para realizar exploraciones psicológicas, dado que actualmente está experimentando un resurgir en la cultura popular. Sin embargo, sí podríamos decir que las estrellas nunca pasan de moda. A pesar del escepticismo y de todas las críticas imaginables, la astrología ha perdurado, para sorpresa de los más cáusticos y lógicos racionalistas. Pero, además, el uso de la astrología con fines psicológicos no es una tendencia reciente, dado que su uso se extendió entre alquimistas europeos como Paracelso y Atanasio Kircher, que intentaron realizar la gran obra, u *opus magna,* de la transformación y la transmutación del yo. Posteriormente, la astrología llamaría la atención de psicólogos y psiquiatras occidentales, como Carl Jung, que estudió alquimia en profundidad. Jung catapultaría la utilización de herramientas de adivinación, como la astrología y el *I Ching,* como instrumentos de auto-transformación psicológica, las cuales justificó a través del concepto de sincronicidad, la ocurrencia simultánea de acontecimientos internos y externos estrechamente relacionados entre sí. De este modo, el trabajo con las realidades del subconsciente fue ganando aceptación, a medida que la psicología iba adquiriendo prominencia. Sigmund Freud, Wilhelm Reich, Carl Jung y otros muchos intentaron ofrecer un nuevo lenguaje para aproximarse a las inmensidades incognoscibles del espacio interior humano. Roberto Assagioli, psiquiatra italiano y pionero de la psicología humanista y transpersonal, intervino decisivamente en el encuentro de la psicología con la astrología. Assagioli escribió otros libros con el pseudónimo de Clara A. Weiss, para hablar de los siete rayos cósmicos y de la astrología esotérica.

> *Estoy exclusivamente interesado en los fundamentos del ser humano.*
>
> Sigmund Freud, en una carta a Roberto Assagioli

La astrología, utilizada como herramienta psicológica, expande la visión que el yo tiene de sí mismo, su identidad, mediante la inclusión de arquetipos mitológicos de mayor alcance. Una identificación basada exclusivamente en la vocación, por ejemplo, puede parecer ciertamente limitada para representarnos a una persona. Pero toma a esa misma persona y permítele que incluya, como parte de su identidad, al dios Júpiter, a la diosa Venus o al mismísimo Sol, y su imagen personal crecerá considerablemente, quizás hasta proporciones divinas. Y es que la afiliación y la identificación con los dioses y con seres poderosos tiene un efecto potente sobre la psique. Las películas de Hollywood, repletas de superhéroes, atestiguan la *necesidad* humana de considerarnos potencialmente más grandes de lo que nos transmite nuestro yo cotidiano, aunque sólo sea en nuestra imaginación. Utilizar los planetas y las estrellas para expandir la identificación personal de este modo nos conecta con el cielo en muchos niveles de la conciencia y la sentiencia; y, cuando conectamos con nosotros mismos y con quién somos hasta las inmensidades del espacio, crecemos. Conectar la imagen personal con las estrellas y el cielo le proporciona al yo una cualidad inmortal, eterna, algo que puede ayudarnos a transformar algunos de nuestros mayores temores, como puede ser el miedo a la muerte. Es ésta una práctica muy valiosa, por muchas críticas que se viertan sobre la astrología desde el ámbito científico. La mayoría de la gente no es consciente del poder de este método, y simplemente se conforman con obtener una representación de su identidad astrológica y con escuchar las distintas descripciones de su carácter. Muchas personas sienten que sus datos astrológicos son únicos y exclusivos, y los ven como algo que les identifica. Sin embargo, irónicamente, muchas personas que disfrutan de la astrología en tiempos modernos parecen creer que la astrología les proporciona una identidad única y especial, cuando en realidad las une con *personas*[2] mitológicas mucho más grandes. La belleza y el poder de la astrología estriba en que te conecta con estas identidades y arquetipos más grandes, algo que compartimos con los demás. Pero la astrología, al utilizarse para adentrarnos en conceptos humanos de mayor dimensión, fuerza también al ego a ir más allá de sus singularidades, de su concepto propio y personal, para conectar con las estrellas en el cielo.

Empujamos los límites de la identidad, simplemente, cuando nos hacemos la carta natal, pues ella nos presenta el diamante de múltiples caras de nuestro ser. Entonces, descubrimos que en nosotros viven todo tipo de personas: héroes y villanos; hombres, mujeres y andróginos. A través de los arquetipos en sus papeles mitológicos, la astrología nos

---

2. Toda vez que aparezca el término «*persona*» en itálica deberá entenderse como el concepto psicológico referente a la máscara social que, según Jung, utilizamos en nuestras relaciones con los demás. *(N. del T.)*

ofrece un camino elegante para recorrer los múltiples niveles de la política de la identidad. Y eso tiene poder porque, muchas veces, resulta totalmente imposible que nos visualicemos o nos imaginemos de un modo distinto, debido a nuestra obstinación y a que nos aferramos a creencias obsoletas y endurecidas.

Me gustaría ampliar esa expansión del ego operando sobre la carta natal para hacerla aún más inclusiva. La técnica de las sombras estelares profundiza la carta natal a través de las oposiciones, y la limita a un espacio negativo, lo cual da lugar a una onda de emanaciones novedosas. La simple técnica de discernir las identidades de oposición es vital para la transformación personal, en la medida en que funciona sobre el negador, sobre nuestro separador, nuestro propio Anticristo personal. Todos tenemos algo que consideramos el «yo», uno o una misma. Y también tenemos algo que consideramos no yo, que consideramos no ser. Pero, cuando el yo y el no yo se unen, tal unión sana errores cognitivos como la opresión mediante la justificación de la superioridad y las mentalidades victimizadoras mediante un proceso de unificación en una totalidad cohesiva. Es éste un proceso alquímico conocido como el matrimonio de los opuestos, y se puede realizar utilizando la astrología en su faceta psicológica. Ésta es la herramienta que ofrecemos aquí, en este libro, mediante la cual integramos la sombra que hay en nosotros con la conciencia consciente de quiénes somos, ampliando la imagen que tenemos de nosotros mismos. El hecho de convertirse en una totalidad más grande, superando la amenaza de la arrogancia, incrementa la compasión, incrementa el interés en otros seres humanos e incrementa la voluntad de poder orientada al crecimiento de todos. Pues, ¿por qué no reconocer el lado oscuro, que también está en nosotros? Convertirse en «uno con todo», como prescriben los espiritualistas de altos vuelos, significa integrarlo todo, incluso lo que no te gusta, pues sólo pisoteamos lo que menospreciamos o no consideramos una parte de nosotros. Simplemente, pregunta a la serpiente que está bajo tus pies, no vaya a ser que la pises, porque, al fin y al cabo, no es otra cosa que tú mismo. Recibe mi bienvenida al trabajo de sombra, donde llegarás a amar aquello que consideras anatema.

Como nota al margen, y habida cuenta de la importancia de las sincronicidades, debo decir que escribí el párrafo anterior mientras estaba en el desierto y que, tras escribirlo, a punto estuve de pisar una serpiente de cascabel. Estaba haciendo una caminata por el desierto cuando, de pronto, al apoyar el pie junto a un arbusto de artemisa, vi la cola de una serpiente. Para advertirme, la serpiente hizo sonar su cascabel con tanta fuerza que, del salto que di, a punto estuve de salirme de mi piel. La naturaleza me estaba indicando que siguiera mis propios consejos con una manifestación inequívoca de mis propias palabras.

Muchas personas pregonan que la astrología es una herramienta para la aceptación de uno mismo y para el empoderamiento personal, pero a mí me gustaría matizar lo que eso significa. ¿Cómo se «empodera» el yo? ¿Qué significa darte poder? El yo crece en poder del mismo modo que todo lo demás: a través de la expansión. Por ejemplo, un virus se vuelve más poderoso que la fuerza vital en la que habita replicándose tanto que termina desplazándote a ti. Ésta es la manera en la que el virus obtiene poder a través del crecimiento. Por otra parte, las personas nos empoderamos unas a otras mediante la validación, la reivindicación y la inclusión. De algún modo, nos ayudamos a crecer unas a otras. Eso es el poder. Pero también despojamos de poder a los demás (y a nosotros mismos) a través de la culpa, la vergüenza y el rechazo de la sociedad, rebajándolos o menospreciándolos. En la sociedad, una persona se ve despojada de poder cuando se la avergüenza o se la somete al ostracismo, a veces incluso encarcelándola, empequeñeciéndola así, impidiéndole expandirse. Pero aquí vamos a abordar una forma distinta de tratar con la sombra, con el yo no deseado, con el malvado. Lo elevaremos hasta el poder para que crezca y madure. Así, la sombra en nuestro interior podrá ascender y convertirse no en una sombra más poderosa, sino en una parte más poderosa de nuestro yo total. De este modo, impedimos que la sombra se apodere del yo y se esconda para, desde ahí, acechar nuestros puntos ciegos, dándole así la oportunidad de sanar. Para convertirte en tu identidad más poderosa, tendrás que convertirte en todas tus identidades. No debes dejar ninguna fuera, sobre todo las desagradables. Comienza a verte a ti mismo tan grande y tan inmenso como las estrellas *y* la oscuridad, integrando tantas cosas como te resulte posible.

El trabajo de sombra

La mayoría de las personas que están familiarizadas con el término *trabajo de sombra* son brujas, practicantes espirituales o psicólogas. En muchas tradiciones de brujería, el trabajo de sombra constituye una

---

3. Publicado por Edaf, Madrid, 2000.
4. Publicado por Siruela, Madrid, 2009.
5. Disponible en https://www.armajournal.com/la-sombra-de-las-ideas

parte muy importante de las operaciones de los brujos. Es difícil trazar linajes e identificar una única fuente o cultura para este tipo de trabajo en los mundos ocultos y mágicos. Si se investigan las culturas indígenas y las tradiciones antiguas, se podría llegar a decir que existe en todas las culturas de la humanidad. La casi totalidad de los sistemas adivinatorios, por ejemplo, incluyen una buena dosis de trabajo de sombra, en el sentido en que intentan revelar los puntos ciegos, aquello que no puedes ver debido al eclipse que genera tu sombra. La simple práctica de la adivinación consiste en gran medida en el trabajo de sombra.

A mí me gusta investigar la etimología de las palabras y rebuscar en el lenguaje, de modo que he averiguado de dónde procede el término *shadow*, «sombra», en inglés. En el Online Etymology Dictionary ofrecen una analogía, un juego de palabras, *«shadow is to shade as meadow is to mead».*[6] Y, a continuación, te encuentras con un artículo que traza el origen de las palabras *shade-shadow* y *mead-meadow.*[7] Ambos pares de palabras se describen como *dobletes inflexivos:* dos palabras distintas que se derivan de una misma raíz. En el caso de *shade* y *shadow*, una única palabra teutona, *skadus,* se había diferenciado en dos palabras en inglés antiguo con ortografías y significados un tanto diferentes: *scead* (que posteriormente se convirtió en el inglés medio *schad* y finalmente en *shade),* que significa «resguardar y proteger», como resguardarse del calor y del resplandor del Sol, ya sea bajo el follaje o tras una pantalla, y *sceadu* (del inglés medio *schadwe* y finalmente *shadow),* que significa «lugar oscuro debido al corte de la luz, una cosa inmaterial». Existe una estrecha relación entre estas dos palabras, un vínculo o vía a través de la cual interactúan entre sí. La palabra *shadow,* en sí misma y por sí misma, es sombría en el sentido en que no existe por sí misma; está ligada a otra palabra, e incluso una contraparte, en la forma de *mead* y *meadow.* Sin *shade,* no hay *shadow,* y viceversa. Esto me impactó, por-

---

6. La traducción al castellano de esta frase no refleja su significado en inglés, si bien podríamos traducirla por «la sombra es a la oscuridad lo que el prado es a la pradera». *(N. del T.)*

7. Emerson, O. F.: «Mead-Meadow, Shade-Shadow, a Study in Analogy», *Modern Language Notes,* vol. 35, n.º 3, pp. 147-154 (1920).

que la sombra es nuestro doble, una especie de compañero. Se sabe, además, que las estrellas tienen compañeras, y muchas estrellas son binarias; se supone incluso que muchas estrellas son gemelas desde el nacimiento. El doble en la filosofía esotérica se utiliza para explicar la naturaleza oculta del universo. La casi totalidad de textos espirituales y religiosos reconocen la regla de que existen dobles invisibles de todo.

> *Todas las cosas de dos en dos, una frente a otra, y nada ha hecho deficiente.*
>
> ECLESIÁSTICO 42:24

Shade es un aspecto básico de *shadow*. *Shade* no sólo significa un lugar donde la luz no brilla o algo que obstaculiza la luz, sino que se utiliza también para expresar desprecio o falta de respeto, como cuando se dice *«to throw shade on someone»*, «arrojar sombras sobre alguien» o «hacerle sombra». El trabajo de la sombra es, en su mayor parte, comprender por qué justificamos el insulto o la falta de respeto por uno mismo o por los demás, y la dinámica y los efectos que tienen nuestras palabras, pensamientos y actos cuando menospreciamos, minimizamos o hacemos daño a otra persona, cuando herimos el ego, el cuerpo o el espíritu de los demás, tanto si lo admitimos como si no.

El otro aspecto y significado de *shadow* se revela en uno de los significados arcaicos de *shade*. La mayoría de las personas que hablamos inglés utilizamos *shade* para designar el espacio en sombra bajo un árbol, pero *shade* también significa «fantasma» o «espíritu desencarnado», esa parte del alma que va a la tierra de los muertos, un uso de la palabra que se remonta a los alrededores de 1610. El mundo de *shadow* y de *shade* es también el inframundo, que es, esencialmente, el infierno. Dante utiliza la palabra *ombra*, «sombra», término italiano que significa tanto *shade* como *shadow*, en su *Purgatorio*, la segunda parte de *La divina comedia*. En la *Eneida*, de Virgilio, Dido maldice a Eneas, que la ha traicionado, antes de suicidarse (Eneida 4.384-6): «Ausente yo, te seguiré con negros fuegos, y cuando la fría muerte haya desprendido el alma de mis miembros, sombra terrible, me verás siempre a tu lado».

Los expertos han dedicado mucho tiempo a examinar este aspecto de la sombra y su papel en las tradiciones mágicas. El trabajo chamánico de la recuperación del alma suele involucrar a la sombra, como ya señalara Mircea Eliade:

> Según las creencias de los Yukagires, cuando un hombre muere, se separan sus tres almas: una de ellas queda cerca del cadáver, la segunda se dirige hacia el País de las Sombras y la tercera sube al Cielo [...] De cualquier modo, parece ser que la más importante es el alma que se convierte en sombra [...] Es al Reino de las Sombras adonde desciende el chamán para buscar el alma del enfermo.[8]

En psicología, el examen de la sombra se apoderó de la mente de los más famosos proponentes del psicoanálisis. La mayoría de las personas sólo está familiarizada con los análisis de Jung o de Freud, pero ambos bebieron de las ideas de Otto Rank sobre la sombra, de la cual éste escribió ampliamente en su ensayo *Der Doppelgänger (El doble)*, de 1914.[9] Se podría ver también a Caín y Abel en los términos del *doppelgänger,* pues constituyen una polaridad: uno es la sombra del otro. En este sentido, serían en realidad un único individuo.

El doblete inflexivo de *mead-meadow* también tiene su papel en estas verdades esotéricas de lo que significa ser humano. *Mead* es un término arcaico de *meadow,* que en su origen denotaba una pradera destinada a la producción de heno. Pero esta palabra también hace referencia a una bebida fermentada, el hidromiel, que se destila a partir de la miel de las flores de las praderas. Esto significaría que, al realizar el trabajo de sombra, destilamos el espíritu, lo cual supone un proceso alquímico. Transformamos el cuerpo del mismo modo que se cosecha el heno en la pradera, un proceso simbolizado por los antiguos dioses de los cereales, que son sacrificados con el otoño y resucitan en primavera.

---

8.   Eliade, M.: *Shamanism: Archaic Techniques of Ecstasy.* Princeton University Press, Princeton, NJ, 1964, p. 246. (Trad. cast.: *El chamanismo y las técnicas arcaicas del éxtasis.* Fondo de Cultura Económica, México, 2009).

9.   Publicado en castellano por Sequitur, Madrid, 2022.

Los dioses de la agricultura Osiris y Dioniso transmitían importantes mensajes sobre el trabajo con la sombra. Osiris tiene que enfrentarse a su hermano Set, que lo asesina y esparce los fragmentos de su cuerpo. Pero Osiris renacía, resucitaba a partir de esos fragmentos, para comenzar de nuevo el ciclo de la vegetación. Dioniso, dios de la vid, está relacionado también con relatos de muerte, seguida por un descenso a los infiernos y un renacimiento. Como dios de la vid, el mito de Dioniso refleja la elaboración del vino: la vendimia de la uva, que luego es aplastada y prensada para convertirla en pulpa; para, finalmente, destilar la pulpa en vino. Baste decir que el lenguaje utilizado aquí –cultivar el cereal (y las uvas), cosecharlo y transformarlo en comida y bebida, que posteriormente se ofrece a la comunidad– describe también el trabajo que hacemos con la sombra. La digestión y la alquimia están íntimamente relacionadas, y también lo están con el proceso del trabajo de sombra. En este libro utilizamos un sistema basado en las observaciones naturales de los planetas, pero, si quieres descender a las profundidades de los dioses de los cereales, simplemente te diré que existen cavernas en las cuales se puede hacer espeleología.

—Peores cosas he visto yo, pero un hombre sabio, al que más tarde ahorcarían, me enseñó que todo va de maravilla; y que todo eso son como las sombras de un bello cuadro.
—Vuestro ahorcado se reía del mundo –dijo Martín–; vuestras sombras son manchas horribles.

VOLTAIRE, *Cándido*[10]

El instinto y el papel de la naturaleza
en el trabajo de sombra

¿Cómo si no podría la Naturaleza formar el ego del hombre a menos que su vida y su conciencia informadoras hubieran recibido una experiencia suficientemente amplia, a menos que se les hubiera permitido viajar a través de los cuerpos de

---

10. Publicado en castellano por Promoción y Ediciones, 2002.

Tú vives dentro de un cuerpo que está vivo y tiene su propia manera de hacer las cosas, cosas de las que tú no tienes ni idea. La mayoría de las personas estamos familiarizadas con la palabra *instinto,* pero no somos del todo conscientes de sus implicaciones. Hay un conocimiento escondido en nuestra forma física, muchísimo conocimiento, cosas que nunca llegarás a conocer conscientemente. El instinto es parte del inconsciente y deberías incluirlo toda vez que intentes definir tus conceptos en torno a qué es exactamente el inconsciente y qué es la sombra. Tú no eres consciente de lo que hace tu cuerpo. Y, aunque estudies el organismo humano y te gradúes en medicina o biología, vas a seguir sin comprenderlo y no vas a poder hacer las cosas que tu cuerpo sabe hacer. Lo único que podrás hacer es observarlo haciendo tales cosas. Tu aparato digestivo procesa los alimentos, tu corazón late, tu cerebro pasa por ciclos de sueño y vigilia, pero tú no haces todas estas cosas de manera consciente. El cuerpo es parte de tu subconsciente, de tu inconsciente. Y parte de lo que hay en su esfera es también comportamiento sombrío que, junto al instinto, no te pertenece a ti, sino a la propia naturaleza. Y esto merece respeto y reconocimiento.

La naturaleza es algo de lo que formamos parte y que no nos pertenece. Nosotros contenemos naturaleza y la naturaleza nos contiene; y, sin embargo, da la impresión de que nuestra mente está muy lejos de la naturaleza. Quizás pienses que puedes imponerte a determinados instintos, y quizás sea así, pero no minimices el esfuerzo ni las preocupaciones pragmáticas que eso supone. ¿De verdad querrías imponerte por completo a tus instintos? ¿Crees de verdad que te acordarías de hacer latir tu corazón? Sin duda, morirías. ¡Venga! Intenta prestar atención consciente a tu respiración durante una hora. No vas a poder.

El impulso y la compulsión del instinto sirve para mantenerte con vida a ti y a todas las demás formas de vida. Sin el instinto, no sobreviviríamos, de ahí que el instinto merezca tanto respeto y veneración como se le da a la inteligencia. Si ese óvulo en particular no hubiera hecho su recorrido hasta la trompa de Falopio, y si ese espermatozoide en concreto no hubiera alcanzado a ese óvulo, ¿dónde estarías tú? No estarías aquí leyendo este libro. De eso puedes estar seguro. Nunca he comprendido esas actitudes que pretenden imponerse a la naturaleza como si pudieran llegar a gobernarla. De modo que da las gracias por el trabajo que tu cuerpo realiza para mantenerte con vida.

La sombra se define de formas muy distintas en cada cultura, pero en esencia se equipara con los instintos, los llamados mecanismos biológicos de defensa primitivos, de los que no tenemos un control consciente y que no podemos ver por nosotros mismos sin la ayuda de un amigo. La sombra es nuestra bestia interior, el niño que quiere hacer, y hará, cualquier cosa que haga falta para hacer realidad su deseo.

Por desgracia, aunque la persona es «completamente» inconsciente de este lado sombrío de la personalidad, éste no pasa desapercibido para el resto del mundo; y cuanto más se reprime y más inconsciente es, más obvio se hace para los demás.

Liz Greene

Las conductas sombrías están contenidas en la naturaleza porque todo está contenido en la naturaleza, y no necesita ser conquistado ni despreciado, sino traído a la conciencia e integrado. Cuando la luz de la conciencia entra en la cueva oscura de la naturaleza, las verdades se iluminan. Esto es la evolución, un amanecer que disipa la oscuridad. No necesitamos fingir que todo está bien; no necesitamos excusarnos, ni encubrir ni reprimir la sombra. Hay que relacionarse con la sombra y hay que permitir que se expanda y se sane, no ignorarla ni, simplemente, tolerarla. Podemos aprenderlo todo de la naturaleza en aquellas cosas que no queremos ver. Cuando no nos gusta algo, tenemos la costumbre de empujarlo a las profundidades, en la oscura cueva de la inconsciencia, en un esfuerzo por erradicarlo. No queremos verlo.

La palabra *respeto* está relacionada con la palabra *consideración,* que también se usa como *tomar en consideración,* contemplar algo. Tenemos miedo de mirar fijamente al abismo, y éste podría ser el motivo por el cual nosotros, y la sociedad en su conjunto, nos quedamos atrás en las digestiones de nuestra sombra. La integración de la sombra se parece mucho al proceso subconsciente de la digestión que nuestro organismo hace por nosotros, pero al revés; pues tenemos que integrar conscientemente nuestra sombra, en tanto que nuestro organismo digiere inconscientemente los alimentos. Vemos la comida cuando nos la metemos en la boca, y luego desaparece, en tanto que la sombra viene de un lugar oscuro y se pone ante nosotros para que la veamos. Y, cuando vemos la sombra, tenemos que desmenuzarla, hacerla menos densa, disiparla con la conciencia despierta.

El modo en que respondemos ante la sombra es, en sí mismo y por sí mismo, un comportamiento de la sombra. El mero hecho de que no te guste algo o te resulte ofensivo no justifica que intentes eliminarlo de tu conciencia y de tu vida. No obstante, quizás pienses que tienes que apartarlo de en medio y que ésa es la mejor manera de tratar eso. Como mínimo, intentarás no enredarte en ello. Pero alejarse de algo tóxico no suele ser la mejor opción, y no suele serlo por una simple cuestión de seguridad. Con todo, convendrá reconocer el suceso y procesarlo. Una reacción severa ante la sombra es muy similar a una respuesta inmunológica excesiva: sentimos que el odio nos inflama, e intentamos abrasarlo con la fiebre, defecarlo o vomitarlo para que no nos infecte con su mera y vil existencia. La sombra evocará normalmente una respuesta de odio, respuesta que nos indicará dónde se halla nuestra sombra. Esta respuesta inflamatoria instintiva ante la sombra hace que nos odiemos unos a otros o que nos odiemos a nosotros mismos.

De la sombra aprendemos que el ego lo que busca es el éxito. Queremos vivir y prosperar, y no sólo tener éxito, sino ser los mejores, que nos honren, incluso que nos ensalcen. Nuestro ego quiere que se escriban leyendas sobre él y que se erijan monumentos en su honor. La sombra se siente más cómoda interpretando el papel del rey o la reina de la colina, habiendo vencido a sus enemigos, habiendo superado mil obstáculos y prevaleciendo.

El lado sombrío de la naturaleza también quiere ganar, quiere tener éxito, quiere excederse. Sus distintas formas de vida no dejan de esforzarse por conseguir el éxito; la naturaleza las mueve y las hace crecer a través de la energía de la sombra. A lo largo del libro he incluido ejemplos de la naturaleza para cada arquetipo de la sombra con el fin de extender nuestros conceptos de identidad y adentrarnos en entornos más grandes de relación con la naturaleza. Es crucial no tomarse la sombra como algo personal. Conviene verla en la realidad de su naturaleza, pues, cuando vemos la sombra en la naturaleza, y no sólo en nosotros mismos, nos relacionamos mejor con la naturaleza. Existen diferentes especies de sombra, del mismo modo que existen diferentes especies de animales. Las comparaciones entre la naturaleza y nosotros mismos no se hacen para sugerir que todo en la naturaleza es sombrío y agresivo, o defensivo. Las comparaciones buscan demostrar que las polaridades existen también en la naturaleza; que hay otras formas de vida como nosotros. La moneda tiene otra cara, una cara de emociones y comportamientos positivos que afirman la vida, que son constructivos en toda forma de vida, incluidos nosotros. Pero éste es un libro sobre las sombras, no sobre la naturaleza, de modo que nos centraremos en las conductas humanas.

> *Si los seres humanos vamos a fijarnos en la naturaleza para justificar nuestros comportamientos, nada nos obliga a poner nuestra atención en aquellas especies en las que dominan los machos alfa. De hecho, nada nos impide tomar nuestra inspiración de los monos araña y aferrarnos a eso.*
>
> Leslie Nemo, en el artículo «The Science of Alpha Males in Animal Species», en la revista *Disvover*

No podemos controlar ni someter por la fuerza a nuestra propia sombra ni a la sombra de los demás, del mismo modo que no podemos controlar la naturaleza ni digerir los alimentos con la mera intención ni con el pensamiento. Quizás unas pocas personas dispongan de la disciplina necesaria para hacer tales cosas, pero, en términos generales, seamos realistas. Por brillantes que sean nuestras intenciones y estrategias, a un huracán le van a tener sin cuidado, y va a pasar por donde le venga en gana. Fluir con la naturaleza, cabalgarla, es la forma de proceder, y no intentar erradicarla u obligarla a que haga otra cosa. Si quieres tener por mascota una serpiente venenosa, tendrás que conocer su comportamiento, respetar sus instintos territoriales y manejarla con cuidado. Y nuestra sombra es muy parecida a una serpiente venenosa: tenemos que respetar su fuerza, observarla y aprender a trabajar con ella, honrándola en vez de avergonzarla.

Sabemos que la sombra de la naturaleza se desencadena cuando el ser humano trata a ésta sin consideración ni respeto, cuando no reconoce su poder. Las mordeduras de serpiente acaecen cuando el ser humano no presta atención a donde pone el pie, cuando se mete en el territorio de la serpiente y la asusta, o cuando la provoca deliberadamente. La naturaleza exige respeto, exige que se la honre y la reconozca, no que se la intente dominar, avergonzar o que se la trate con indiferencia. Sólo con que transmutemos nuestras respuestas cuando nos encontremos con nuestra sombra o con la sombra de otra persona, es posible que podamos hacer verdaderos progresos como humanidad, en tanto que especie inserta en un organismo más grande.

> *En resumen, los instintos del ego no son otra cosa que la suma total de las demandas vegetativas en su función de defensa. Estamos construyendo sobre ideas bien establecidas cuando decimos que el instinto del ego es el instinto del ello vuelto contra sí mismo o contra otro instinto. El proceso psíquico, en su conjunto, parece caracterizarse por la escisión y posterior oposición de tendencias que previamente funcionaban como una unidad.*
>
> WILHELM REICH, en *Análisis del carácter*[11]

---

11. Publicado en castellano por Paidós Ibérica, Barcelona, 2005.

Las sombras del espacio

*El pavor y la oscuridad de la mente no pueden disiparse con
los rayos del Sol, con los resplandecientes rayos de la mañana,
sino sólo mediante la comprensión de la forma externa y de
las operaciones internas de la naturaleza.*

LUCRECIO, en *De la naturaleza de las cosas*[12]

Los planetas tienen verdaderas sombras físicas que podemos percibir y
medir. Reciben el nombre de *umbra* del planeta (palabra muy parecida
al italiano *ombra,* «sombra»). Quizás hayas oído esta palabra en relación con los eclipses. Y es posible que esta palabra te remita al término
inglés *umbrella,* «sombrilla», que tiene por objetivo resguardar y dar
sombra, y que efectivamente tiene su origen en la palabra latina *umbra.* Un eclipse no es otra cosa que la sombra que arroja un cuerpo
celeste, pero este acontecimiento ha tenido un poderoso significado a
lo largo de la historia de la humanidad.

La Tierra tiene su propia sombra; su umbra es lo que denominamos
noche. La noche tiene lugar cuando el lado de la Tierra en el cual estás
se halla en el lado opuesto al Sol; es decir, que experimentas la sombra
que la Tierra arroja sobre sí misma. La umbra *es* la oposición. ¿No te
resulta curioso que nos entreguemos al descanso y la ensoñación, a
nuestro subconsciente, cuando estamos bajo la sombra de la Tierra? Es
como si nos viéramos obligados a seguir su ejemplo, a meternos en la
noche con ella, a aventurarnos en las profundidades de nuestra propia
psique, que expresamos en la forma de sueños. La sombra de la Tierra
nos agarra y nos arrastra a las esferas inconscientes con un poder que
nadie puede resistir por mucho tiempo.

Prueba a ver cuánto tiempo puedes estar sin dormir, si tienes la suficiente disciplina y entrenamiento, y sin correr riesgos. Lo más lejos
que pude ir, preparándome para una búsqueda de la visión, fueron
cinco días y cinco noches. El doctor Kelvin deWolfe estuvo siete días

---

12. Publicado en castellano por Deloitte, Madrid, 2019.

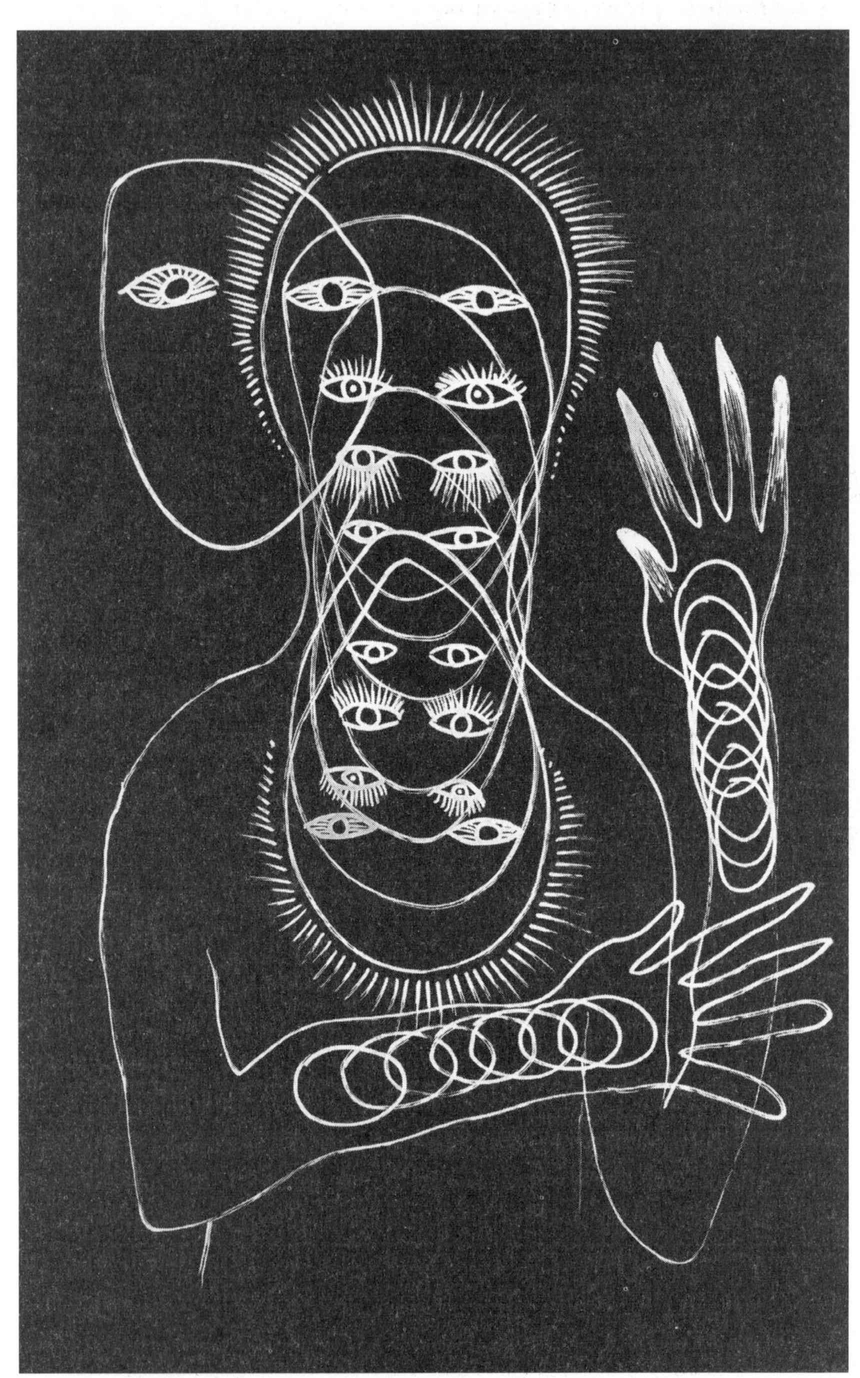

y siete noches, que es lo máximo que yo haya podido observar. Mi pareja dice que, en su entrenamiento en el Cuerpo de Marines, llegó a estar tres días. No tardarás mucho en verte arrastrado por el sueño; es sólo una cuestión de tiempo. Y, al final, te sentirás como una roca intentando flotar en el océano. Yo sentía, literalmente, que la noche me agarraba y me arrastraba como una ola en el océano, y que no podía hacer nada por impedirlo, por mucho que me esforzara. Era una sensación molesta, por expresarlo de una manera leve.

Durante un eclipse, el objeto celeste arroja tanto una umbra, el área central más oscura, en la cual ni un rayo de luz alcanza la Tierra, como una *penumbra,* que es una zona de iluminación parcial. Es una zona crepuscular, entre dos luces, un área en la que la luz aún no llega, pero la oscuridad no es plena. Ésta es la zona liminal o lugar entre mundos donde la conciencia consciente y el subconsciente se funden libremente.

Todos los planetas en el espacio arrojan sombras debido a que tienen sustancia o materia, y esas sombras nos afectan, al igual que lo hacen los planetas en sí; de hecho, ejercen una influencia que se puede medir. Por ejemplo, un chico de catorce años fue capaz de detectar y de medir la sombra de Júpiter:

Las sombras se crean cuando se bloquea una fuente de luz. Es obvio, ¿no? También es obvio que, cuanto mayor sea la intensidad de luz de la fuente, más fácil será ver la sombra que arroja. Por lo tanto, cabe preguntarse cuán débil puede ser una fuente de luz para que podamos seguir detectando su sombra. Sabemos que el Sol y la Luna arrojan sombras, y Venus es bien conocida también por esto. El cielo en su conjunto es suficientemente brillante, incluso por la noche, como para arrojar sombras bajo las condiciones adecuadas. Pero ¿qué pasa con la siguiente fuente de luz más brillante del cielo nocturno? ¿Qué pasa con Júpiter?... El astrónomo «aficionado» canadiense Laurent V. Joli-Coeur se hizo también esta pregunta y se puso a pensar cómo detectar la sombra de Júpiter. Construyó una plataforma, sobre la cual levantó un «reloj de Júpiter» —como un reloj de Sol, con un gnomon (un palo o poste) que proyectara una sombra, pero apuntando a Júpiter— y lo dispuso todo para hacer una foto en exposición temporal con su cámara. La sombra con forma de martillo es del gnomon, y la fuente de luz es Júpiter. Para cerciorarse del resultado, Laurent rotó un poco la plataforma, y la sombra también se movió, señalando al punto de la fuente de luz. Además, giró la plataforma de tal modo que no apuntara a Júpiter, y no obtuvo sombra alguna al hacer una tercera exposición, demostrando así que la sombra no había sido provocada por el resplandor del cielo nocturno.[13]

Del descubrimiento de Joli-Coeur cabe destacar que la sombra tomara la forma de un martillo. Thor, el dios germano de la guerra, es el equivalente al dios romano Júpiter y al dios griego Zeus, todos ellos dioses del trueno y el rayo. El nombre del día jueves, en inglés, *Thursday*, proviene del nombre de Thor, el «día de Thor». Thor esgrime un martillo mágico con el cual genera truenos y rayos. Por otra parte, las tormentas y los rayos son constantes en Júpiter. ¿No será que los antiguos sabían más cosas de las que les atribuimos?

La sombra se forma allí donde hay sustancia, o materia prima, que interfiera con el libre flujo de la luz, de la conciencia. La luz es conciencia y percepción, y la oscuridad es inconsciencia y misterio. Ninguna de ellas es buena o mala; simplemente, ocupan reinos diferentes.

> *En el mundo de la física asistimos a una representación gráfica de sombras en la vida con la que estamos familiarizados. La sombra de mi codo reposa sobre la sombra de la mesa, mientras la sombra de la tinta corre sobre la sombra del papel... El franco reconocimiento de que la ciencia física se ocupa de un mundo de sombras es uno de los avances más importantes de los últimos tiempos.*
>
> A. S. EDDINGTON, en *La naturaleza del mundo físico*[14]

---

13. Plait, P.: «Young astronomer captures a shadow cast by Jupiter». *Slate* (18 Nov. 2011).
14. Publicado en castellano por Editora Sudamericana, Buenos Aires, 1945.

La sabiduría antigua y la sombra

Una sombra pasa por delante de mí,
no eres tú, pero te pareces:
¡Dios, si fuera posible ver en un instante la presencia de las
almas amadas para que nos digan qué son y dónde están!

ALFRED TENNYSON, en *Maud: un monodrama*

En la religión hindú, la diosa Chaya es la encargada de las sombras. Ella es, a un tiempo, una deidad personificada y un concepto filosófico de la religión y la práctica del yoga y la meditación. Es la esposa de Surya, el dios hindú del Sol. Pero no parece un personaje independiente, pues está ligada a Sanjna, la primera esposa del dios hindú del Sol, y pareciera que se trata de una *persona* ulterior o *doppelgänger,* un doble. Las primeras referencias de ella se remontan a los alrededores del 1200 A. E. C., para que te hagas una idea de cuánto tiempo lleva el concepto de la sombra dando vueltas por ahí. Chaya tiene también un papel importante en el yoga, que suele ser descrito como un yugo o unión entre el Sol y la Luna.

Chaya (sombra o reflexión) tiene un significado técnico en el yoga clásico. Representa la reflexión que lanza el yo trascendental o conciencia en el más elevado aspecto de la mente, denominado *buddhi.* Este concepto, introducido por Vacaspati Mishra en su *Tattva-Vaish-aradi,* intenta explicar cómo es posible el conocimiento teniendo en cuenta que la mente es una evolución de la naturaleza no sintiente.[15]

Otra diosa primitiva que representa el relato de la sombra, datada ésta en torno al 3000 A. E. C., es la diosa mesopotámica Inanna. El relato mítico de su viaje al inframundo para liberar a su hermana, Ereshkigal,

---

15. FEUERSTEIN, G.: *The Shambhala Encyclopedia of Yoga.* Shambhala, Boulder, CO, 2000, p. 72.

no es más que la historia de su trabajo de sombra, con su *doppelgänger.* Muchos buscadores se sorprenderían al saber que este relato es, posiblemente, el origen del famoso axioma hermético «como arriba, así es abajo», pues hace referencia a una diosa que hace las paces con el país de los muertos y con su propia sombra (Ereshkigal).

> En el panteón sumerio, Ereshkigal, Reina del Inframundo, es la hermana mayor de Inanna. Inanna es la Reina del Cielo y la Tierra, pero no conoce el inframundo, lo cual le impide madurar. «Desde el Gran Arriba ella abrió su oído al Gran Abajo». Así comienza el viaje de Inanna a una vida más profunda con el conocimiento de la muerte y el renacimiento. A Ereshkigal se le dio el dominio del Inframundo, donde se alimenta de arcilla y bebe agua sucia. No tiene una madre amorosa, ni padre, hermano ni hermana. No tiene amigas ni compañeros. Lo único que anhela es su propia satisfacción sexual. No ama a nadie, no es amada por nadie, es instintiva, se siente abandonada, colérica y sola. Ereshkigal puede ser considerada como el lado desatendido de Inanna, ese aspecto sumido en sentimientos de inutilidad y abandono.[16]

Otra fuente primaria de conocimiento oculto y esoterismo es el antiguo Egipto. Víctima de una abrumadora apropiación cultural, comportamiento propio de la sombra en sí mismo y por sí mismo, Egipto destaca como un faro de sabiduría para aquellos que se inician en cualquier tradición espiritual no cristiana. El trabajo de sombra en las enseñanzas egipcias se puede constatar en muchos de los papiros más antiguos, incluido el *Libro de los Muertos* encontrado en el Papiro de Ani. Y no debería sorprender que el trabajo de sombra en Egipto esté ligado también al inframundo y a los muertos. Es, evidentemente, un tema transcultural: una y otra vez se hacen referencias a la sombra humana, que, con el tiempo, evolucionaría en la *Hermética.* Esta disciplina se desarrolló entre los alrededores del 300 A. E. C. hasta el 1200 E. C.

---

16. Shaw, J.: «The story of Ereshkigal, Inanna's older sister». *Life on the Edge* (blog) (12 Diciembre 2012).

en los escritos de alquimistas de la antigua Grecia y la Europa medieval, quienes, al parecer, crearon una corriente sincrética con las antiguas obras egipcias atribuidas a Thot. Cualquier europeo que afirme tener conocimientos sobre el subconsciente o la sombra lo ha obtenido, sin duda, de la alquimia, que llegó a Europa a través del antiguo Egipto y de la ciudad de Alejandría.

> Si no te haces, pues, igual a Dios, no podrás aprehender a Dios, pues sólo lo similar conoce a lo similar. Deja atrás todo lo que es corpóreo, y alcanza la grandeza de lo que está más allá de toda medida; elévate por encima de todo tiempo y hazte eterno; y entonces aprehenderás a Dios. Piensa que, también para ti, no hay nada imposible; considérate también inmortal, y que eres capaz de comprenderlo todo con tu entendimiento, de conocer cada arte y ciencia; encuentra tu hogar en las guaridas de toda criatura viva; elévate hasta más allá de todas las alturas y desciende hasta más allá de todas las profundidades; reúne en ti todos los opuestos de cualidades, calor y frío, sequedad y fluidez; piensa que estás en todas partes a la vez, en la Tierra, en el mar, en el cielo; piensa que aún no has sido engendrado, que estás en el útero, que eres joven, que eres viejo, que has muerto, que estás en el mundo más allá de la tumba; reúne todo esto a la vez en tu pensamiento, todo momento y todo lugar, toda sustancia y cualidad y magnitud; y entonces podrás aprehender a Dios.[17]

La sombra en el antiguo Egipto y en muchas culturas indígenas fue reconocida como algo inseparable del ser humano, un componente vital y viviente del quién somos. Se la llamó *shut,* también *seut, sheut* o *swt,* y se tenía por un aspecto palpable y perceptible de la persona. No obstante, existe cierto debate en el mundo académico, donde se confunde a la sombra con la porción *ba* del alma humana de la que se

---

17. Copenhaver, B. P. (ed.): *The Greek Corpus Hermeticum and the Latin Asclepius in a New English Translation, with Notes and Introduction.* Cambridge University Press, Cambridge, UK, 1995. (Trad. cast.: *Corpus hermeticum y Asclepio.* Siruela, Madrid, 2000.)

habla en la literatura egipcia, si bien muchas fuentes diferencian claramente entre ambas, siendo la sombra, quizás, un apéndice del *ba*, o representación física del alma, sin ser idéntica a ella. Esencialmente, la sombra humana se expresa a través de conductas como la proyección, la negación, el engaño, la culpa y la agresividad, pero la sombra también tiene una función espiritual para los seres humanos. La función espiritual de la sombra, de la que se hablaba ya en el antiguo Egipto, es proporcionar oportunidades para la evolución y la expansión mediante la observación de nuestra naturaleza inferior y el trabajo con ella. Quizás nadie se iluminaría sin la oscuridad de la sombra, de nuestra sombra. La sombra es destructiva, y parece estar asociada al mal, pero la destrucción es necesaria en la naturaleza para mantener el equilibrio y para que exista una adecuada proporción de crecimiento, en lugar de una propagación eterna, excesiva, como ocurre con la superpoblación, con una sobrecarga viral en el organismo o con un tumor canceroso. Sin los controles y contrapesos de la energía de la sombra, la expansión continua generaría cánceres por todas partes, provocando un desorden aún mayor.

Los montículos de las hadas en Gran Bretaña se hallaban bajo el gobierno de la reina de las hadas, una diosa oscura que gobernaba el inframundo, el reino de los muertos y los espacios liminales. Los antiguos cuentos de hadas están repletos de personajes y de hechos oscuros, dragones asesinos y reinas vengativas. Estos relatos, que con frecuencia llevaban una moraleja, ofrecen a los niños la oportunidad de trabajar con la sombra. Pero, en tiempos modernos, existe la tendencia a eliminar el caos y el peligro de las historias, se tiende a sanearlas y, así, generar una realidad ilusoria, impidiendo que estos cuentos cumplan su papel con los niños. Cuando todo se presenta bajo una luz positiva, se eliminan las lecciones éticas y morales, y los niños no tardan en darse cuenta de que sus experiencias en el mundo real no se corresponden con esas historias de final feliz; que las historias no son ciertas. Siendo niña, recuerdo haber visto una versión anime japonesa de *La sirenita,* donde ésta moría y se convertía en espuma marina, mientras que su amado se casaba con otra. Aquello me impactó mucho, pero me ayudó a comprender algunas cosas del mundo. La versión Disney de este cuento neutralizó la enseñanza emocional que, en su origen, proporcionaba el relato. Esto, para mí, es un crimen, un robo a las nuevas generaciones, pues se crea un mundo falso, con la tóxica tendencia a ignorar la realidad del fracaso, que todos experimentamos durante nuestra vida en el planeta. A veces, las cosas son tristes; a veces, la gente muere. Y eso tenemos que verlo, tenemos que sentirlo profundamente.

El judaísmo también habla de la sombra, a la que denomina *yetzer hara,* la inclinación a hacer el mal. Su opuesto es el *yetzer hatov,* la inclinación por el bien. Según las tradiciones judías, todos los seres humanos tienen tales inclinaciones; hasta el propio Moisés las tuvo. En vez de erradicar la porción *hara* de nuestra naturaleza, tenemos que crear un sistema de controles y contrapesos, alimentar más al *hatov* e intentar contener y controlar al *hará,* en un proceso que, en su esencia, es un trabajo de sombra. El *yetzer hara* no es malvado en sí, y puede dar lugar a cosas positivas, como el éxito en los negocios.

El *yetzer hara* tiene un propósito; tenemos que ser ambiciosos y pensar en nosotros mismos, y priorizar nuestras necesidades, pero también es importante equilibrar nuestras necesidades con las necesidades de los demás. Cuando el *yetzer tov* y el *yetzer hara* trabajan juntos en una danza fluida y armónica, en vez de estar forcejeando constantemente entre sí, nuestra vida fluye y se hace armónica. Es un gozoso equilibrio que nos permite ir en pos de nuestras pasiones en el mundo, pero teniendo consideración con los demás y poniéndonos al servicio de las necesidades de la familia, las amistades, la sociedad y el planeta.[18]

Los Sabios de la antigüedad decidieron que había que capturar y meter en prisión al yetzer hara, *de manera que dieron la orden de realizar ayuno total durante tres días, tras lo cual el* yetzer hara *se rindió ante ellos. Pero el* yetzer hara *se pronunció así: «Debo deciros que, si me matáis, acabaréis con el*

---

18. Rabí Cantor George Mordecai, «Drash on Parashat Tol'dot 2021», en el *website* de la Union for Progressive Judaism.

Freud identifica a los dos instintos que luchan en nuestro interior como el instinto de vida y el instinto de muerte: todos tenemos una profunda necesidad de vivir, así como la necesidad de destruirlo todo. Freud denominó a la sombra el id (o ello); Jung se refiere a ella en gran medida como el inconsciente. Las personas que tienen conocimientos de brujería, de paganismo y de las enseñanzas indígenas son conscientes de la larga y profunda historia del yo oscuro. El trabajo de sombra es antiguo. Por mucho que Freud o Jung quisieran reivindicar su descubrimiento, todo tipo de sanadores, chamanes, personas medicina y brujos, que fueron perseguidos durante decenas de miles de años, conocían desde antiguo el problema de la sombra. En la propia Biblia se habla aquí y allí del trabajo con la sombra; no hay más que leer el relato de Caín y Abel para ver cómo los seres humanos intentan ocultar a la conciencia consciente, en su punto ciego, sus propias maldades. Del mismo modo que Caín entierra el cuerpo de su hermano, todos intentamos encubrir lo que no queremos ver de nosotros mismos.

La desesperada necesidad que tenemos por mantener a la oscuridad lejos del yo es también una conducta de la sombra. El trabajo de sombra consiste, básicamente, en una serie de técnicas dirigidas a revelar o tomar conciencia de una parte del uno mismo o de la humanidad que se ha mantenido oculta, escondida o reprimida. Estas tendencias adoptan diferentes formas y son lo que yo denomino los *arquetipos oscuros*,[19] esos arquetipos que se ocultan de nuestra conciencia y que son difíciles de ver.

Conviene que dejemos a un lado la cólera y el negacionismo ante el hecho de que la sombra tenga su existencia en nuestro interior y en el seno de la humanidad. Pero no porque eso nos lleve a consentirla, sino porque es una verdad evidente y no vamos a tener más remedio que aceptarla más pronto que tarde. No tenemos por qué negar esa realidad. Reconocerla no supone una amenaza moral, no más que el reconocimiento de la existencia de algo que nos corrompe de forma inherente. La sombra está en todos nosotros y estará ahí siempre. La sombra no se va a ir a ninguna parte. Si no puedes comprender por qué una persona aparentemente buena es capaz de hacer algo terrible, o por qué naciones enteras conspiran para hacer maldades, cuando comprendas el trabajo de sombra sabrás exactamente por qué ocurren estas cosas. Y lo que es más importante, comprenderás cómo, trabajando con la sombra, evitarás conductas destructivas en el futuro, tanto por parte tuya como de los demás. La sombra se transmuta a través de la toma de conciencia y de la educación, no evitándola e ignorándola.

Las tendencias actuales en las comunidades espirituales señalan la conveniencia de desalentar la práctica de la circunvalación o elusión espiritual. La circunvalación espiritual supone creer que todo va a estar bien mientras se ignore la llamada energía negativa o se la mantenga a distancia. Es una forma de «luz de gas», que es un mecanismo psicológico mediante el cual desvirtuamos la realidad, aunque también se la denomina positividad tóxica. Gran parte de las filosofías del «pensamiento positivo», de las filosofías de la abundancia y la manifestación, intentan fomentar el pensamiento positivo para enfrentarse a la energía negativa y convencer a la gente de que no hay nada negativo, o que las cosas malas te suceden por tener una mentalidad negativa.

Después de conocer a varios de esos proponentes del pensamiento positivo, critiqué su forma de pensar y escribí, junto con Adam Par-

---

19. La autora utiliza aquí el término *darchetypes* como una fusión de *dark,* «oscuro, oscuridad», y *archetypes,* «arquetipos». *(N. del T.)*

frey, un libro titulado *The Secret Source: The Law of Attraction and Its Hermetic Influence throughout the Ages (La fuente secreta: La ley de atracción y su influencia hermética a través de los tiempos)*[20] para mostrar, a través de una investigación, cómo se habían originado las tradiciones de sabiduría herméticas y cómo se habían distorsionado para el uso personal y para ganar dinero. Yo ayudo a muchas personas en procesos de muerte y de pérdida, y considero que estos puntos de vista positivos tóxicos hacen mucho daño a la hora de asumir la realidad. La circunvalación espiritual aborda la negatividad a través de la represión y la vergüenza, y desaconseja la expresión de un punto de vista negativo u oposicional. Estas ideas se han difundido y amplificado desde los medios de comunicación y las redes sociales, y se ha hecho con buena intención. Pero resulta que ignorar la energía negativa no hace que dejen de ocurrir cosas terribles. El hecho de que la policía disparara y diera muerte a un joven no se debió a que su padre o su madre manifestaran tal realidad con su pensamiento. Y pueblos enteros no hacen una invitación al genocidio por el hecho de no haber recogido los cristales adecuados, por no haber tenido el enfoque correcto o por tener un mal karma. Esto es pensamiento tóxico que no sirve para nada y resulta ofensivo e indignante para las víctimas del comportamiento sombrío de otros. Viviendo en Los Ángeles, he visto demasiadas veces que personas que viven de sus parejas o que aún no han salido del hogar de sus progenitores hacen proselitismo acerca de cómo hacer dinero y cambiar la propia vida con el pensamiento positivo para convencer a otras personas que padecen los agravios económicos que otros les perpetran o que están traumatizadas por la violencia de género. Si aprendes a ver la sombra, verás que el gurú de la autoayuda es un parásito que no hace otra cosa que quedarse con tu dinero. El fenómeno de «esconder lo barrido bajo la alfombra» es otra manera de describir este comportamiento de circunvalación espiritual.

Se dice que Gandhi tenía muy pocas posesiones, y que una de ellas era una estatua de los tres monos sabios que encarnan la famosa máxima de «no veas el mal, no hables el mal, no escuches el mal», basada

---

20. Publicado por Process Media, Port Townshend, Washington, 2007.

en las enseñanzas espirituales de Japón. Pero estas enseñanzas se han llegado a distorsionar para fomentar la evasión voluntaria de la negatividad por miedo a que, si lo reconocemos, se manifestará. En un curso gratuito de defensa personal para mujeres que impartí en otro tiempo, había mujeres que rechazaban hacer el curso porque temían que, si se preparaban para defenderse de una violación, lo que harían sería atraerla. Muchas de ellas pertenecían a un movimiento de pensamiento positivo. Para ellas, eso era algo que no había que contemplarlo, ni siquiera pensarlo... hasta que la violencia cae sobre ti. Aunque Gandhi fue un héroe de la noviolencia, fue asesinado por alguien que portaba la sombra de la violencia. Y en tanto que es posible que ocurran milagros y que las oraciones obtengan respuesta, la negatividad, la violencia y los comportamientos inadecuados no van a desaparecer por arte de magia sin acción, sin abordarlos y enfrentarse a ellos.

Yo he tenido muchos clientes diagnosticados de neurosis que pensaban que ellos mismos habían provocado todo lo malo que estaba sucediendo en su vida, y eso porque habían «pensado en cosas malas». Cierto es que somos responsables de muchas cosas en nuestra vida, cosas de las que debemos rendir cuentas. Pero hay acontecimientos que no están bajo nuestro control, y pensar que sí lo están no es nada más que una sombra egoica que recibe el nombre de arrogancia. Por suerte, disponemos de técnicas espirituales que nos permiten sortear este escollo. El trabajo de sombra es una de esas técnicas, una técnica viable y eficaz, que te garantiza que no sucumbirás a la tentación de la circunvalación espiritual, y que te ayudará a abordar la energía negativa de la forma adecuada. *Astrología de la sombra* ofrece un mecanismo para tratar con las energías negativas, con los arquetipos oscuros, sin eludirlos espiritualmente. Si queremos conservar la salud, convendrá no ignorar la negatividad, y que aprendamos, a cambio, el uso de herramientas que nos permitan procesarla de un modo más abierto, sin avergonzarnos de ello. Cuanto más nos ayudemos a transmutar, digerir e iluminar todas las formas de la sombra humana, más capacitados estaremos para controlarla.

Convendrá reconocer y aceptar que los seres humanos nunca dejaremos de transmutar sombra. Quizás creas que ya has hecho ese trabajo contigo mismo, a nivel particular, pero se trata de un proceso permanente, para toda la vida. Te encontrarás con personas que no han trabajado demasiado su sombra, personas que seguirán afectándote, por lo que convendrá que ajustes tu actitud en lo relativo al procesamiento de la energía negativa y que comprendas que es un proceso vivo, como la respiración. Transmutar sombra es todo un trabajo, y nadie lo hace solo, pues a cada uno de nosotros se nos da una porción que roer. El modo en que construimos sombra y trabajamos con ella es algo que le corresponde a cada uno, y es un derecho de nacimiento en tanto que seres humanos. Lo que ponemos en la sombra personal depende de cada uno, y herramientas como la astrología nos pueden ayudar a ver y a tratar con nuestra sombra personal, en tanto que los mitos y los arquetipos nos van a mostrar las sombras que albergamos los seres humanos colectivamente. Transforma tu percepción de la sombra y contémplala desde una perspectiva de inclusión y de asistencia, en lugar de desde un enfoque de evitación e intolerancia, y te convertirás en un operario de sombras.

Consulté el *I Ching* para encontrar respuesta a la siguiente pregunta: ¿Cuál sería la mejor manera de trabajar con la sombra para que redunde en el bien de todos? Y la respuesta fue el hexagrama 52 *(ken, la inmovilidad)*, con línea 6 mutable que da lugar al hexagrama 15 *(ch'ien, la modestia)*. Me pareció una respuesta muy potente, porque hablé de este mismo hexagrama o *gua* en mi libro *The Occult I Ching: The Secret Language of Serpents (El I Ching oculto: El lenguaje secreto de las serpientes).*[21] Alfred Huang, en su traducción, utiliza una cita de Confucio para ilustrar el significado de esta línea del *I Ching,* cita que creo que vale la pena repetir aquí.

> *Sabiendo cómo estar inmóvil,*
> *uno es capaz de determinar qué objetos debe buscar.*
> *Sabiendo qué objetos debe buscar,*
> *uno es capaz de alcanzar la calma mental.*
> *Sabiendo cómo alcanzar la calma mental,*
> *uno es capaz de lograr un reposo tranquilo.*

---

21. Publicado por Destiny Books, Rochester, VT, 2019.

En esencia, el *I Ching* sugiere esperar, no morder el anzuelo ni actuar impulsivamente, para entregarse a la contemplación, para calmar mente y cuerpo, para sumirse en la inmovilidad, como la diosa oscura, como la cueva. El hexagrama resultante, el 15, nos habla de moderación y nos sugiere actuar en medio de las cosas, pasar por el centro, sin caer en los extremos. El consejo en el hexagrama *ken* es el de ser humilde y actuar desde la humildad. El *I Ching* sugiere tratar la sombra no desde la humillación, sino desde la humildad. Ésta es una diferencia importante. Esta lectura del *I Ching* me trajo el recuerdo de un cuadro que representaba a una Virgen Negra, un cuadro que vi en Italia, y que me transmitió un claro y rotundo mensaje. El mensaje consistió en una única palabra: *pausa.* Ésta es la sabiduría de la diosa oscura: esperar, mantener la calma, aguantar sólo un minuto más antes de perder los estribos. Antes de que lo destroces todo, espera, sólo un minuto; pues, cuando esperamos, las cosas pueden desarrollarse en el seno de una pausa preñada de posibilidades.

---

22.   Carlisle, R. S.: «Crowfoot's dying speech». *Alberta History,* vol. 38, n.º 3, pp. 16-17 (1990).

La *prima materia*

*Vapores como nubes negras, y las arboledas que crecen junto
a su lago están todas cubiertas de rocío congelado, serpentean-
do sus raíces hasta alcanzar las aguas y volverlas oscuras. Por
la noche, ese lago arde como una antorcha. Nadie sabe lo que
hay en su fondo. No hay sabiduría que alcance tales profundidades.*

Beowulf

El término latino *prima materia,* que significa «primera materia», fue utilizado por los alquimistas, que en su mayor parte eran también entusiastas de la astrología. En alquimia, la *prima materia* es una sustancia que contiene la semilla mediante la cual se propagan todas las formas posibles de la materia. Este concepto, el de una sustancia primordial, el de algo que lo contiene todo, ha recibido muchos nombres: panacea, la piedra filosofal, la quintaesencia, la materia oscura o el quinto elemento, por nombrar unos pocos. La materia oscura lo incluye todo, no muestra preferencias, no excluye nada; es la madre de toda materia. Y, aunque suene raro decir que todas las cosas surgen de una única cosa, tales misterios habitan también en nuestro interior. El ADN de cada célula de nuestro organismo contiene los datos y la información de todas las demás células del cuerpo, un almacén que guarda potencialidades, expresiones y recuerdos latentes de nuestros antepasados.

Hasta el momento, las propuestas científicas sobre los orígenes de la materia o, con más exactitud, sobre cuál es la *prima materia,* siguen siendo teóricas, pero parece que apuntan al espacio exterior. Normalmente, cuando investigamos tales asuntos, terminamos en el centro de los agujeros negros, o en alguna especie de *acontecimiento* como el *big bang,* que dio inicio al acto de la creación. Determinados sistemas de medida sitúan la materia oscura en todas partes del universo, de tal manera que parece estar entremezclada simultáneamente con todo cuando existe. La materia oscura, que contiene la posibilidad de todo cuanto existe, está ahí al acecho, justo debajo de la superficie de toda realidad, incluidos los seres humanos.

Alquimistas como Paracelso se involucraron en el proceso de llevar la materia oscura, o *prima materia,* a la conciencia personal. Los alquimistas disponían de procedimientos y técnicas para llevar lo ignoto a la conciencia. Con el fin de acceder a la *prima materia,* tendrás que hacer determinadas cosas; a esta parte del proceso se le llamó *nigredo,* u oscurecimiento. Posteriormente, en determinados círculos, se le denominaría trabajar con la sombra. Antes de que haya algo, no hay nada. Todo comienza en el cero, algo difícil de comprender en realidad. Aunque se trata de un concepto desconcertante al que se le pueden dar muchas vueltas en la cabeza —como el acertijo de qué fue primero, si el huevo o la gallina—, el hecho de incluir el espacio vacío y el anti-espacio a la hora de tomar en consideración un cuerpo en su existencia es vital para comprender la realidad íntegra. Para conocer el uno que somos, el primordial, no tenemos más remedio que mirar fijamente al abismo, comenzando desde el cero. Llegar a la completa negación de la vida es parte importante del proceso. No alcanzaremos el conocimiento del todo a menos que incluyamos el conocimiento de la «nada». Y cuanto más llevemos a cabo este proceso de negación, más completos estaremos y más cerca de nuestra fuente, de nuestro creador, del positivo amor a la vida por el cual nos sentimos atraídos. La vida, en sí, se renueva con cada muerte; y tu ego no es una excepción. Aceptar el «no yo» nos permite comprender la muerte en un nivel más profundo y personal. Para todas y cada una de las cosas creadas, hay una «no-cosa» creada. Es una especie de yo de antimateria, un yo no creado. Las leyes físicas del universo se equilibran en polaridades, y los seres humanos no somos una excepción. A la hora de examinar el *alter ego,* convendrá comprender las antiguas leyes y reglas alquímicas del universo: que para toda cosa existe una no-cosa igual y opuesta. Y eso te incluye a ti: cuando fuiste creado y naciste, también fue creado y nació un no-tú, un tú sombra.

Si logras abrazarte a la versión de Antimateria de ti mismo,
el Tiempo dejará de existir para Ti, ¡pues eres Dios!

Vishwanath S J

Se ha descubierto que el universo contiene una proporción constante de energías positivas y negativas, de ser y no ser, de vida y muerte. A esta proporción se la denomina la proporción dorada o media áurea. La proporción dorada se ha demostrado matemáticamente en todo en la naturaleza, desde los átomos a los planetas, y deja patente que el equilibrio de energías en el que nos movemos no es positivo ni negativo, sino una constante duradera de estas dos energías en combinación permanente. Y, aunque la homeostasis de este equilibrio de expresiones positivas y negativas fluctúa, siempre encuentra el camino de vuelta al centro. Y dado que somos parte de la naturaleza, esta proporción de equilibrio positivo y negativo también se halla en nosotros. Así pues, tanto en la mente como en el cuerpo, tanto en la personalidad como en el espíritu, tenemos que intentar mantener el equilibrio mediante el procesamiento o digestión de la energía negativa en nuestro interior.

Son muchas las personas que ni siquiera intentan procesar lo negativo por el bien de su salud psicológica debido a que es todo un reto. De hecho, adentrarse en estas tierras sombrías no está exento de peligros, pero nuestras cualidades negativas no tienen por qué ser tan insuperables para la persona común. Disponemos de muchas herramientas para facilitar el tránsito, podemos dar bocaditos aquí y allí para digerir sin riesgos esos alimentos venenosos. Si metabolizamos adecuadamente estas poderosas fuerzas, se convertirán en medicina y salud, en vez de traernos enfermedad e inquietud. Una de las más poderosas herramientas para conseguir esto, utilizada por la humanidad desde hace milenios, son los arquetipos que moran en las estrellas. Los mitos estelares y sus personajes han sido de más ayuda para que los seres humanos hagamos las paces con nuestra naturaleza íntegra que ninguna otra cosa, quedando en segunda posición, y muy cerca, determinadas plantas y psicodélicos. Pero yo diría que las estrellas son las más eficaces porque podemos observarlas todas y cada una de las noches de nuestra existencia. Para zambullirnos en las profundidades de estos misterios sólo tenemos que mirar hacia arriba.

> *La Astrología es imprescindible para las Artes de la Adivinación, pues es la Llave que abre la puerta de todos sus Misterios.*
>
> Enrique Cornelio Agripa

La astrología es un arte central en todo lo oculto. De hecho, la palabra *oculto* viene de la misma raíz que *ocultación,* que se utiliza para describir el fenómeno planetario en el que un cuerpo celeste pasa por delante de otro impidiendo su visión desde la Tierra. El esfuerzo por comprender nuestra naturaleza oculta nos lleva necesariamente a mirar al espacio exterior –no hay manera de evitarlo–, porque el espacio exterior contiene la fuente de todo cuanto somos, y no vas a comprender algo íntegramente en tanto no vuelvas al origen. El deseo y la necesidad de regresar a la fuente es lo que lleva a los seres humanos a narrar los mitos de la creación una y otra vez. Para saber lo que *uno* es, tienes que regresar al *uno* –e incluso al antes del uno, al cero. Tienes que volver a la fuente primordial del vacío, a la *prima materia,* para encontrarte a ti mismo, tu origen, y eso exige sumergirse en la energía negativa.

> *El hombre es un microcosmos, o un mundo en pequeño, porque es un extracto de todas las estrellas y planetas del firmamento, de la Tierra y los elementos; y de ahí que el hombre sea su quintaesencia.*
>
> Paracelso

La influencia del subconsciente

Existe una influencia sensible entre los cuerpos celestes, la Tierra y los cuerpos animados.

FRANZ ANTON MESMER,
en *Propositions Concerning Animal Magnetism*

Es ciertamente extraño, pero los seres humanos pueden generar otra versión de sí mismos en su propia mente. También podemos generar versiones de otros en nuestra imaginación, que pueden parecérseles o no. Esto podría dar la impresión de ser un juego de niños, una tontería, pero es un fenómeno de la psique humana. La mente es como una matriz extraña, que concibe y da a luz cosas que luego emergen en la realidad. Es el reino del hermetista y el alquimista, la mente creadora. Ese extraño camaleón del *yo* gusta de cambiar de forma, creando caprichosamente formas y yoes que se transforman en función de quién esté delante del yo. La *prima materia* puede asumir cualquier *persona* o máscara porque las contiene todas.

Obviamente, existen limitaciones en cuanto a en qué medida nuestras creaciones imaginativas pueden traducirse en realidad física. Cierto es que, aunque podamos imaginarnos siendo un unicornio, no podremos convertirnos literalmente en un unicornio, pero sí que podemos imaginarnos de forma diferente y terminar siendo diferentes. Hay muchas personas que creen que la mente humana no es capaz de influir en la realidad, que no puede informarla ni conformarla en modo alguno. Hay quienes creen que sólo estamos de paso, inmersos en una realidad que nuestros pensamientos y sentimientos no son capaces de afectar, que no guardan relación con ella. Pero, desde mi punto de vista, esto es demasiado simplista. Si miras a tu alrededor, todo cuanto ves son productos de la mente humana, a menos que estés en mitad de la naturaleza. Lo que imaginamos se puede convertir en realidad mediante el trabajo. Y ciertamente existen niveles de capacidad para influir en el mundo, pues hay maestros de la realidad que pueden cambiarla de manera sustancial, en tanto que otros no pueden moverla un centímetro, por mucho que se esfuercen. Los seres humanos construyen ciudades, desarrollan tecnologías, inventan máquinas, cohetes espaciales e infraestructuras que afectan a todo el planeta; eso es un influjo que se puede medir, el influjo que nuestra mente ejerce sobre el mundo. Los seres humanos alteran el entorno convirtiendo en realidad sus pensamientos a través del trabajo. Y nuestras palabras generan influencias que dirigen los acontecimientos de la historia humana. Los empeños artísticos elevan el espíritu humano, pero también lo hacen pasar por un terror inimaginable. Imagina cuánto poder se oculta en las sombras de la psique humana si podemos ver aquello de lo que somos capaces.

Tómate unos instantes para reflexionar sobre lo que significa la influencia, cómo se puede utilizar en el contexto de este libro y en qué medida es el mecanismo motriz para el uso del *alter ego,* del yo oculto. La palabra *influencia* nos viene de la astrología. Si examinamos la historia y el significado de la palabra *influencia,* nos encontraremos con que está arraigada en las secciones subconscientes del ego que responden a los rayos cósmicos, entre otras cosas.

influencia (s.) finales del siglo xiv, término astrológico, «poder etéreo de las estrellas cuando están en determinadas posiciones, actuando sobre el carácter o destino de los hombres», del francés antiguo *influence* «emanación de las estrellas que actúa sobre el carácter o destino de uno» (13c.), [...] de sustancia fluida o vaporosa, así como de fuerzas inmateriales e inobservables. El significado de «ejercicio de influencia invisible por parte de personas» es de la década de 1580 (un sentido que se aprecia ya en el latín medieval, por ejemplo, en Aquino); el significado de «capacidad de producir efectos a través de medios insensibles o invisibles» es de la década de 1650.[23]

Si no estás familiarizado con los rayos cósmicos, y si todo esto te parece sospechoso, te ruego que investigues este asunto más tarde. Ciertamente, estamos rodeados, impregnados y atravesados por todo tipo de rayos energéticos procedentes del espacio.

---

23. Online Etimology Dictionary.

el rayo cósmico, una partícula de alta velocidad –sea un núcleo atómico o un electrón– que viaja a través del espacio. La mayoría de estas partículas proceden del interior de nuestra galaxia, la Vía Láctea, y se las conoce como rayos cósmicos galácticos (RCG). El resto de los rayos cósmicos tienen su origen bien en el Sol o bien, casi con toda seguridad en el caso de las partículas de energías más elevadas, fuera de nuestra galaxia.[24]

Los neutrinos procedentes del Sol atraviesan nuestro cuerpo a cada instante, desplazándose con las brisas para ir y venir a su capricho. Y asimismo, los planetas emiten sin cesar océanos de vibraciones, que impactan en nuestros organismos constantemente.

> [Una] parte de los rayos cósmicos que se detectan en la Tierra procede de Júpiter. Este hallazgo llama la atención sobre la idea de que las magnetosferas de los objetos astrofísicos pudieran tener algo que ver con el origen de los rayos cósmicos. … Los flujos de rayos cósmicos son más grandes en promedio cuando la órbita de la Tierra intersecta las líneas del campo magnético interplanetario medido que conecta a Júpiter con la Tierra.[25]

Muchas personas se ríen de la idea de que los planetas y otros objetos del espacio exterior puedan influir de algún modo a los seres humanos en la Tierra. Parecen creer que nada que se encuentre tan lejos puede obligarnos a actuar de algún modo distinto al que marca nuestra voluntad. Quizás, si supieran que están nadando en una sopa de partículas procedentes de las estrellas y de otras esferas celestes, abrirían su mente para aceptar esa posibilidad. Si los planetas pueden alcanzarnos de esta manera, no costará tanto imaginar el flujo y reflujo de mareas en nuestro interior y cómo podemos llegar a afectarnos unos a otros. Si la Luna puede provocar la menstruación en las mujeres, y las muje-

---

24. Friedlander, M. W.: «Cosmic ray». *Encyclopedia Britannica,* actualización 2 Junio 2023.
25. Pizella, G.: «Emission of cosmic rays from Jupiter: Magnetospheres as possible sources of cosmic rays». *European Physical Journal C,* vol. 78, art. 848 (2018).

res, viviendo en compañía de otras mujeres, pueden influirse mutuamente en el inicio del ciclo menstrual, imagina qué otros influjos físicos y psicológicos nos alcanzan cada vez que atravesamos nuestros umbrales. Éste es el secreto de los magos a través de las eras, el flujo y reflujo, como los cielos en las alturas.

Existe un poder de atracción en el alma del hombre que atrae enfermedades físicas, mentales y morales desde el Caos. Las influencias planetarias se extienden por toda la naturaleza, y el hombre atrae cualidades malsanas de la Luna, de las estrellas y de otras cosas; pero la Luna, y las estrellas y las otras cosas también atraen influencias malignas del hombre, y las distribuyen de nuevo con sus rayos, porque la naturaleza es un todo indiviso, cuyas partes están íntimamente conectadas.

PARACELSO

El *alter ego*

Todas esas cualidades, capacidades y tendencias que no armonizan con los valores colectivos —todo cuanto rehúye la luz de la opinión pública, de hecho— se junta ahora para formar la sombra, esa región oscura de la personalidad que el ego no conoce ni reconoce. La interminable serie de figuras de la sombra y del doppelgänger en la mitología, en los cuentos de hadas y en la literatura van desde Caín y Edom, pasando por Judas y Hagen, hasta llegar al Míster Hyde de Stevenson en el hombre más feo de Nietzsche; una y otra vez, tales figuras vienen apareciendo y saludando con una inclinación a la conciencia humana, pero la humanidad todavía no se ha percatado del significado psicológico de este arquetipo del adversario.

ERICH NEUMANN, en *Psicología profunda y nueva ética*[26]

El *alter ego* se puede interpretar de diferentes maneras, por lo que puede dar lugar a confusión. Puede ser otra persona con la que tenemos una buena amistad, una identidad que hemos creado u otra personali-

---

26. Publicado en castellano por Alianza Editorial, Madrid, 2007.

dad que ocupa nuestro cuerpo, inclusive una inteligencia invasora, como un ángel o un demonio. El concepto de *alter ego* se puede encontrar en muchas culturas antiguas y, en su uso de doble de poder, o *forma alternativa,* es una práctica difundida por todo el mundo. Las prácticas daimónicas de los paganos recurrían a esta técnica. Sin embargo, la era moderna atribuye este concepto a Cicerón y, posteriormente, al filósofo romano Séneca, si bien no sería investigado con más profundidad hasta la llegada de Anton Mesmer, que ejercería una influencia decisiva en los psicólogos de Viena con sus descubrimientos.

Una ingente fuente de información sobre el trabajo con la sombra, sobre todo en astrología, se puede encontrar en *On the Influence of Planets (De la influencia de los planetas),* tesis escrita por Anton Mesmer mientras se hallaba en la escuela de Viena en 1766. Habría que decir que muchos autores afirman que Mesmer plagió al doctor Richard Mead, lo cual constituiría también un comportamiento de la sombra. No obstante, la tesis de Mesmer proporcionó los cimientos del trabajo moderno con el subconsciente, y era una tesis de carácter astrológico. Esta obra dio forma al desarrollo del mesmerismo, que llevaría a la práctica del hipnotismo. Hay autores que cuestionan la conexión entre la hipnosis y el mesmerismo, pero la obra del mesmerista James Braid deja el vínculo absolutamente claro. Puede que algunos practicantes modernos de la hipnosis hayan querido distanciarse de Mesmer, temiendo por su reputación, lo cual sería también un comportamiento de la sombra. El mesmerismo y el hipnotismo fueron tan eficaces que se utilizaron para eliminar el dolor físico durante las operaciones quirúrgicas con anterioridad a la invención de la anestesia. Imagina que te hipnotizan y que no sientes ningún dolor mientras te insertan un bisturí en el abdomen. Para ejercer tal influencia en el cuerpo y en sus instintos hay que ser un maestro de la sombra. Con independencia del escepticismo que cada uno pueda albergar, se trata de una hazaña impresionante. Y, aunque estoy convencida de que hay muchas personas escépticas que van a cuestionar tales afirmaciones, yo les sugeriría que no prescindan de cierto sentido de la maravilla cuando trabajen con la sombra y con lo que el *alter ego,* tal como lo definieron y exploraron personas como Anton Mesmer, puede ofrecer a la humanidad para el crecimiento y el servicio de todos y cada uno de sus miembros.

La astrología se viene utilizando desde hace mucho como técnica para expandir nuestra identidad y nuestra personalidad mediante la incorporación de arquetipos, dioses y diosas, de los mitos de las culturas antiguas que, a través de sus relatos, intentaban explicar y comprender las estrellas. Cuando creamos un *alter ego,* hacemos un recipiente dentro del cual podemos forjar una nueva manera de ver nuestro carácter y nuestra personalidad, alterándolos y dándoles forma así durante el proceso. La mejor manera de transformar algo es poniéndolo en un cazo y cocinándolo.

Actualmente, la gente crea *alter egos* en un abrir y cerrar de ojos. El músico Eminem se hizo un *alter ego* sombra al que llamó, adecuadamente, Slim Shady (Sombra Esbelta). Cada avatar que hacemos para introducirnos en la cultura *online* puede convertirse en un *alter ego* capaz de transformar la vida. Y debido a que estos avatares *online* son en su mayor parte anónimos, sus creadores pueden sentirse libres para utilizarlos como vía para la manifestación de su sombra. Sin embargo, sus *alter egos online* pueden terminar sangrando en el mundo real si se les hace responsables de algún comportamiento destructivo.

> *La selección natural no es el viento que impulsa al navío, sino el timón que, mediante la fricción, ora aquí ora allá, marca el rumbo.*
>
> Asa Gray

Influencias y las proyecciones de la sombra

> *La mayoría de la gente son otras personas. Sus pensamientos son las opiniones de otro, sus vidas una imitación, sus pasiones una cita.*
>
> Oscar Wilde, en *De profundis*[27]

---

27. Publicado en castellano por Plutón Ediciones, Barberá del Vallés, Barcelona, 2011.

Piensa en qué podrías necesitar para liberarte de las influencias invisibles y desconocidas que te afectan justo ahora —influencias planetarias, humanas o de cualquier otro tipo. ¿Crees que podrías impedir que el cosmos ejerciera su influencia sobre ti? Tú eres más bien pequeño, y el cosmos es bastante grande. ¿Cómo podrías identificar sus ataques y defenderte de él? No vas a poder hacerlo, pero *sí que vas a poder* ser consciente de ellos. Estamos nadando en un océano, de modo que sus mareas nos van a afectar necesariamente. De lo que *sí disponemos* es de una embarcación para navegar sobre estas aguas: esa embarcación es el ego. Las aguas del mundo están intentando abrir una brecha en tu casco y quebrar tu ego constantemente con el fin de que sembrar sus influencias en tu interior. No ignores las olas que te golpean. Observa los vientos y vigila los mares.

Imagina que toda la gente se hiciera completamente responsable de su energía y de las influencias que les llegan, y que pudieran ver, de forma clara y meridiana, en qué momento ellas o cualquier otra persona realiza una proyección, es decir, proyecta sus sentimientos no deseados sobre los demás. Una transparencia tal en las relaciones humanas impediría muchas meteduras de pata provocadas por la sombra. Si las personas pudieran reconectar con su propia fuente de energía —con su propio Sol, su propia identidad— las proyecciones de la sombra se reducirían considerablemente. Muchas personas pierden el contacto con su habilidad innata para crear energía y se convierten en vampiros de los demás porque temen morir si no extraen vitalidad de algún otro lado.

Si conseguimos hacernos conscientes de las proyecciones de la sombra, sea a través de técnicas conscientes, como las que ofrecemos en *Astrología de la sombra,* o sea porque las crisis nos obligan a ello, comenzaremos a ser conscientes de las proyecciones de sombra que tienen lugar entre otras personas —entre nuestras amistades y en la familia, en nuestra comunidad, e incluso a nivel nacional e internacional. Si somos capaces de percibir nuestra propia sombra, podremos hacer brillar la luz en todas las sombras; nos convertiremos en un cristal, refractando la luz de la conciencia y enviando arcoíris en todas direcciones. Por horrendo que nos resulte tomar conciencia de que cuando nos embarga una profunda respuesta emocional es porque estamos siendo poseídos e influenciados por una sombra primordial, convendrá que abramos nuestra mente para ver la sombra y aceptarla. Será que ha llegado el momento de hacerlo. En vez de dejarte impactar por los comportamientos de la sombra de otra persona, observa y comprende lo que está ocurriendo.

Cuando utilizamos técnicas de adivinación, como el tarot, la astrología, las runas, el Erindilogun o el *I Ching,* descubrimos a los personajes y arquetipos de la antigüedad y tomamos conciencia de estar dando vueltas por el panteón de los arquetipos como si de un desfile se tratara. Pero, en cuanto te familiarices con los relatos de los arquetipos, comenzarás a elevar a esos titanes desde el subconsciente hasta tu propia conciencia para, así, liberarte de la reiteración de errores debidos a su influencia subconsciente. Éste no es el primer rodeo de la humanidad, tal vez observar algunas repeticiones nos ayude a todos a evitar viejos percances.

Las relaciones y el modo en que nos relacionamos entre nosotros no es algo que ocurra sólo a nivel atómico, con electrones y protones, sino que ocurre también a un nivel mucho más grande, a través de los arquetipos planetarios. Según la teoría de la unificación, si no eres consciente de ello, puedes ser víctima de un desastre, lo cual significa, literalmente, «de una posición desfavorable de una estrella o un planeta». La astrología te hace ser mucho más consciente de las influencias planetarias. Sé consciente de tus influencias y podrás emprender conscientemente la acción necesaria para utilizar tales influencias de forma positiva y beneficiosa. Ten siempre en cuenta tus influencias, no dejes que salgan de tu conciencia.

> *Oh, no tengas cautiva mi alma. Oh, no hagas guardia sobre mi sombra. Más bien, abre un camino para mi alma y mi sombra, y permíteles que vean al Gran Dios en el santuario en el día en que se cuenten las almas, y deja que conversen con Osiris, cuyas estancias están ocultas, y con aquellos que custodian los miembros de Osiris, y que vigilan el* ba, *y que tienen cautivas las sombras de los muertos, y que obrarían el mal contra mí, para que [no] obren mal alguno contra mí.*

Papiro de Nebseni

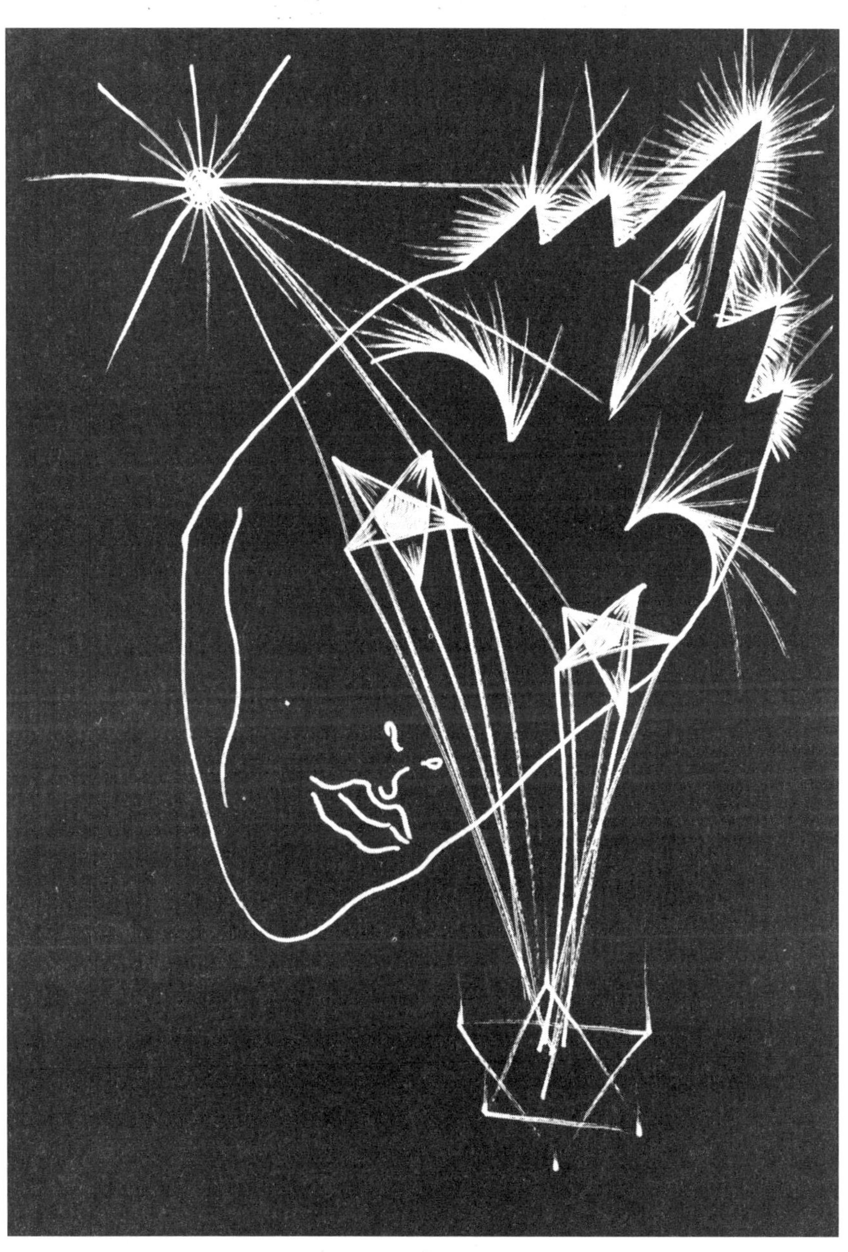

Cómo utilizar este libro

Lo ridículo surge de un contraste moral cuyos términos son relacionados de manera inocua para nuestros sentidos.

Johann Wolfgang von Goethe, en
«El aprendiz de brujo»

El propósito de este libro de astrología es el de ayudarte a tomar conciencia de los modos en que planetas y constelaciones se relacionan con tu sombra subconsciente. Mediante el uso de la técnica negativa de la astrología oposicional, en *Astrología de la sombra* te encontrarás con tu *alter ego,* tu Anticristo, tu «no yo», para que se funda con los signos astrológicos con los que te has estado identificando en tu horóscopo natal. Cuando tu Cristo (tu identidad solar consciente) y tu Anticristo (el destructor opositor) se conviertan en uno, entonces te expandirás. Y, al liberarte de influencias, te convertirás en un todo, en tu verdadero y completo yo, sin exteriorización alguna; emergemos como nuestra *propia estrella,* para brillar resplandecientemente como nuestro *propio sol* y no otro. Convendrá pasar en algún momento por este proceso de eliminación y negación de influencias externas. Pero ¿por qué no hacerlo ya? Si estás utilizando la astrología para identificarte, no eres más que el sol a medida que recorre el zodiaco, no eres tú mismo. Si en verdad pudieras ser el Sol en ti mismo y por ti mismo, libre del círculo zodiacal, ¿cómo crees que vivirías eso? ¿Quién serías? Pues, bien, *Astrología de la sombra* intenta explorar ese territorio.

En este sistema, tomarás tu carta natal, calculada de la forma habitual, e investigarás la carta oposicional o, dicho de otra manera, la «anticarta», que se crea cuando las posiciones de todos los planetas y las estrellas presentes en tu nacimiento se invierten u oponen. Personalmente, opino que no podemos construir nuestra identidad astrológica sin contar con las sombras planetarias, de modo que convendrá hacerse consciente de ellas, para que no te las encuentres una y otra vez bajo la forma de un «enemigo», una encarnación externa o una proyección de tu propia sombra.

Asumiendo otros factores como parte integrante de tu identidad, y recabando atributos y cualidades que en otro tiempo alejábamos de nosotros, emergerá nuestro verdadero yo, nuestra naturaleza plena, y nuestra gran potencialidad cerrará el círculo, como un planeta su órbita, en vez de seguir atascados en algún momento incompleto del espacio y el tiempo. Aquí trascenderemos en verdad las limitaciones del ego, al aniquilar lo que creíamos ser para comenzar a examinar lo que *podríamos* ser.

Puedes utilizar tanto el sistema astrológico occidental como el sideral con este libro. En muchas de las posiciones de planetas sombríos que se presentan en este libro he ofrecido ejemplos de personas bien conocidas que tienen esa posición en particular, tomando como base el sistema occidental. Sin embargo, no existe motivo alguno para pensar que no podamos utilizar este libro como referencia en el sistema sideral. Por ejemplo, quizás seas un practicante de *jyotish,* de astrología védica de la India; si es así, el signo solar de alguien que tiene el Sol en Escorpio en la astrología occidental sería un Libra bajo el sistema sideral, lo cual es esencialmente moverse al signo precedente en el zodiaco occidental debido a la precesión de los equinoccios. Es decir, deberás buscar el Sol en Libra en este libro y lo que dice ahí te servirá igualmente.

Si buscas una perspectiva más profunda, puedes observar la posición de las Casas en sombra. Fíjate en la Casa en la que tienes situado determinado planeta en tu carta natal y, a continuación, busca su signo de sombra. Por ejemplo, suponiendo que, en una carta natal, Marte esté en Libra en la Casa 2, la posición de la sombra para ese planeta sería Marte en Aries en la Casa 8. Aries está opuesto a Libra, y la Casa 2 está gobernada por Tauro, que es el signo opuesto a Escorpio, de modo que buscas la Casa gobernada por Escorpio, que es la octava Casa.

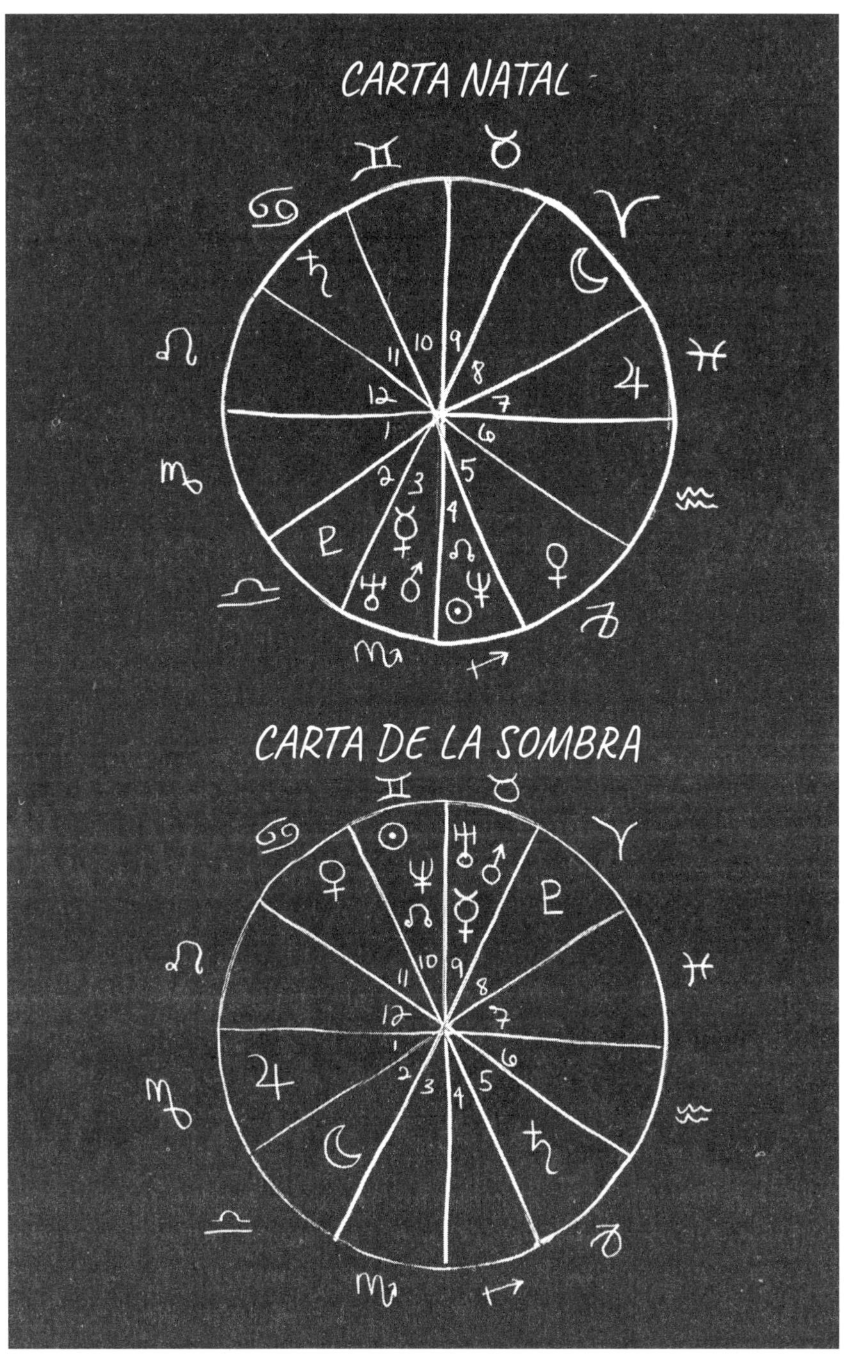

Muestra de carta natal y carta de la sombra

Regentes de las casas

Casa 1: Aries
Casa 2: Tauro
Casa 3: Géminis
Casa 4: Cáncer
Casa 5: Leo
Casa 6: Virgo
Casa 7: Libra
Casa 8: Escorpio
Casa 9: Sagitario
Casa 10: Capricornio
Casa 11: Acuario
Casa 12: Piscis

Este libro te puede ser útil también para examinar los tránsitos que puedan estar operativos en determinado momento. Dondequiera que estén situados los planetas en un momento en particular, puedes buscar sus posiciones opuestas en este libro para hacerte una idea de las influencias que puedan estar afectándote en ese momento. Por ejemplo, cuando terminé de escribir este libro, Saturno estaba transitando Acuario, a punto de entrar en Piscis, de modo que la influencia de la sombra era la de Saturno en Leo, a punto de entrar en Virgo. Así pues, podrías leer el capítulo sobre esta posición para ver la sombra que se proyecta sobre ese momento en particular. Para ver qué tránsitos están teniendo lugar en estos momentos, búscalos en Internet y luego determina la influencia de cada sombra en la sección correspondiente de este libro. Así, aquí podrás analizar y comprender también las influencias dominantes en el plano colectivo, más allá de la carta natal individual. Para más información sobre cómo buscar los tránsitos, te recomiendo el trabajo de Robert Hand, y todos los tránsitos que están teniendo lugar en estos momentos los puedes encontrar en astro.com, así como en tu aplicación favorita de astrología en tu teléfono celular.

Por favor, no olvides que lo que se te ofrece a continuación son los opuestos de los planetas de tu carta natal. Tendrás que comprobar primero la situación de tu planeta (como la Luna en Géminis) y luego buscar su situación opuesta para la sombra (que sería la Luna en Sagitario).

El fénix tiene que arder para emerger.

JANET FITCH

1. Haz tu carta natal astrológica del mismo modo en que normalmente la harías. Si nunca has visto tu carta natal ni has hecho una, el proceso es bastante fácil actualmente, pues puedes hacerte la carta natal *online* sin coste alguno. Mi página web favorita para hacer cartas natales gratis es astro.com. Plantéate hacer una donación, dado que uno de los autores de esta página es Robert Hand, cuyo trabajo admiro enormemente, pues ha hecho enormes aportaciones al campo de la astrología. Posiblemente desearás imprimirte la carta, para tener una copia física de ella.
2. Procúrate un marcador rojo y una regla.
3. Para cada planeta de tu carta natal, sitúa la regla lo más ajustada posible al planeta o estrella que desees explorar, de tal manera que la regla corte el círculo de la carta por la mitad desde el punto de partida del planeta en cuestión.
4. A continuación, toma el marcador rojo y traza un símbolo o un círculo en el punto opuesto del círculo; puedes situarlo en el grado exacto para ser preciso.
5. Fíjate en el símbolo zodiacal que hay en el lugar donde hiciste la marca roja: éste es el signo sombrío del planeta que estás investigando. Por ejemplo, una línea que comience en el Sol en Aries debería llegar al mismo grado dentro de la constelación de Libra, si la regla pasa por el centro del círculo. Libra es el signo opuesto a Aries, y ahí estará el Sol de la sombra.

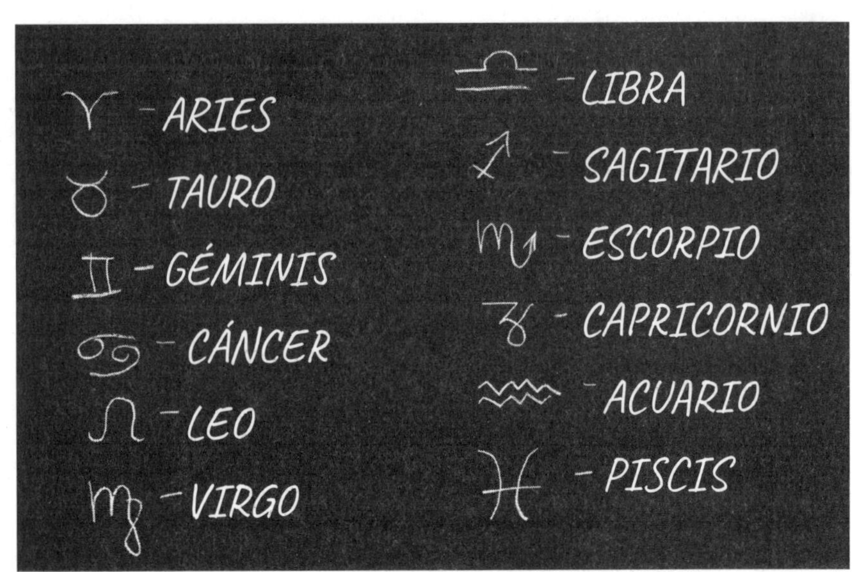

Clave de los símbolos astrológicos

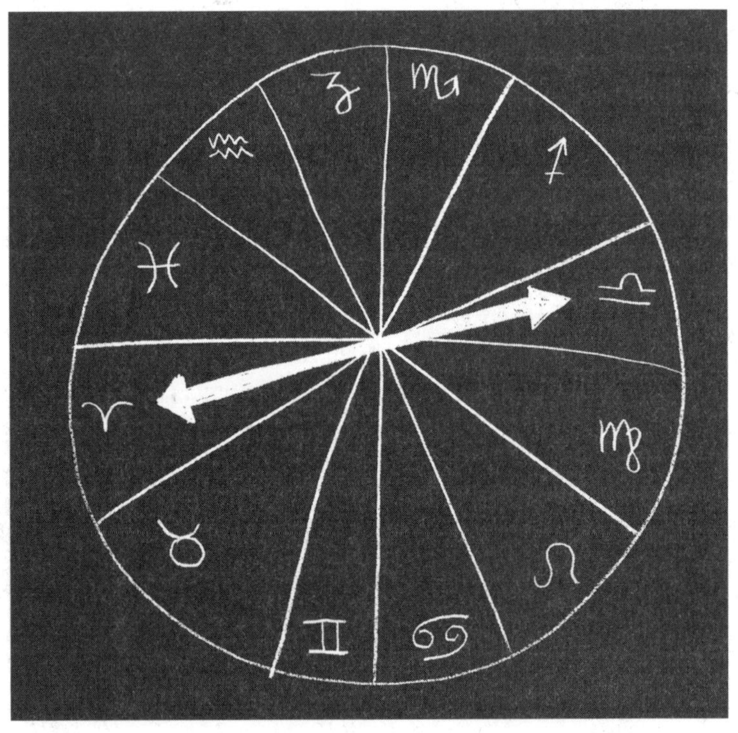

Cómo encontrar la sombra oposicional

Pares de opuestos zodiacales

Aries – Libra
Tauro – Escorpio
Géminis – Sagitario
Cáncer – Capricornio
Leo – Acuario
Virgo – Piscis

Advertencia

Éste es un libro acerca de la sombra, que habla de comportamientos negativos tanto en los seres humanos como la naturaleza, entre los que cabría incluir: la violencia en general, la violencia racial, la violencia familiar, la violencia sexual, el suicidio, el abuso de sustancias, la muerte y los patrones mentales abusivos, entre los que cabe destacar la técnica de luz de gas. Ten en cuenta que estos temas se pueden contemplar desde distintas perspectivas: la del victimario, la de la víctima y la de un observador. Los ejemplos utilizados no pretenden equiparar o igualar al lector con ninguno de ellos, sino ilustrarlo para que tome conciencia de adónde pueden llevar las sombras, como lo haría un cuento con moraleja. El trabajo de sombra es un estudio sobre peligros que son reales en este mundo y en nosotros mismos.

Nota sobre las cartas natales históricas

La mayoría de las cartas natales de personajes históricos y celebridades a las que se hace referencia en este libro se encuentran en la base de datos Astro-Databank de astro.com, que es una fuente de referencias fantástica.

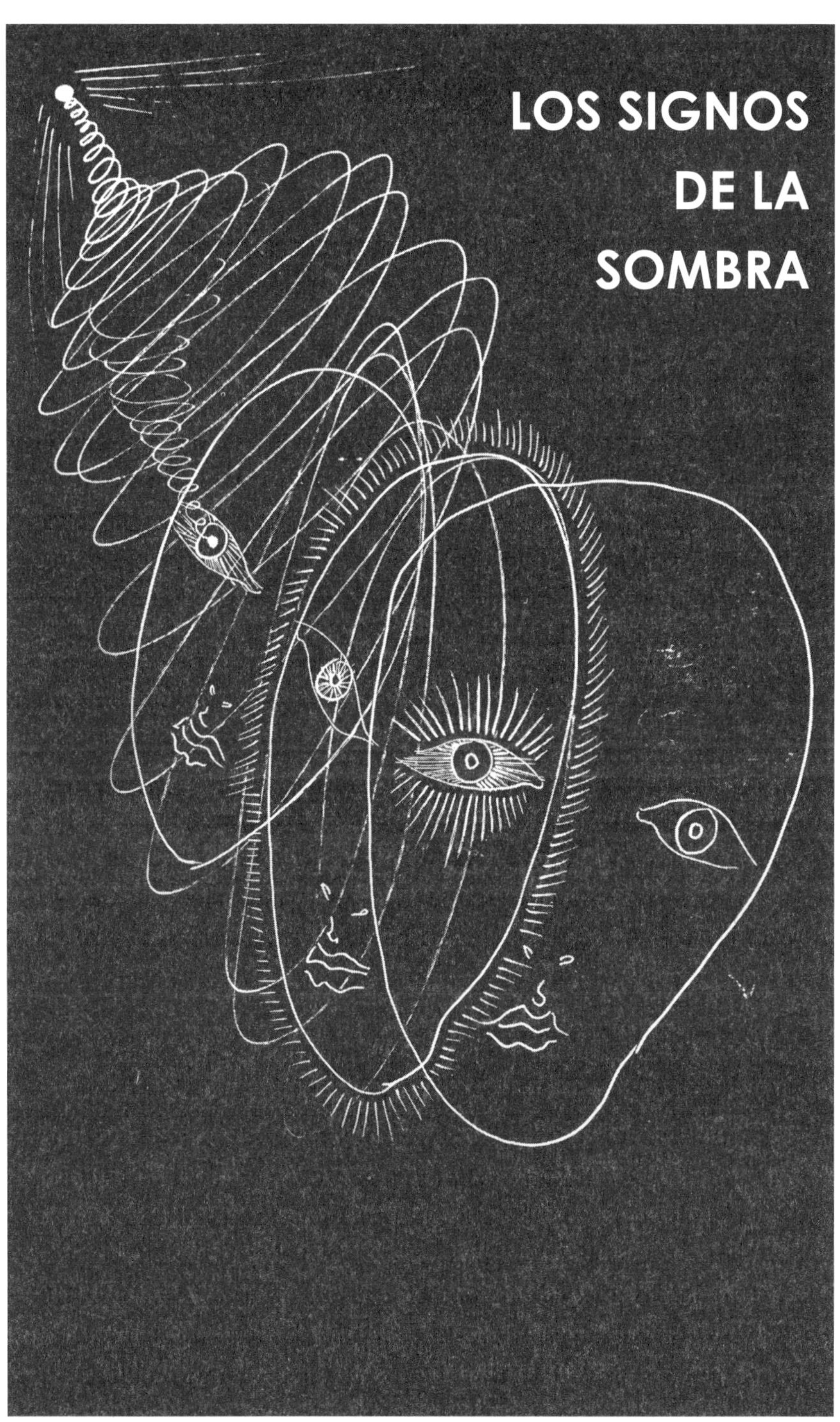

LOS SIGNOS DE LA SOMBRA

Las sombras del Sol

Yo contra mí mismo

*La expansión del lado luminoso de la conciencia tiene nece-
sariamente como consecuencia que aquella parte de la psique que es menos luminosa y menos consciente se ve arrojada
a la oscuridad; al punto que, más pronto o más tarde, va a
tener lugar una escisión en el sistema psíquico. Al principio,
la fractura no se reconoce como tal y, por tanto, se proyecta
—es decir, aparece como una proyección religiosa, bajo la forma de una separación entre los poderes de la Luz y la Oscuridad.*

Carl G. Jung, en *Simbología del espíritu*[28]

El ego es algo maravilloso y terrible, y es simultáneamente nuestro mejor amigo y nuestro peor enemigo. Muchas personas acostumbran a
humillar y menospreciar al ego. De hecho, allá donde mires vas a encontrarte con *haters* del ego; pero imagina por un momento un mundo
sin egos. A mí me parecería muy aburrido —sin Prince, sin Nelson
Mandela, todo el mundo igual y gris. El ego no es perfecto, pero es lo
que tenemos en este mundo para navegar por él.

El Sol sombrío es la expresión oculta, de carga negativa, de la *identidad egoica* que nos corresponde por el signo solar, y es la que asoma

---

28. Publicado en castellano por Fondo de Cultura Económica, México, reimpreso en 2000.

la cabeza cuando las cosas se complican. El Sol de la sombra se halla en una relación de polaridad con la expresión de nuestro signo solar, la expresión externa, que se manifiesta específicamente a través del ego. El aspecto sombrío de nuestro ego dará asilo a todos los fracasos de éste, a todos los comportamientos de la identidad negativa que no se han expresado externamente. Se trata de conductas que han sido duramente criticadas o menospreciadas, llevando al ego a pensar que es indigno o que no merece tales fracasos, de manera que el ego no incluye estas realidades, pensamientos o actos en su personalidad. Y es una pena que no incluyamos nuestros fracasos, porque éstos dan forma al sendero que nos llevará a logros futuros. El ego es esa parte de nuestra personalidad a la que le gusta pensar bien de sí misma en lo referente a quién es como persona y cómo encaja en la sociedad. Para la mayoría de las personas, tener un ego sano significa tener unas relaciones sanas, una alta valoración de sí mismas y una saludable autoestima. Y, cuando la autoestima resulta herida, sea por un suceso real, como sufrir abusos en la infancia, o sea por una percepción errónea o un insulto, el ego comienza a sumergirse en la sombra del Sol. El Sol de la sombra cumple una función de protección para el ego herido, intentando evitarle el dolor de sentirse inferior. Paradójicamente, la mejor manera de tomar conciencia de nuestro pleno potencial es aceptando e incorporando al Sol sombrío y expresando nuestra identidad a través de él, en vez de quedarnos exclusivamente con la identidad positiva de nosotros mismos, pues es de este modo como se manifiesta nuestra totalidad. Lo cierto es que todos vamos a caer y vamos a salir de nuestra personalidad solar sombría en diferentes momentos a lo largo de nuestra vida. Pero lo que hay que hacer en esos momentos es tomar conciencia de la naturaleza de nuestro Sol sombrío para poder elevarlo hasta la luz de la consciencia. La exposición de nuestro yo completo y verdadero puede parecernos una situación amenazadora, hasta que comprendemos que sólo si permitimos que caiga el velo y quede todo a la vista es cuando nos asentamos en nuestro verdadero poder.

Para encontrar la sombra de tu Sol, localiza simplemente tu signo solar según tu fecha de nacimiento, sea en el sistema astrológico occidental o sideral, el que tú prefieras, y mira a continuación el signo del zodiaco que se encuentra exactamente en el punto opuesto al Sol en el círculo zodiacal. Por ejemplo, si tienes el Sol en Aries, tu Sol sombrío estará en Libra, porque se encuentra en el extremo opuesto del círculo.

> *El cuerpo humano es vapor materializado por la luz del Sol en combinación con la vida de las estrellas.*
>
> PARACELSO

♈ Sombra del Sol en Aries
El boxeador de las sombras

Sol de nacimiento: Libra ♎
Máscara: Pasiva agresiva

Tu Sol de nacimiento en Libra te lleva a preocuparte por la justicia, el compañerismo y la paz, evitando el conflicto y la escalada. Este Sol, en su expresión positiva, es diplomático, negociador, abogado de causas perdidas, defensor de la justicia, artista, músico y pacificador. Eso significa que la sombra de tu Sol es la guerra en sí misma, y el impulso a no sólo entablar conflictos, sino también a llevarlos hasta la más ambiciosa, y si es necesario, sangrienta victoria. Vladimir Putin es un ejemplo de este Sol sombrío. Conocido por su diplomacia, su ego se impone detrás de la escena, como evidencia la invasión de Ucrania, de la cual dice e insiste que no es una guerra *per se,* sino «una operación militar especial».[29] Realmente estás deseando entablar esa pelea, pero no lo vas a hacer, de modo que entierras la violencia en lo más profundo de ti, comprimida en una bola que nadie pueda ver.

La principal expresión de la sombra del Sol en Aries es que necesitas sentirte cómodo en la confrontación, entablar batalla de una manera

---

29. Escribí esto en 2020, antes de que Putin invadiera Ucrania de forma patente y manifiesta. Ahora, en el momento de la publicación de este libro, es ya una guerra declarada, una manifestación plena de la sombra. Tal vez la implicación podría ser ver la evolución completa del comportamiento de la sombra. Mi deseo es que esto sirva para tomar conciencia.

confiada y directa, en vez de comportarte de un modo pasivo agresivo. Esto te unificará con tu oscuridad. Esto no significa que tengas que mostrarte abiertamente agresivo. De hecho, se trata de todo lo contrario: significa que asumas la confrontación al tiempo que mantienes la calma y la tranquilidad, desde la contención. Descubrirás que, cuando dominas la sombra de tu Sol, al que podríamos llamar el boxeador de las sombras, eres capaz de evitar totalmente las peleas, porque la discusión se disipará en la misma confrontación. Te situarás en tu faceta más poderosa cuando seas capaz de estar en guerra haciendo la paz durante un conflicto activo. ¿Te has relajado un poco y has dado un suspiro de alivio mientras leías estas palabras? En tanto no seas capaz de respirar en medio del combate, te vas a encontrar en situaciones en las que deberías haber tenido una confrontación directa y, sin embargo, todo se torció, porque subvertiste lo que tu instinto te decía que hicieras en aquel momento y lugar. Huiste con el rabo entre las piernas. Sal de estas situaciones acostumbrándote a articular de forma estratégica y decisiva tus pensamientos y tus sentimientos durante una discusión acalorada. Defiende aquello en lo que crees, aunque los demás no estén de acuerdo contigo. No esperes a sacar tu mente a batallar cuando te vayas a la cama y estés intentando dormirte. Muéstrate; no tengas miedo. Di lo que eres y deja a un lado tu necesidad de aprobación por parte de los demás. No te preocupes tanto por el otro como para ignorarte a ti mismo. Nadie gana cuando las cartas están a favor de una persona exclusivamente; eso es injusto, y tú lo sabes. Los guerreros de Aries no necesitan a nadie y pueden sustentarse en sus propios pies. Una vez te pongas en pie, podrás establecer relaciones de interdependencia sin sentir ese nudo en las entrañas que silencia tu voz y lo barre todo bajo la alfombra. Tu destino, una vez integres la sombra de tu Sol en Aries, es ser el mejor de los socios, gracias a que destacas en cuanto a sentido de la justicia, en diplomacia y en negociaciones; pero, para llegar ahí, tendrás que debatir. Lánzate, no te coartes por el otro, pues con ese proceder estás generando el sesgo que detestas. Vas a renunciar a innumerables asociaciones por no haber tomado decisiones, dejándoselas por completo al otro al no haberte pronunciado, para terminar sintiéndote resentido con él por haberse aprovechado de ti injustamente. Toma conciencia de esto y comienza a trabajar con la sombra ya.

Ejemplo en la naturaleza

Bucéfalo el Caballo. Bucéfalo fue el famoso corcel de Alejandro Magno. Según cuenta la leyenda, Alejandro domó a aquel caballo salvaje al que nadie se atrevía a acercarse, y no lo hizo por la fuerza, sino llevando al caballo a mirar al Sol, al comprender que Bucéfalo simplemente tenía miedo de su propia sombra.

—KATY STEINMETZ[30]

♉

Sombra del Sol en Tauro
El buscador de seguridad sensual

Sol de nacimiento: Escorpio ♏

Máscara: Posesiva

Deja de esconderte y de consentirte tus placeres físicos a hurtadillas en la madrugada. Simplemente, permítete tener caprichos sanos sin perder la concentración y el enfoque en tu disciplina. Leonardo DiCaprio tiene esta sombra del Sol. Si tú te esfuerzas en tu jornada laboral, tienes derecho a comerte cualquier cosa que te apetezca y a echarte donde te plazca como Ferdinando el Toro. ¿Que quieres beber? Estupendo, simplemente consiéntete un mínimo, pero hazlo de forma abierta y no te avergüences por ello. Darle permiso a la sombra de tu Sol en Tauro, el buscador de seguridad sensual, para consentirte algo ocasionalmente te proporcionará cierto alivio para otras conductas que podrían ser malsanas. Toma conciencia de toda tu vergüenza corporal y de tus pensamientos y ponlos a plena luz del día, y dejarás a un lado la indulgencia para establecer una relación más sana con tu elemento tierra y con tus necesidades. Restringir o eliminar la indulgencia con tus pasiones físicas, terrestres, no te va a servir de mucho, pues no vas a conseguir otra cosa que subvertir todo eso en culpabilidad y vergüenza.

---

30. En «Top ten heroic animals: 2. Bucephalus the Horse», *Time,* 21 Marzo 2011.

Por otra parte, es obvio así mismo que tienes una necesidad profunda de seguridad. Todos vemos lo celoso y lo posesivo que eres por tu temor a la pérdida o a no obtener la recompensa que buscas. Pero relájate. No pasa nada por tener miedo de perder lo que tienes. Sólo significa que eres muy muy leal y que deseas conservar las cosas que aprecias o que sientes que te has ganado. Tu naturaleza profundamente dominante y controladora, oculta en los pliegues de la sombra de tu Sol, está intentando mostrarte que serías motivo de admiración sólo con que dejaras que tu corazón se zambullera en las profundidades de su amor, aunque el precio que tuviera que pagar fuera el dolor o la pena. El Sol de Escorpio detesta sentirse vulnerable, por lo que evita acumular posesiones. Pero una vez cedes y lo aceptas, presta atención a la sombra de tu Sol en Tauro, pues va a intentar asegurar y controlar hasta el más mínimo aliento. Los celos no son uno de los rasgos de Escorpio en realidad, en contra de lo que dicen algunos astrólogos. Los celos provienen del temor de Tauro, un temor provocado por esa necesidad de seguridad. La verdadera energía de Escorpio es autosuficiente en extremo. De manera que, si tienes miedo de perder a otra persona, quizás sea porque estás deslizándote en la sombra. Pero la expresión negativa definitiva de esta sombra del Sol es el acaparamiento, de modo que asegúrate de cimentar tu seguridad en tu interior y no en tus posesiones. En cuanto seas capaz de dominar la sombra del Sol de la posesión material, podrás elevarte hasta la expresión del águila que también se refleja en Escorpio, que es la trascendencia del mundo físico. La propiedad no lo es todo; si amas algo, déjalo libre. Esta sugerencia puede parecer amenazadora hasta que te la aplicas a ti mismo y te liberas al asumir plenamente que no eres lo que posees. Tú eres mucho más que eso y no necesitas de posesiones ni de personas ni de objetos para crecer y alcanzar tu destino. Quizás atraigas *haters* a medida que asciendes hasta esa posición, pero no será más que la proyección de sus propias sombras, que envidian el dominio que ejerces sobre la sombra de tu Sol.

Ejemplo en la naturaleza

Entre los crustáceos parece haber un alto grado de vida emocional. Plinio decía que el cangrejo guisante es celoso. De las langostas se dice que monopolizan un rincón especial en el acuario y que, debido a sus celos, expulsan a los intrusos que se adentran en determinada esfera de influencia. Los cangrejos pelean vigorosamente por el mismo bocado de comida, y muestran cierta tendencia a agarrar el bocado y largarse nadando con él, protegiéndose con la mandíbula que les queda libre. Los cangrejos ermitaños suelen provocar altercados en los acuarios, debido a una especie de envidia impenitente que lleva a los individuos más fuertes a abandonar una caracola aparentemente adecuada para desalojar de sus domicilios a media docena de sus vecinos, uno tras otro, después de otros tantos encuentros.

—Arnold Gessell[31]

♊

Sombra del Sol en Géminis
El estafador de las dos caras

Sol de nacimiento: Sagitario ♐
Máscara: Jekyll y Hyde

Infórmate bien y ten cuidado con el chismorreo. El chisme agrada, pero el chismoso enfada. Tu siempre expansivo Sol en Sagitario se puede meter en problemas con tu sombra solar en Géminis cuando metes la pata con la boca. Ten cuidado con tus palabras. La cantante y compositora Nicki Minaj es un ejemplo de la sombra de este Sol, pues sus controvertidas declaraciones han estado a punto de eclipsar su talento. La sombra del Sol en Géminis es como un niño, soltando por la boca para luego cambiar de opinión, dejando a quienes estaban expuestos a sus andanzas tambaleándose a su paso. Géminis aprende y procesa hablando, de modo que, en la sombra, esta energía toma la forma de hablar en vano. Sólo porque tú pienses y digas algo no significa que eso sea cierto. La sombra del Sol en Géminis da lugar a una mente se-

---

31. En «Jealousy». *American Journal of Psychology,* vol. 28, n.º 4, p. 2 (Octubre 1906).

dienta de conocimiento y con una profunda necesidad de saber, hablar, comunicarse y descubrir cueste lo que cueste. El voraz apetito de la mente y la lengua genera aquí una actitud competitiva que ignora los límites personales.

Esta sombra le da al Sol en Sagitario sus cualidades de mente superior, pensamiento elevado, educación y sabiduría, debido a la fuerza que tiene su necesidad de conocer, pero todos esos datos no se transformarán en sabiduría en tanto no se integre la sombra del Sol en Géminis. Los aspectos inferiores de la mente animal, el Sr. Hyde, deben ser trabajados para que tenga lugar la ascensión y el Dr. Jekyll sea felicitado por tan innovador descubrimiento. Si dispones de capacidades para la ciencia, para el conocimiento del mundo, para los conocimientos físicos o la filosofía, pero has estado ignorando tu naturaleza animal, la sombra de tu Sol en Géminis te traicionará con un exabrupto por la boca en el peor momento posible. Para el Sol en Sagitario, la sombra se halla en lo que sale por la boca, de modo que no confundas las pes con las cues. No caigas en la tentación de la ruptura en las discusiones dualistas, e incluye todos los puntos de vista cuando hables con los demás. Sagitario quiere ver el cuadro en su conjunto, pero la sombra de su Sol en Géminis quiere desgajarlo todo en dos. El pensamiento dualista correcto y erróneo, el blanco y el negro, no se aplican al conocimiento y la sabiduría. No necesitas ser correcto; lo único que necesitas es una expresión sincera.

Para los Sagitario que son deportistas y corporales, la sombra de su Sol adopta la forma de la competencia en pos del logro y de una profunda necesidad de ser el mejor, lo cual da lugar a una actitud deportiva más bien pobre. Creer que tienes razón en todo lo que dices y haces es la mejor actitud para no tener razón, de modo que relájate y juega simplemente. Una vez sometido, este Sol sombrío puede ser el que más se divierta en todo el planeta, infectándolo todo a su alrededor con una curiosidad infantil de cuerpo y mente capaz de convencer hasta al más recalcitrante cínico. Sagitario apunta alto, pero la sombra del Sol en Géminis le impedirá volar merced al análisis de los detalles. Fíjate adónde vas cuando salgas disparado hacia el espacio, y deja de lanzar flechas a los demás desde tu farisaica vanidad, que hace de tu boca un monstruo.

Una reciente investigación publicada en la revista Animal Behaviour revela que los lémures utilizan sus vocalizaciones para otras funciones, además de la comunicación; entre ellas, para estrechar los vínculos con sus amistades y con los miembros de la familia dentro del clan. Y dado que los lémures son familiares lejanos de los seres humanos, esto podría significar que nuestra capacidad para el chismorreo podría ser una herramienta para la vinculación social heredada de nuestros antepasados primates.

—Robin Andrews[32]

Sombra del Sol en Cáncer
El maestro de la manipulación

Sol de nacimiento: Capricornio ♑
Máscara: Pesimismo

Si no sientes tus emociones, tus emociones te devorarán. Las emociones son algo embarazoso para la mayoría de las personas con el Sol en Capricornio que he conocido, son algo así como un lío con el que no quieren tener nada que ver. El Capricornio detesta los sentimientos desestructurados, de ahí que los reprima, dando lugar así a la sombra del Sol en Cáncer. Jim Carrey es un ejemplo de este tipo de sombra solar, alguien que combatió con su depresión y con su sombra, y logró salir por el otro extremo comprometiéndose con sus sentimientos.

Cáncer es completamente emocional; lo siente todo, empatiza con todo. Pero, si las emociones cancerianas se estancan, se acumulan en una energía pantanosa oscura que atrae la negatividad con una fuerza difícil de resistir. La sombra del Sol en Cáncer absorbe y conserva energía negativa como una esponja, lo cual puede dar lugar a una de-

---

32.   En «Lemurs "gossip" to improve social bonding, just like humans». *IFL Science* (15 Diciembre 2015).

presión o a la convicción de que todo cuanto hagas va a ser un fracaso. La nube oscura que se genera así puede impedir que alcances el éxito que tan desesperadamente anhelas y que crees merecer después de tanto esfuerzo.

La sombra del Sol en Cáncer te sumirá en un estado de melancolía; pero, en vez de asumir la responsabilidad por este estado, lo proyectarás sobre cualquiera que tengas alrededor y manipularás subconscientemente a quienes te rodean para que se esfuercen por ti. Las personas con esta sombra solar suelen ser jefes, ocupar altos cargos en grandes corporaciones, bancos o negocios. Se arrojarán sobre su trabajo para intentar superar los bloqueos que su negatividad les genera, e intentarán superar tal negatividad mediante la fuerza del trabajo, cuando lo que necesitan en realidad es sentarse un rato y llorar. El negarse a realizar su propio trabajo emocional se convierte entonces en la carga y el defecto de cualquier persona a su alrededor a quien se le ocurra expresar una emoción. Pero los sentimientos oscuros sólo les pertenecen a ellos, y esta sombra solar impondrá su pena en la estancia. La sombra del Sol en Cáncer puede llevarse el premio al cinismo, y suele ocurrir que el estrés generado por esta sombra solar lleve al desarrollo de mecanismos de defensa tales como el alcoholismo o el escapismo.

Para dominar esta sombra solar tendrás que adentrarte en tu naturaleza emocional, por mucho que te desagrade. Para una persona de Capricornio, signo de tierra, es más fácil sentirse cómodo con sentimientos de carácter sensual que abordar energías emocionales negativas. Pero, una vez se reconocen, se aceptan y se celebran esos sentimientos melancólicos y oscuros, la sombra solar se aparta y el nativo capricorniano sería capaz de dirigir una comedia satírica negra. Tus emociones más arrogantes te generarán hilaridad, y serás capaz de ver el lado divertido de las cosas al llegar a la madurez gracias a que podrás sentir todas esas asquerosas y pegajosas oleadas de energía emocional. Entonces, tu aceptación servirá de estímulo a todo el mundo a tu alrededor, porque tus bromas sardónicas serán la mejor medicina a la que pueda aspirar un ser humano. Y si lloras con la fuerza suficiente, terminarás riéndote; y si te ríes con la fuerza suficiente, terminarás llorando.

Entre las hormigas granjeras, algunas obreras se especializan en pastorear a los pulgones y cuidar de ellos. Hay evidencias incluso de que estas hormigas construyen una especie de terrenos de pastoreo en los que resguardan a sus pulgones. Y cuando la colonia abandona un nido para formar otro en un nuevo emplazamiento, se llevan un huevo de pulgón con el fin de crear un nuevo rebaño y mantener sus recursos. Las hormigas son, ciertamente, las granjeras más antiguas, y más pequeñas, del mundo.

—ADA MCVEAN[33]

♌
Sombra del Sol en Leo
El acaparador de atención

Sol de nacimiento: Acuario ♒
Máscara: Arrogancia

El orgullo espera en secreto a las puertas de aquellos que nacieron bajo el Sol de Acuario, observando cada uno de sus movimientos. Por detrás de todos sus esfuerzos humanitarios bien intencionados, lo que quieren es ver su nombre escrito en las estrellas. El Sol de nacimiento en Acuario inventará algo de suma utilidad para todo el mundo, y querrá que todo el mundo sepa quién lo inventó. Los nacidos en Acuario están hechos para ayudar a sus semejantes; no pueden escapar a su destino. El giro del destino que llevan en su interior estriba en que se les ha dado una naturaleza que les hace no seguir doctrina alguna. ¿Cómo es posible ser totalmente independiente, feliz, sin involucrarse con los demás, inmerso en un mundo de ideas especiales de su propia creación, ideas que se supone guardan relación con los demás? Mostrándose abierto y cercano con amistades y conocidos, cuesta darse

---

33. En «Farmer ants and their aphid herds», Office for Science and Society Weekly Newsletter, McGill University (16 Agosto 2017).

cuenta de lo valiosas que son sus ideas y de cuántas personas se benefician de ellas. «¿Tan difícil es reconocerlo o agradecerlo?», se pregunta la sombra del Sol en Leo.

Bajo la influencia de la sombra del Sol en Leo, los nativos de Acuario nos ayudarán a todos, no nos equivoquemos, pero te pedirán también que les erijas una estatua en el patio para conmemorarlo eternamente. La necesidad de validación externa que te genera la sombra del Sol en Leo es el orgullo reprimido del cual te inviste el Sol natal en Acuario, porque quieres ser un cooperante altruista para toda la especie humana; cuando, en realidad, no es eso lo que quieres. Admítelo, lo que quieres es atención, y ¿por qué no? Te la mereces. Cuanto menos te excluyas en este asunto, menos energía negativa de tu sombra solar albergarás y menos la proyectarás inadecuadamente sobre los demás. Lo único que quieres es que todos los ojos se posen en ti, al modo narcisista clásico, porque no te puedes consentir atribuirte el mérito de tu grandeza.

Paul Allen, cofundador de Microsoft, tenía esta sombra, y toda vez que realizaba alguna acción filantrópica intentaba asegurarse de que su nombre estuviera bien visible. Quizás esto se viera exacerbado por encontrarse siempre a la sombra de Bill Gates. La clave para el magisterio de esta sombra solar consiste en disfrutar de vez en cuando de la luz de tu propia autoestima, pues el poder de Leo consiste en amarse a sí mismo desde la inocencia más pura. Esto disolverá las compulsiones inadecuadas que te llevan a buscar la atención, impulsos que no hacen otra cosa que alejar siempre un poco más el foco de la luz. Cuando trabajes con tu sombra y te permitas sentirte orgulloso de ti mismo, tu verdadero altruismo emergerá y podrás ofrecer tus asombrosas aportaciones a tus semejantes. La visión acuariana es inapreciable, y nadie más puede ver las cosas del modo en que tú lo haces; ésa es tu fuente de orgullo. Domina tu sombra viendo las cosas a través de tus singulares ojos, liberándote de la necesidad de que te miren los ojos de los demás. Lo individual es tan importante como lo comunitario; uno no es mejor ni peor que otro. Uno puede ayudar a muchos. Sé tú mismo de forma plena y libre, como el alfa que contribuye a la omega, y no seas tímido: date unos cuantos golpecitos en la espalda. Eres asombroso: atribúyete ese mérito, y tu sombra se disolverá a la luz del Sol naciente.

En resumen, las exhibiciones de búsqueda de atención puede ser una estrategia evolutivamente estable en muchos juegos de apariencias. Tales señales pueden revelar o no las cualidades de quien las realiza, pueden o no ser costosas; pero se espera que sean fácilmente detectables en el entorno natural de una especie dada. Las exhibiciones de búsqueda de atención podrían ser más prevalentes en la naturaleza de lo que sugiere su actual peso en la literatura. Rasgos extravagantes, que previamente se interpretaban como costosas señales de calidad, podrían no ser otra cosa que exhibiciones de búsqueda de atención. Señales altamente detectables, dadas incluso en ausencia de receptores, o dadas en la «fase introductoria» de la interacción que transmiten poca o ninguna información sobre la calidad de quien lanza la señal, son las principales candidatas para esta función.

—SZABOLCS SZÁMADÓ[34]

♍

Sombra del Sol en Virgo
El que se flagela a sí mismo

Sol de nacimiento: Piscis ♓
Máscara: Duda

Los nativos de Piscis son famosos por su naturaleza dispuesta al sacrificio y escasamente egoica, y la sombra del Sol en Virgo refleja al mártir resentido. Los nativos de Piscis buscan expandir el ego, a través de la muerte del ego; es decir, buscan ser amorfos e inidentificables. Sin embargo, la sombra del Sol en Virgo intenta clasificar al ego y articularlo con el fin de encontrar algún orden; y, cuando esta sombra solar del ego en Virgo asume el mando, va a haber un gran forcejeo por el control de cuánta identidad se pierde y cuántas necesidades van a ser archivadas

---

34. En «Attention-seeking displays». *PloS One*, vol. 10, n.º 8 (19 Agosto 2015).

en los registros. Cuando te hallas bajo la influencia de tu sombra solar en Virgo corres el peligro de ser excesivamente crítico contigo mismo y de sufrir por el hecho de no poder ligar al yo con determinadas características identificables que te parecen estables y fiables. La sombra del Sol se convierte en cólera ante tu incapacidad pisciana por formular un papel lógico y pragmático para ti mismo y te intimidas tú solo y dudas de ti mismo por causa de tus constantes cambios de forma. Una queja habitual de la sombra solar en Virgo sería: ¿Por qué no puedo ser como mi hermana (o hermano)? La perspicacia y la habilidad para el análisis de Virgo se vuelve contra el ego, el yo, y se convierte en una fuente interior de críticas, en un enemigo del yo. Esto puede llevar a todo un festival de la autocompasión, que te debilitará y te empujará a que te olvides del ego por completo. Tienes que restringir esas críticas interiores y permitirte existir con una identidad tan fluida y profunda como el océano. Aceptarse a sí mismo es el poder que guarda en su interior esta sombra solar, a la que sólo se puede acceder tras la derrota de ese demonio criticón que habita en el desierto de la mente.

Según un buen número de expertos, Jesús era Piscis, lo cual le daba una sombra solar en Virgo. Para dominar esta sombra solar, Jesús tuvo que liberarse de todos los identificadores del ego que él mismo se había impuesto y que los demás habían volcado sobre él. La sociedad le llegó a llamar ladrón, obstáculo que tuvo que atravesar para encontrar las profundidades del Sol pisciano. Jesús pronuncia unas cuantas frases identificadoras, declaraciones de «Yo soy», en el Evangelio de Juan, intentando ampliarlas en cada ocasión. En estas declaraciones de identidad, se vincula con cosas mucho más grandes que él, con el objetivo de aniquilar su identidad egoica.

> *Yo soy el buen pastor. El buen pastor da su vida por las ovejas.*
>
> Juan 10:11

> *Yo soy el Camino, la Verdad y la Vida. Nadie va al Padre sino por mí.*
>
> Juan 14:6

La capacidad para encontrar al yo en todo puede ser algo verdaderamente hermoso. Después de todo, ¿acaso el ideal definitivo no es relacionarse con todo y convertirse en uno con todo? Pero esto puede resultar escalofriante cuando, por ejemplo, tu compañera de habitación empieza a vestirse como tú, a hablar como tú y a pensar que eres tú. El reflejo aquí es un mero comportamiento de imitación por parte de la sombra y se nos antoja más sociopático que iluminado. Cuando eres todo, también eres nada, de modo que intenta encontrar algunos puntos en los que seas único y seas tú mismo, y puedas sentir tu verdad en lo más profundo de tu corazón. Si no tienes prisas, puede que llegues a ser muy bueno con esta posición de la sombra solar.

Ejemplo en la naturaleza

En la última década se ha hecho evidente que las diferencias interindividuales son ubicuas en el reino animal. Los animales suelen diferir entre sí de forma consistente y en un amplio rango de rasgos, a los que nos solemos referir como «personalidades animales». Sin embargo, el papel que pueden jugar tales diferencias en la aparición de un comportamiento colectivo sigue sin estar claro.

En un reciente artículo, aparecido en la revista *Current Biology*, un equipo de investigadores de la Universidad de Constanza, el Instituto de Ornitología Max Planck y la Universidad de Cambridge presentaron evidencias experimentales y teóricas muy convincentes que sugieren que las características individuales juegan un papel fundamental en la dinámica y funcionamiento de los colectivos sociales. Esta investigación demuestra por vez primera cómo se puede predecir el comportamiento de los colectivos a partir de las características de los individuos que los componen, y da un gran paso adelante a la hora de predecir cómo se van a comportar los individuos en los grupos dependiendo de su personalidad.

—Universidad de Constanza[35]

---

35. En «Individuality drives collective behavior of schooling fish», phys.org, (7 Septiembre 2017).

♎

Sombra del Sol en Libra
El codependiente

Sol de nacimiento: Aries ♈
Máscara: Indecisión

El ego de un Aries es egocéntrico, tenaz y singular. Los Aries son capaces de ser ellos mismos y de tener una identidad definible. Sin embargo, la sombra de Libra cae sobre esta idea bien conformada del yo e introduce al otro. Si te hallas bajo esta sombra, es posible que busques disimuladamente la codependencia, por muchos alardes de autosuficiencia que hagas. Tú necesitas a los demás, y la falta de independencia te enoja, por lo que puedes terminar atacando a esa persona que tanto necesitas. En este caso, el ego intenta ocultarse en el otro mediante la proyección y la culpabilidad. La sombra del Sol en Libra puede hacer que todo gire en torno a la otra persona, en lugar de en torno a uno mismo. Pero situar tu ego fuera de tu propio yo no es cómodo y pronto se vuelve intolerable. Aparecen las inseguridades y empieza a perderse la confianza en uno mismo, de tal manera que el ego se protegerá culpando al otro de su falta de confianza y de su necesidad de él.

Una persona con un ego sano defenderá su postura de forma confiada y calmada, y asumirá la responsabilidad de sus acciones expresándose abiertamente. Una persona con la sombra solar en Libra intentará justificar su propia existencia encontrando a alguien con quien pelear. Es el niño que grita «¡Fueron ellos los que empezaron!» cuando se le pide que asuma la responsabilidad por sus propios actos; pues, si algo es culpa de otro, podemos justificar lo que podamos hacerle por haber iniciado la batalla: la culpa es la excusa perfecta para la violencia.

Uno de los motivos clave por los que un país va a la guerra, bajo un Sol natal en Aries, es porque arroja su sombra sobre otro país. La sombra solar en Libra es incapaz de contener su propia sombra, de modo que estará buscando constantemente a alguien sobre quien proyectarla, aunque sea todo un país. Intentamos hacer justicia por los males que nos han hecho, y la sombra del Sol en Libra es el soldado que da un paso al frente en defensa de la ley y el orden, en nombre de cosas más grandes que no tienen absolutamente nada que ver con el ego personal; y esto porque a las personas con la sombra solar en Libra les encanta ocultar su ego tras valores que les permitan justificar su belicosidad. Libra intenta equilibrar los platillos de la balanza, en tanto que la sombra solar en Libra busca justicia para su ego culpando al otro.

Dietrich Eckart, que fue mentor espiritual de Hitler, es un ejemplo de esta sombra solar. Pertenecía a la Sociedad Thule, entre cuyos miembros había muchos simpatizantes nazis. Esta sociedad patrocinó al Partido Obrero Alemán, que Eckart fundó y que posteriormente se convertiría en el Partido Nazi. Eckart es un ejemplo clásico de esa naturaleza de la sombra que busca culpar al otro de todos los males, en vez de ser un verdadero guerrero y asumir sus responsabilidades.

El racismo, en sí, conlleva un comportamiento sombrío de competencia y culpabilidad. Los racistas intentan justificarse a expensas de otro colectivo, pues sólo pueden mejorar su imagen de sí mismos escarneciendo a los demás. ¿Para qué aceptar tus fracasos o la visión negativa que tienes de ti mismo, cuando puedes descargar todo eso en tu vecino? Una de las raíces del racismo se halla en la sombra, que necesita proyectar su culpa sobre algún otro objetivo que pueda absorber y retener todos los fracasos para que la persona que proyecta se sienta cómoda. Pero lo que suele acompañar a eso con el transcurso del tiempo es una malsana justificación que permita la aniquilación total y el pillaje del colectivo señalado, así como el saqueo de sus recursos.

Para liberarte de esta sombra, tendrás que aceptar el fracaso y la derrota sin justificarte ni culpar a los demás, especialmente sin culpar a grandes colectivos de personas. Y, en cuanto te apropies de tu sombra solar en Libra sin sentirte amenazado, ya no tendrás esa necesidad codependiente de tratar a los demás como un desperdicio tóxico. Esta comparación no pretende acusar de racismo a nadie que tenga esta sombra; es, simplemente, para mostrar un ejemplo extremo de adónde puede llevar la sombra cuando se proyecta sobre los demás.

Ejemplo en la naturaleza

Es una estrategia de supervivencia habitual (por malvada que sea) en las películas de zombis: herir a otro y huir como alma que lleva el diablo mientras los zombis se lo comen. Pero los seres humanos no son los únicos bastardos que hacen esto. Algunos peces de cardumen recurren también a esta táctica egoísta cuando se ven acosados por los depredadores, según una reciente investigación...

[L]a vida en grupo se vuelve difícil cuando los individuos «egoístas» entran en el redil. Los científicos suelen ver comportamientos egoístas pasivos o indirectos en animales –por ejemplo, pueden ver a un animal ocultarse tras su vecino para escapar de un depredador. «Eso se ve habitualmente –dice Robert Young, un biólogo de la Universidad de Salford Manchester en Reino Unido–. A veces se esconden detrás de otro, pero no lo empujan activamente...».

Hace unos cuantos años, Young y su colega Flávia de Oliveira Mesquita creyeron haber observado tal comportamiento mientras investigaban acerca de barreras conductuales. Estos científicos estaban intentando descubrir maneras de mantener a los peces fuera de áreas de riesgo, como las turbinas, utilizando distintos elementos disuasorios, como luces estroboscópicas y predadores simulados. Y, para su sorpresa, vieron cómo algunos miembros del grupo se volvían agresivos con sus compañeros en presencia de depredadores activos (que les perseguían).

—Joseph Bennington-Castro[36]

---

36. En «These fish are evidence that humans aren't the only evil animals». *Gizmodo* (10 Julio 2013).

Sombra del Sol en Escorpio
El poseedor paranoide

Sol de nacimiento: Tauro ♉
Máscara: Escasez

Llegamos a la sombra solar de Escorpio con el Sol natal en Tauro. La sombra del ego en Escorpio de los Tauro busca poseer más que asegurar. La necesidad de seguridad surge del obsesivo control de aquello que le proporciona seguridad a la sombra de este ego.

Los términos propiedad y posesión se relacionan de formas extrañas. Quizás tengas un amante, pero no posees a tu compañero de habitación. ¿Eres propietario de tus objetos o los objetos te poseen a ti? Con la sombra en Escorpio, estamos poseídos por nuestras posesiones, y nos identificamos con ellas. Nos aterroriza dejarlas escapar. Quizás te compres una casa y te sientas seguro en su interior, pero seguirás necesitando aventurarte en el mundo exterior y asumir riesgos para interactuar. Esta sombra podría llevarte incluso a no querer salir de casa, a permanecer en su interior, en la seguridad que te proporcionan sus paredes, negándote a interactuar con nadie. Pero, entonces, la casa te posee, en lugar de ser tú su propietario.

«Los campos de cierto hombre rico dieron mucho fruto; y pensaba para sí, diciendo: "¿Qué haré, pues no tengo donde reunir mi cosecha?" Y dijo: "Voy a hacer esto: Voy a demoler mis graneros, y edificaré otros más grandes y reuniré allí todo mi trigo y mis bienes, y diré a mi alma: Alma, tienes muchos bienes en reserva para muchos años. Descansa, come, bebe, entrégate al festín". Pero Dios le dijo: "¡Necio! Esta misma noche te reclamarán el alma; las cosas que preparaste, ¿para quién serán?" Así es el que atesora riquezas para sí, y no se enriquece en orden a Dios».

Lucas 12:16-21

Aquí es donde la sombra cruza la línea entre propiedad y posesión. Con la posesión viene la paranoia ante la amenaza de la pérdida. En cuanto tienes algo, comienzas a temer que te lo puedan arrebatar. Un viejo amigo vietnamita, Hong Nguyen, me habló una vez de uno de los consejos que su padre le había dado: «Nunca tengas un automóvil de lujo ni una chica bonita, porque siempre habrá quien intentará quitártelos». Con esta sombra solar, aprendemos la difícil lección del no apego. El mundo y el tiempo nos enseñan que, en verdad, poseemos muy poco en este mundo, dado que la muerte, regida por Escorpio, está esperando justo a la vuelta de la esquina. La muerte y la pérdida te liberarán, paradójicamente, de la sombra solar en Escorpio y de su aferramiento posesivo, mientras tomas conciencia de que «no vas a poder llevar nada contigo». En vez de sumergirte en tu chakra raíz, forcejeando por conservar tus ganancias, busca en tu interior el significado de lo que se te da. Bajo esta sombra solar, tendrás que aprender a dar tanto como recibes y adoptar una actitud de «tal como vienen las cosas, se van». Si haces este ajuste, un sentimiento de gratitud se instalará en tu conciencia, que es lo mejor de tener cosas: el sentimiento de dicha.

La difunta reina de Inglaterra tenía esta sombra solar, y estaba muy centrada en proteger su reino y en preservarlo violentamente si era necesario. Acaparar joyas, arrebatar tierras por todo el mundo a pueblos indígenas y almacenar riquezas y objetos pertenecientes a otras naciones son comportamientos que ilustran a la perfección lo que somos capaces de hacer con la paranoia que nos genera esta sombra solar. Cuando la reina falleció, dudo que sus frías manos se llevaran consigo ni la joya más pequeña de su corona.

Ejemplo en la naturaleza

Las ratas de carga orinan por todas partes en su nido y, en climas áridos (como los desiertos), la orina se cristaliza al secarse. Todo lo que se halle en el interior de estos acúmulos de orina queda preservado, pero también supone un problema para los científicos que estudian los hallazgos. «Estas ratas tienen una orina altamente concentrada y, en cuanto cristaliza, se pone dura como una roca —dice la ecóloga Camille Holmgren, del Buffalo State College—. Para poder recoger muestras de estos depósitos, normalmente necesitamos una maza y un cincel para arrancarlos, pues están unidos a las rocas como el cemento». Holmgren, en sus investigaciones sobre la vegetación y el cambio climático, recoge ámbarat, antiguos acúmulos de orina endurecida de ratas de carga, que tiene que poner a remojo durante al menos una semana para poder resquebrajar la orina y extraer las hojas, semillas y ramitas de la antigüedad.

—SADIE WITKOWSKI[37]

↗

Sombra del Sol en Sagitario
La fiesta interminable

Sol de nacimiento: Géminis ♊
Máscara: Indulgencia

La sombra del Sol en Sagitario da lugar a un ego que oculta en su interior la naturaleza expansiva de Baco o Dioniso y Júpiter o Zeus, los festivos dioses del exceso y el desenfreno. Los nacidos bajo el Sol natal en Géminis son criaturas sociales por naturaleza, de modo que, cuando esta sombra obtiene lo mejor de ellos, corren el riesgo de que toda su vida se convierta en una fiesta, arrasando con todo lo demás. A todo el mundo le gusta ser el centro de la fiesta, que el foco del estrellato te ilumine, y la sombra solar de Sagitario encajaría bastante bien con este arquetipo. Que te presten atención puede ser adictivo y la fiesta puede convertirse en parte de la identidad del ego, una parte de la que puede ser difícil desprenderse. En las celebraciones, la gente se siente bien y está eufórica, y si haces que la gente se sienta así gracias a tu festiva sombra, tu ego se puede hinchar hasta alcanzar proporciones sagitarianas.

---

37. En «From ancient sedes to scraps of clothing, rats' nests are full of treasures». *Smithsonian Magazine* (15 Noviembre 2019).

Sagitario, en la mitología, está asociado con el centauro Quirón, un sanador que velaba por la salud de la gente; se podría decir que tanto él como el signo de Sagitario son el doctor Feelgood del zodiaco. La sombra solar en Sagitario busca las elevadas vibraciones de un verano interminable y quiere ser la preferida cuando se piensa en compañía para los buenos momentos. La posición de esta sombra puede ser beneficiosa para quien la tiene por cuanto muchas carreras de éxito se cimentaron en fiestas interminables. Podría decirse que las festividades e incluso ciudades enteras están dominadas por esta posición de sombra egoica. La sombra del ego en Sagitario insiste en que cada día es una celebración; *carpe diem* es su lema. Pero, si se pasan por alto los límites y las líneas rojas, si vamos más allá de lo que resulta saludable en toda celebración, la fiesta se termina. El Espíritu me dijo una vez a través del *I Ching* que las fiestas son para celebrar ocasiones especiales, no para todos los días. Dioniso, conocido en Roma como Baco, va en pos de esta sombra solar, y en tanto que Dioniso merece veneración, si se le permite dominar, a la mañana siguiente te vas a sentir como si hubiera estallado una bomba. El actor Colin Farrell es un ejemplo de esta sombra solar; el dios de las fiestas lo usurpó y a punto estuvo de reclamar el foco de todo su ser. Conocido como un juerguista de tomo y lomo, su reputación de chico malo puso en peligro su carrera como actor.

La transmutación de esta sombra egoica va a exigir de ti una sólida disciplina, y vas a tener que poner límites a los buenos momentos. Tienes que aprender a fluctuar, a cuidar de tu cuerpo físico y evitar la inflamación del ego, con la cabeza llena de sustancias. En cuanto te liberes de la identidad festiva, tu singular personalidad resplandecerá.

Ejemplo en la naturaleza

Investigaciones recientes demuestran que los monos araña consumen regularmente frutos fermentados, respaldando así la idea de que los seres humanos heredamos la propensión al alcohol de nuestros antepasados primates –la llamada «hipótesis del mono borracho».

Es bien sabido que ciertos primates no humanos disfrutan de las bebidas fuertes. Los chimpancés son conocidos por asaltar las reservas de vino de palma en las aldeas cercanas y que los cercopitecos verdes asilvestrados del Caribe son famosos por robar bebidas alcohólicas de los bares.

—STUART BLACKMAN[38]

♑
Sombra del Sol en Capricornio
El conquistador

Sol de nacimiento: Cáncer ♋
Máscara: Ambición

El ego en la sombra de Capricornio necesita tener éxito en todo empeño mundano. Las personas con esta sombra solar intentan imponerse y se centran en el éxito por encima de todas las cosas, y lo hacen de una forma constante e implacable. Las personas que tienen esta sombra solar pasarán por multitud de fracasos hasta lograr un gran éxito. Egos como el de Elon Musk, Richard Branson y Ariana Grande ilustran a la perfección esta sombra. Aquí el instinto y la voluntad de vivir se convierten en voluntad de tener éxito. Puedes pensar lo que te parezca sobre los que tienen esta sombra solar y sobre los medios que utilizan para alcanzar el éxito, pero lo conseguirán a pesar de todo. La posición del Sol natal en Cáncer les proporciona unos agudos instintos, así como la capacidad para satisfacer sus necesidades de supervivencia. De hecho, cuando estos nativos se centran en sus necesidades en el mundo material, ponen la vista en la acumulación de riqueza o en el éxito en los negocios para garantizarse que nunca volverán a tener necesidades. Una historia de fondo habitual en la existencia de estas personas es que comienzan su vida en un entorno de pobreza. Esto activa su sombra solar hasta ponerla al máximo de su rendimiento, empujándolas para que eviten el fracaso a toda costa.

---

38. En «Do monkeys get drunk? Scientists find out the thruth». *BBC Wildlife Magazine* (4 Mayo 2022).

Con frecuencia pasan de la mera supervivencia a prosperar debido a su poderosa conexión con el instinto de supervivencia. La inagotable ambición del ego por trepar a lo más alto es lo que llevó a Richard Branson y a Elon Musk a elevarse por encima de la mayoría, algo que queda bien ilustrado con sus viajes al espacio exterior, yendo más allá de los límites de casi todos los demás egos. La sombra de tierra de este ego les impulsa a ascender más alto que la propia Tierra, lo cual tiene un punto de belleza, pero también un alto precio, pues drena los recursos de la Tierra para poder elevarse tan alto. Aquí, el ego utilizará a la propia Tierra como peldaño para sus propias ambiciones, como un faraón que se construyera una pirámide para tocar el cielo… aunque para eso se suba a lomos de los esclavos. Cierto que la pirámide es hermosa, pero esta sombra del ego ha necesitado demasiados huevos para hacer una tortilla.

El peligro de este ego es la pérdida del yo en tan ambiciosas empresas. No olvides que tienes tu propia identidad y tu propio ego más allá de tus consecuciones mundanas; no ignores al niño que tienes en tu interior por asegurar tus necesidades, pues tu corazón sufrirá como consecuencia del desequilibrio que esta sombra te provocará. Transmútala descubriéndote a ti mismo, dedicando tiempo a conectar con tus sentimientos y tus emociones. Escucha a tu corazón, pues es tan valioso como esas riquezas que anhelas.

Ejemplo en la naturaleza

La sangre del cangrejo herradura es de un color azul intenso, y contiene unas células inmunes que son excepcionalmente sensibles a las bacterias tóxicas. Cuando esas células se encuentran con una bacteria invasora, se aglutinan a su alrededor y protegen de sus toxinas al resto del organismo del cangrejo herradura. La comunidad científica recurrió a estas inteligentes células sanguíneas para desarrollar un test denominado Lisado Amebocitario de Limulus, o LAL, que comprueba si las nuevas vacunas están contaminadas. Esta técnica se viene utilizando en todo el mundo desde la década de 1970 para impedir que los profesionales de la medicina administren inyecciones infectadas con bacterias nocivas que podrían enfermar gravemente a los seres humanos. Esto está muy bien para los seres humanos, porque las vacunas nos salvan de todo tipo de enfermedades, incluidos el sarampión y las paperas. Pero no está tan bien para los cangrejos herradura, pues miles de ellos son capturados y desangrados cada año.

—Katie Pavid[39]

♒︎
Sombra del Sol en Acuario
El líder solitario

Sol de nacimiento: Leo ♌
Máscara: Búsqueda de validación

La sombra del ego en Acuario busca experimentar con la identidad. Ésta es la sombra de aquellos que nacen bajo el Sol natal en Leo y que quieren expresar su identidad con total confianza. La sombra del Sol en Acuario fuerza al ego a perder la confianza, de tal manera que la persona pueda unirse a la comunidad y convertirse en un jugador de equipo. Los nativos del Sol en Leo necesitan que los demás les honren como líderes valiosos e influyentes, pero su sombra en Acuario les pide que formen parte de un colectivo más grande. La clave para resolver este dilema estriba en encontrar un colectivo de personas que tengan valores similares. Cuando la fuerza de lo individual se encuentra con la fuerza de lo comunitario, nos encontramos con algunos de los momentos más excitantes de la historia. Revelarse de tal manera que ayude a muchos a empoderarse como individuos es el destino de aquellos que tienen la sombra del ego en Acuario. ¿Cómo pueden armonizarse el yo y la sociedad? Éste es un problema al que la humanidad se ha enfrentado desde que el primer miembro rebelde de la tribu abandonó el grupo para formar una nueva tribu. Esta sombra te exige que no rompas todos los lazos con la sociedad, pues los necesitas a todos de-

---

39. En «Horseshoe crab blood: The miracle vaccine ingredient that's saved millions of lives». Natural History Museum (3 Diciembre 2020).

sesperadamente para alcanzar tus objetivos. Un general no va a ser en modo alguno un general si no tiene detrás un ejército que le respalde. ¿Cómo puedes experimentar con la identidad y, al mismo tiempo, mantener cierta identidad como un líder con seguidores?

La clave para integrar esta sombra se halla en las relaciones. Como persona con la sombra del ego en este lugar, convendrá que no te distancies de los demás, aunque sólo sea manteniendo algunas amistades; has de tener cierto grado de intimidad, integridad y cercanía con esas relaciones. Te ayudará mucho a superar las dificultades el hecho de encontrar sinceridad de corazón entre esas personas. Napoleón Bonaparte tenía esta sombra egoica y tuvo que forcejear con ella, como nos muestra la historia. Muchos se centran en las sombras negativas de Bonaparte; pero, bajo su liderazgo y su servicio, su sociedad obtuvo muchos beneficios. Napoleón oscilaba constantemente entre su ego y el servicio a la nación, y en última instancia murió en el exilio, un magnífico ejemplo del líder solitario.

> *La historia es un puñado de mentiras en las que la gente se ha puesto de acuerdo. Incluso cuando me haya ido, seguiré siendo en la mente de la gente la estrella de sus derechos, mi nombre será el grito de guerra de sus esfuerzos, el lema de sus esperanzas.*
>
> —NAPOLEÓN BONAPARTE[40]

Existe una fina línea entre el yo y los demás; y, aunque un líder pueda actuar por el mayor de los bienes, la multitud puede darle la espalda en un instante, de manera que el liderazgo es una posición muy precaria. Conservar la autenticidad al tiempo que intentas complacer a la mayoría puede ser sencillamente imposible, por muchos beneficios que esa mayoría obtenga de ti. Si, por ejemplo, la multitud cree que les has traicionado, se olvidarán rápidamente de todo lo que hiciste por

---

40. Citado en *The Life, Exile, and Conversations of the Emperor Napoleon (Vida, exilio y conversaciones del emperador Napoleón)*, del Conde de Las Cases.

ellos en el pasado y se centrarán exclusivamente en lo que consideran una traición. En todos los imperios hay beneficios y acontecimientos sombríos. El Imperio británico castigó a Napoleón y provocó su caída, mientras los soldados franceses se mantuvieron leales a él y a su imperio, demostrando así que fue capaz de granjearse buenas amistades de todos modos, dominando al final esta posición de la sombra.

Ejemplo en la naturaleza

Docenas de cabras y ovejas, que estaban a la espera de ser sacrificadas en una casa de subastas de ganado de Nueva Jersey, escaparon el miércoles por la noche, y el director de las instalaciones cree que otra cabra, que había huido hace más de un año, las ayudó a escapar.

Los animales huyeron a través de una puerta sin asegurar de la Casa de Subastas de Ganado de Hackettstown, en West Stiger Street, en torno a las 9:30...

Los vecinos acusan entre risas a otra cabra, apodada Fred, que escapó del mismo mercado de subastas hace más de un año y que, esporádicamente, aparece por el pueblo. De hecho, la policía fue informada de que Fred estaba en la zona un par de horas antes de la escapada.

El jueves por la tarde, tras la huida, Fred apareció de nuevo en las instalaciones y golpeó varias veces la puerta que impedía la salida a los animales recién acorralados, en un aparente empeño por dejarlos salir.

—Jennifer Bain y Amanda Wood[41]

---

41. En «Rogue goat may have helped dozens of farm animals escape». *New York Post* (9 Agosto 2019).

♓

Sombra del Sol en Piscis
El mártir

Sol de nacimiento: Virgo ♍
Máscara: Seguidor

La sombra solar en Piscis es un Sol natal en Virgo. El Virgo es el taxonomista de la identidad, que gusta de percibir y discernir qué le hace ser quien es y, en contraste, qué hace a los demás ser quienes son. Buscar y encontrar patrones, analizar y comprender hacen que el Sol en Virgo se sienta cómodo, por lo que, evidentemente, la naturaleza sombría de Piscis va a intentar descomponer toda articulación para convertirlo todo en un caos inindentificable. Frente a esta sombra de turbia, cenagosa e irracional disolución, el Virgo entra en pánico e intenta encontrar algo a lo que su naturaleza lógica pueda aferrarse, mientas la sombra de Piscis sigue generando más caos. Cuando el ego se enfrenta con la sombra de la muerte total del ego, puede sufrir un ataque de pánico, algo típico del signo de Virgo, y siente la necesidad urgente de analizar y organizarlo todo de nuevo para encontrar un punto de apoyo. El ego no quiere morir, y la sombra solar en Piscis quiere que el ego muera, e intentará aniquilar todo aquello con lo que el ego se identifica. Tendrás que ser cauto y no sabotearte a ti mismo con esta posición, dado que la sombra aquí busca destruir al ego.

Werner Erhard (John Paul Rosenberg) tiene esta sombra solar y fundó el movimiento EST *(Erhard Seminars Training,* Seminarios de Formación Erhard), que posteriormente se integraría en Landmark Worldwide. La naturaleza de esta sombra es la de crear un sistema analítico organizado para desmenuzar al ego en un entorno grupal y hacerlo triunfar desde la perspectiva de Virgo, desde el elemento tierra. La clave para evitar los abusos de esta sombra solar estriba en comprender que nunca destruirás al ego, pues ser el destructor del ego se convierte en otra identidad del ego. Intentar escapar de aquello que detestamos nos convierte en lo que detestamos. En vez de intentar alcanzar el olvido desembarazándote del ego, que es aquello que constituye al yo, ¿qué tal si intentas incluir la yoidad en el olvido? Por otra

96

parte, intentar aniquilar los egos de los demás supone también una invitación a comportamientos de la sombra como el control mental y la pérdida de la cognición o de la voluntad de las personas. En tanto que el trabajo en grupo y la consecución de la mente de colmena puede ser algo poderoso y potencialmente maravilloso, sumarse alocadamente en una horda zombi puede generar problemas.

Para dominar esta sombra, no intentes justificar a tu ego detestando todas las manifestaciones del ego, pues esto sería como arrojar al bebé al desagüe con el agua de la bañera. Quizás esté bien celebrar alguna vez la identidad y el ego, para que puedas descubrir de qué modo el ego sirve al yo, que hasta eso tiene su belleza, que no deja de ser un aspecto de nuestra naturaleza y que no hace falta perfeccionar ni aniquilar al ego, sino que basta con dejarle que exista. Lo mismo que le permitimos a las estrellas del cielo —el simple reconocimiento de su existencia— puede obrar maravillas cuando toca juzgar a los seres humanos por tener un ego.

Ejemplo en la naturaleza

Los lemmings se convirtieron en el arquetipo del animal suicida en el siglo XX precisamente por su falta de inteligencia, previsión y conciencia. Se recurrió a los lemmings para ilustrar la insensata devastación de la guerra global y como advertencia ante la violencia de los sistemas políticos totalitarios. A medida que avanzaba el siglo, el impulso colectivo se hizo más prominente, y el lemming se hizo menos autodestructivo y más autómata. El lemming se convirtió en el animal totémico en una era de pesimismo cultural, un símbolo del impulso inconsciente y estúpido hacia la autodestrucción masiva, y las referencias a su suicidio son legión.

—EDMUND RAMSDEN Y DUNCAN WILSON[42]

---

42. En «The suicidal animal: Science and the nature of self-destruction». *Past Present,* vol. 224, n.º 1, pp. 201-242 (Agosto 2014).

Las sombras de la Luna

El corazón delator

Quizás no seas capaz todavía de llevar la actividad de tu mente inconsciente a la conciencia en forma de pensamientos, pero esa actividad se verá reflejada en el organismo en forma de emociones, y de eso sí que puedes hacerte consciente.

ECKHART TOLLE, en *El poder del ahora*[43]

LA SOMBRA DE LA LUNA EN NUESTRA CARTA NATAL representa las emociones que más necesitamos expresar. La sombra de la Luna ha estado escondida bajo la superficie, enterrada en una tumba sin nombre, y hay que resucitarla. Este aspecto de nuestra naturaleza emocional ha terminado oculto, al no haberlo reconocido. Para dominar la sombra de la Luna tenemos que integrar las emociones que nos sacan de nuestra zona de confort. Integrar la sombra de la Luna es determinante para entrar en contacto con nuestros instintos, con nuestro cuerpo físico, a fin de que podamos combatir la enfermedad y el malestar. Una mente clara y sin las obstrucciones de las turbias aguas de nuestras emociones latentes puede liberarnos del estancamiento. Para integrar la sombra de nuestra Luna tendremos que cuestionar nuestros límites y expresar creativamente las emociones negativas que esta sombra re-

---

43. Publicado en castellano por Gaia Ediciones, Móstoles (Madrid), 2020.

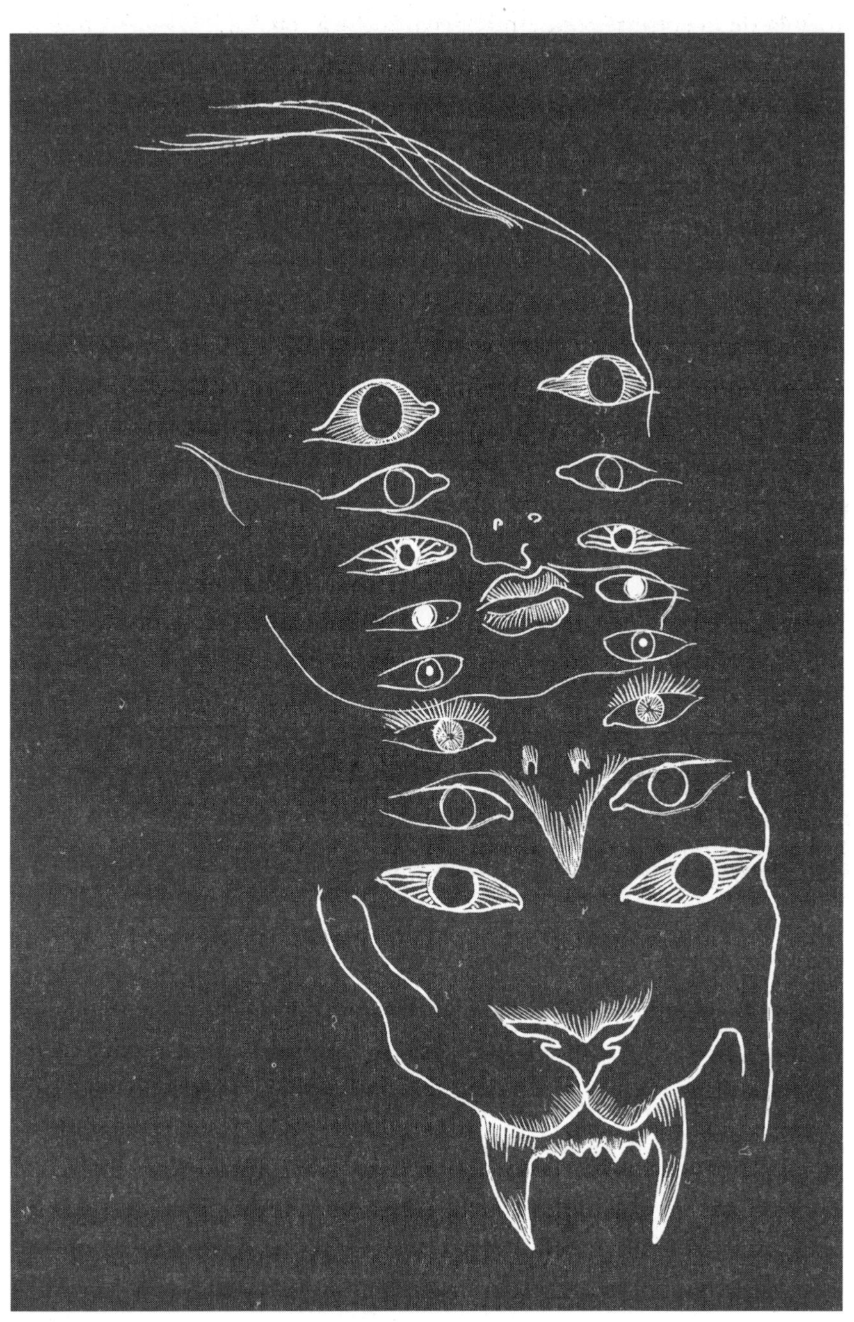

presenta. Sólo a través de la reunión de las dos Lunas, la del nacimiento y la de la sombra, podemos llegar a dominar las lecciones emocionales de nuestra actual encarnación. No basta con dar cuerpo a las emociones de tu Luna natal; tendrás que sentir y aceptar las emociones de tu sombra lunar, aunque no te apetezca. De hecho, te revolverás contra ella. Puede salirte un sarpullido la primera vez que permitas que tales emociones fluyan a través de ti. Pero el objetivo de ese sarpullido es limpiar algo que se ha ulcerado bajo la superficie.

La luna y nuestra naturaleza emocional están mejor representadas por el término *instinto.* El filósofo Emmanuel Kant definía el instinto como conocimiento *a priori,* es decir, cosas que sabes sin haberlas aprendido. Los instintos son un activo sumamente valioso, parte de nuestra naturaleza como terrestres. El conocimiento contenido en la sombra de la Luna despliega las potencialidades de nuestros instintos de manera que podamos recurrir a ellos en nuestro beneficio. Decir que tienes instintos que son tuyos exclusivamente es una tontería. Todo en la naturaleza tiene instintos, y nos pertenecen a todos como si fuese un derecho de nacimiento.

> *Le expliqué, sin embargo, que mi naturaleza era tal que mis necesidades físicas suelen interponerse en el camino de mis sentimientos.*
>
> Albert Camus, en *El extraño*[44]

Los instintos se expresan a través de las emociones. La expresión emocional puede ser una respuesta natural a los instintos, o podemos luchar contra nuestra naturaleza o sabotearnos a nosotros mismos. Tu Luna de nacimiento representa tu manera natural de responder ante tus instintos: es la forma en la que expresas los instintos en el mundo exterior a través de las emociones. Pero tu sombra lunar representa la manera en que intentas destruir o reprimir tus instintos. Mediante el dominio de este nivel del subconsciente, podemos arrojar no poca luz

---

44. Publicado en castellano por Seix Barral, Barcelona, 1985.

sobre aquellas situaciones en las que nos sentimos paralizados por el miedo o inmersos en comportamientos agresivos, respuestas que quizás no tengan sentido para nuestra propia mente racional.

Aquí, la astrología, en tanto que herramienta, se puede sentir de forma directa, físicamente, cuando el organismo libera determinadas sustancias químicas en niveles profundos de activación. Las emociones liberan secreciones muy específicas en nuestro sistema biológico y, de hecho, existe mucha investigación científica al respecto. La alegría y los sentimientos de amor liberan endorfinas, el estrés y la ansiedad liberan cortisol y adrenalina; la dopamina y la serotonina se secretan también con la aparición de determinadas respuestas emocionales, así como al comer, al beber o consumir sustancias. Estas secreciones químicas determinan nuestras respuestas, tanto si nos gusta como si no. Cuando alguien se pone a sudar o se remueve en su asiento a causa de los nervios, no puede ocultar su estado interior; y cuanto más intentes ocultar tu sombra de ti mismo y de los demás, más se exhibirá tu naturaleza ante todo el mundo sin tu permiso consciente. Así pues, habrá que reconocer que cualquier herramienta que pueda ayudarnos a remediar esto será de un inmenso valor.

Para encontrar el signo de la sombra lunar, busca simplemente tu Luna natal y mira el lugar opuesto en el círculo zodiacal.

> *La confusión de identidad… es como si alguien perdiera su mapa mental de carreteras y no supiera con precisión quién es ni qué está pasando en su vida. La persona puede que sepa que lo sabe, pero se ofusca y se siente totalmente desconcertada sobre por qué no lo sabe. No puede acceder a la información, y probablemente recordará cosas que le resultan simplemente inaceptables o incognoscibles en un momento dado, debido a la gravedad emocional que la situación conlleva.*
>
> RICHARD A. CHEFETZ[45]

---

45. En *Intensive Psychotherapy for Persistent Dissociative Processes: The Fear of Feeling Real* (*Psicoterapia intensive para procesos disociativos persistentes: El miedo a sentirse real*). W. W. Norton & Co., Nueva York, NY, 2015.

♈
Sombra de la Luna en Aries
Berrinches

Luna de nacimiento: Libra ♎
Desencadenante: La confrontación
Límite necesario: No necesito amenazar para discutir

Tu sombra lunar en Aries indica que convendrá que domines la ira que emerge en ti cuando tienes una confrontación. Tienes que aprender a neutralizar la cólera que sientes cuando tienes una discusión con otra persona, cólera con la cual justificas tus actos agresivos. Alec Baldwin, que fue acusado de aquel desgraciado accidente en el cual disparó y dio muerte a una persona en un rodaje, es un ejemplo de esta sombra lunar. Curiosamente, ya había sido arrestado por comportamientos violentos en el pasado. Como un pez globo que se hincha y saca sus púas para parecer amenazador, una persona con la sombra lunar en Aries se vuelve tan antagónica que la gente termina sintiéndose atemorizada y huye de ella.

Si observas con atención, verás que en realidad no estás teniendo ninguna confrontación. Asustar a quien tienes delante para que piense que eres más fuerte no es más que otra forma sombría de evitar la confrontación. ¿Has estado recurriendo a la ira para ahuyentar a gente con la que te vendría bien tener una discusión en tono diplomático? ¿Te extraña que la gente no quiera tener una conversación contigo, cuando las amenazas con una guerra nuclear? ¿Crees que eso es «ganar la batalla»? Cuando dos gallos de pelea se preparan para el combate, lo primero que hacen es erizar sus plumas para parecer más temibles, haciéndose ilusiones de grandeza. Hincharse de ira, como el gato que se eriza y curva el lomo para parecer más grande, no reemplaza a la pelea en sí. Nos encontramos aquí con otra estrategia de evitación. Gritar de furia e indignación mientras culpabilizas y avergüenzas a la otra persona quizás te haya evitado alguna discusión al intimidar a tu oponente, pero ¿te quedas satisfecho después de eso? ¿Acaso se resolvió el problema? ¿No te das cuenta de que vas a tener que estar defendiendo tu territorio una y otra vez, mostrándote cada vez más desconfiado y a la defensiva?

Para dominar esta sombra lunar, convendrá que tomes conciencia del modo en que exhibes esa máscara que oculta el miedo. Alcanzarás tu verdadero poder emocional cuando descubras que ya no necesitas amenazar, intimidar o justificarte, sino que basta con establecer tu postura mientras susurras tu verdad. El límite que te liberará estriba en prohibirte el uso de tácticas amedrentadoras y tomarte tiempo para explicar con detalle tus sentimientos en el desacuerdo. No cedas a la tentación de destruir al otro en la confrontación. ¿Acaso importa que no te escuche? Defiende tu postura desde la calma, sin quitarle nada a tu oponente. El premio al final de la discusión será tu dignidad. Cierto es que la implosión puede evitar la confrontación, pero el costo es demasiado alto; cálmate y asiéntate bien sobre tus pies. No tienes por qué llevarte bien con todo el mundo; no pasa nada por mostrar tu desacuerdo sin tener que negar tu existencia. Fíjate en cómo te enfadas cuando alguien te niega algo y deja que las personas sean quienes son, al tiempo que te consientes tú ser quien eres. No pasa nada por el hecho de que no estéis de acuerdo. No te vuelvas loco; sé persuasivo y diplomático. Sólo estás enfadado porque tú mismo te limitas el derecho a sentir como individuo. Soluciona esto mediante emociones incluyentes, en lugar de recurrir a comportamientos destructivos.

Ejemplo en la naturaleza

La estrella del pop Shakira afirma haber sido víctima del ataque de un par de jabalíes mientras paseaba por un parque de Barcelona con su hijo de ocho años. La cantante colombiana ha dicho que los animales la atacaron y que, tras arrebatarle el bolso, se retiraron a los bosques. Shakira compartió su extraña historia en Instagram el miércoles. Mostrando a la cámara el bolso, ya recuperado pero destrozado, dice: «Mira cómo dejaron mi bolso dos jabalíes que me atacaron en el parque. Se llevaron el bolso al bosque, con mi teléfono celular dentro –continúa diciendo la cantante–. Lo han roto todo».

—BBC Noticias[46]

---

46. En «Shakira: Singer attacked by a pair of wild boars» (30 Septiembre 2021).

Sombra de la Luna en Tauro
El demonio de los ojos verdes

Luna de nacimiento: Escorpio ♏︎
Desencadenante: La competencia
Límite necesario: Tengo todo cuanto necesito

Tu sombra lunar en Tauro de la Luna natal en Escorpio debe consentir que la naturaleza emocional sienta envidia. Y es que la envidia cumple un propósito específico. Sentir envidia de otra persona no es más que un mecanismo de retroalimentación. La información valiosa que transmite la biología de la envidia es «yo quiero eso». Así pues, en vez de consumirte con la idea de que otra persona tiene algo que tú quieres, reconoce simplemente que tú quieres eso. No pasa nada por querer algo que otra persona tiene. Tú puedes tener el tuyo propio. La canción que me viene a la cabeza cuando pienso en esta sombra lunar es «Jessie's Girl», de Rick Springfield. Si quieres lo que otra persona tiene, no es más que tu corazón diciéndote lo que necesitas, y no tiene por qué significar que tú quieres aquello específicamente que tiene la otra persona. Elizabeth Taylor nació con esta sombra lunar y forcejeó con los dos aspectos de su expresión. Taylor se consumía de envidia por Sofía Loren en lo relativo a su cónyuge y a las interacciones de éste, mientras que era objeto de envidia por parte de Marilyn Monroe y de Jackie Kennedy.

Intenta ampliar esta sombra lunar hasta que incluya la idea de que tú también puedes tener lo que otra gente tiene. Y no será el suyo, sino el tuyo. Ábrete a la posibilidad de incluir opciones. La Luna natal en Escorpio te hace tener sentimientos profundos, quizás más profundos de lo que cualquier otra persona pueda sentir, al punto de convertirse en obsesiones y compulsiones debido a su intensidad. La sombra de la Luna de Escorpio *necesitará* esa cosa que la obsesiona para poder encontrar algo de confort emocional. Sin la consecución de eso que la persona ha decidido que necesita, normalmente como consecuencia de haberlo visto en otra persona, terminará sintiéndose profundamente desdichada.

Pero, cuidado, si quieres algo con el fin de poseerlo, entonces es que el universo te ha puesto una trampa, porque en realidad no vas a poder poseer nada. Todo se te deslizará de entre los dedos fríos de tus manos algún día. Para que domines tu sombra lunar en Tauro, siéntete cómodo con la muerte y la pérdida, y con la actitud de no poseer nada en absoluto. Si pierdes algo, ¿significa eso que no eres rico? La verdad es que no. Tú no necesitas tener en propiedad nada para sacarle la verdad a tu sombra lunar. Para superar la sombra lunar en Tauro tendrás que ponerte el límite de renunciar por completo al materialismo y a la propiedad. Esto no significa que te desprendas de todo, significa que dejes de centrarte emocionalmente en las cosas que tienes.

La liberación que se siente cuando uno se desprende de las necesidades de confort que tiene toda criatura te va a suponer una mayor riqueza que la que jamás habrías imaginado. Tus emociones se expandirán hasta profundidades que nunca pensaste que fuera posible, mientras te permites el lujo de sentir sin poseer, tocar sin agarrar y tener sin retener. En verdad, uno de los estados de iluminación más elevados sobreviene cuando nuestra naturaleza emocional e instintiva se libera de cualquier necesidad terrenal. Éste es el destino de la sombra lunar en Tauro: no necesitar nada. Dios bendiga al niño que se tiene a sí mismo; y cuando veas todo lo que tienes, nunca anhelarás nada que pueda alguien poseer. Éste es el más elevado tipo de libertad al que se pueda aspirar, una libertad que esa sombra lunar en Tauro está destinada a alcanzar.

Ejemplo en la naturaleza

Entre los invertebrados, sólo los artrópodos terrestres acaparan alimentos para consumir en un futuro (Vander Wall, 1990). Por ejemplo, las abejas acumulan alimentos para sus crías, los escarabajos carábidos acumulan semillas (Alcock, 1976) y las arañas tejedoras de orbes envuelven a sus presas en su tela para devorarlas en un futuro (p. ej. Eberhard, 1967; Champion de Crespigny *et al.*, 2001).

—TAE WON KIM[47]

---

47. En «Food storage and carrion feeding in the fiddler crab *Uca lactea*». *Aquatic Biology*, vol. 10, n.º 1, pp. 33-39 (2010).

♊
Sombra de la Luna en Géminis
Engaño

Luna de nacimiento: Sagitario ♐
Desencadenante: La vergüenza
Límite necesario: No necesito justificarme

La Luna natal en Sagitario es una muy buena posición para ver objetivamente las emociones, casi como lo hace un psicoterapeuta, que puede llevar a la persona a tomar distancia de la emoción con bastante habilidad. Pero, en la sombra lunar de Géminis, esta habilidad se vuelve maniaca. Aquí, que la persona tome distancia de la emoción es una invitación al país de las sombras, pues el intento de encubrir una emocionalidad negativa y de eximirse de responsabilidad alcanza niveles peligrosos. Si no nos responsabilizamos de nuestros sentimientos negativos podemos caer en un estado de negacionismo. Intentando alejar al yo del drama y los chismorreos, la sombra lunar de Géminis fractura al yo emocional en dos: el que siente esas cosas terribles y el que no las siente. Donald Trump tiene esta posición y se ha movido toda su vida entre chismorreos, asuntos vergonzosos y acusaciones gruesas desde ambos lados de la moneda. Mientras culpaba a otros de comportamientos deleznables, él mismo se veía involucrado en comportamientos deleznables, encarnando de este modo la doble cara de esta sombra lunar. Curiosamente, en el caso de Trump, su Sol natal está en Géminis y su sombra lunar refleja, con su combinación, el aspecto oculto de la naturaleza geminiana. La presión a la que tiene que enfrentarse para justificar muchos de sus actos y decisiones se ha convertido en una constante en su vida. Pero reconozcamos que todos tenemos sentimientos similares, tú incluido. No te vas a hacer ningún favor sacándote del amasijo de las emociones humanas. Lo único que harás será empujar algo hacia la oscuridad que, más pronto o más tarde, vas a tener que reconocer. Mentirás e intentarás justificarte, explicando por qué se te debe eximir a ti más que a otro, si no eres capaz de ver esas emociones como parte de ti, con lo que el engaño se convertirá en una forma de vida.

Nadie *quiere* ser mezquino, pero *lo somos*. La Luna natal en Sagitario quiere crecer mucho más de lo que le permiten los sentimientos inferiores de las emociones alojadas en la raíz, quiere elevarlas hasta el nivel de las virtudes y los pensamientos superiores, pero la única manera de conseguir esto es comenzando por el fondo y construyendo hacia arriba. Estás aquí, abajo, en el nivel que quieres evitar, de modo que no finjas otra cosa. No vas a poder evitar tu naturaleza mezquina. Mírala a los ojos y fíjate cómo te rebajas hasta hablar mal de los demás. Si no incluyes estos comportamientos en ti mismo terminarás sintiéndote culpable de difamación y tendrás que responsabilizarte por ello sin ser siquiera consciente de tu error. No vas a engañar a nadie fingiendo que eres el rey mientras te comportas como un idiota. El límite clave para dominar esta sombra lunar es que te permitas ser grosero y maleducado. Reconoce que, a veces, hasta te entusiasmas menospreciando a otra persona delante de los demás. Si eres capaz de dejar de despreciar a la gente, te liberarás de este problema y no perderás demasiadas amistades. Pásatelo bien también y, si no te encuentras en tu mejor momento ni en tu naturaleza más virtuosa, reconócelo ante los demás. Tu capacidad para ver a la persona con independencia de lo que sientas te concederá el superpoder de la humildad, simplemente comprendiendo que tú también formas parte de esta dicotomía. Todos decimos y hacemos cosas a veces que luego lamentamos. Simplemente, pide disculpas cuando metas la pata al tomar la emoción negativa en tus propias manos, en vez de intentar guardártela en el bolsillo. Tú también eres grosero; está bien, simplemente admítelo.

Ejemplo en la naturaleza

[S]e han observado casos de «rechazo o exclusión social» en tres contextos conductuales diferentes. Lo más frecuente es cuando un chimpancé es objeto de hostilidades como consecuencia de una interacción competitiva dentro de la comunidad. En tales casos, la cohesión social contrarresta el rechazo, llevando normalmente a la integración dentro de un patrón relativamente estable de dominancia e interacción social. La ocasional partida de un individuo que ha sido objeto de agresiones... parece deberse más a una persistente hostilidad por parte de unos cuantos machos que al «ostracismo» general del grupo en su conjunto. La segunda forma de exclusión guarda relación con los individuos ajenos al grupo: en estos casos, la hostilidad es más generalizada, particularmente como respuesta al intento de una hembra adulta con descendientes de unirse a la comunidad. Finalmente, existen casos raramente observados en los que un miembro del grupo es rechazado porque su comportamiento parece anormal –el rechazo social de Pepe y el viejo señor McGregor tras la polio.

—Jane Goodall[48]

♋
Sombra de la Luna en Cáncer
Retención defensiva

Luna de nacimiento: Capricornio ♑
Desencadenante: Respuestas emocionales
Límite necesario: Todo el mundo tiene sentimientos

En esta posición, la sombra es la aversión a tener ningún tipo de emociones, de tal manera que la persona se aísla y se pone a la defensiva, se protege de sus emociones, intentando no sentir. Esto hace también que se eviten y repriman todas aquellas cosas que puedan irritar emocionalmente.

Las personas con la sombra lunar en Cáncer protegerán sus emociones y su corazón a cualquier precio. Al corazón le crecerá un caparazón protector. Pero este tipo de respuesta lo darán también cuando los demás exhiban un estallido emocional. De hecho, las personas con la sombra de la Luna en Cáncer se cerrarán instintivamente a aquellas personas que expresen emociones intensas, porque perciben estas expresiones como una amenaza a sus propios sentimientos, que ocultan, retienen, niegan y protegen. Las personas con la sombra de la Luna en

---

48. En «Social rejection, exclusión, and shunning among the Gombe Chimpanzees». *Ethology and Sociobiology*, vol. 7, n.º 3-4, pp. 227-236 (1986).

Cáncer contendrán el amor como mecanismo de defensa, y sólo se entregarán a él cuando sientan que tienen el control o que controlan el modo en que la otra persona siente; es decir, cuando se sientan seguras.

Esto puede llevar, obviamente, a la manipulación emocional, sea con uno mismo o con los demás; un control emocional muy calculado. Pero esta actitud es difícil de sostener, y puede llevar a una eventual explosión de emociones reprimidas: las Lunas de tierra suelen ser volcánicas, los sentimientos se amontonan bajo la superficie, como en un profundo depósito de magma, hasta que la presión los obliga a salir con una explosión. El chef Anthony Bourdain tenía esta posición de sombra lunar, y da la impresión de que su capacidad para controlar su naturaleza emocional le vino bien en su profesión, aunque no tan bien en sus relaciones personales. Obviamente, disponer del superpoder del control emocional es una valiosa herramienta para una celebridad, pero la represión y el control de la energía emocional quizás tuviera algo que ver con los trastornos y el suicidio de Bourdain. El problema aquí estriba en la verdadera intimidad de los sentimientos, que son sinceros, y no un producto artificioso que busca la respuesta deseada.

Para transmutar esta sombra lunar, consiéntete expresar tus sentimientos, aunque sean negativos o molestos. Aún más, deja espacio para que los demás expresen sus sentimientos negativos sin pretender poner una necesidad o un resultado en sus expresiones. Si no eres capaz de hacer esto, plantéate la posibilidad de establecer unos límites y comunicárselos a las personas que quieres, además de proporcionarles recursos y un espacio que respete sus necesidades emocionales. También te vendría bien disponer de espacios de seguridad en los que conectar profundamente con tus sentimientos verdaderos, sin nadie alrededor que te fuerce a representar un papel.

Ejemplo en la naturaleza

La mayor parte del tiempo, la garceta negra tiene el aspecto de la típica ave zancuda –patas largas, cuello largo, pico largo. Pero, cuando llega el momento de comer, esta especie africana, de un color negro intenso, recurre a un truco bastante ingenioso con sus alas: las convierte en una sombrilla.

No de forma literal, claro está. Pero, mientras pesca, la garceta baja la cabeza, extiende las alas por encima y crea una especie de pantalla solar. Pero, ¿cuál es, exactamente, el propósito de este comportamiento? «La alimentación con toldo podría tener varias ventajas», dice Kenn Kaufman, ornitólogo y editor en jefe de la revista *Audubon*. «Una teoría normalmente aceptada es que los peces pequeños, que buscan lugares donde poder esconderse, se sienten atraídos por la sombra que la garceta crea con sus alas», dice.

—SHWETA KARIKEHALLI[49]

♌
Sombra de la Luna en Leo
¿Y yo qué?

Luna de nacimiento: Acuario ♒
Desencadenante: Robo de identidad
Límite necesario: Derechos de propiedad intelectual

En el caso de esta sombra, la Luna natal está en Acuario. El orgullo se hace presente ante la Luna natal en Acuario, que preferiría verse como una persona magnánima y altruista. La Luna en Acuario se rebela contra sus propias emociones y las proyecta en los demás, de modo que la sombra lunar de Leo obliga a recuperar estas emociones más allá de lo que la persona pueda sentir. A pesar de todo lo imaginado, de todo lo observado y de toda disociación, el corazón siente lo que siente, y la sombra lunar en Leo lo va a reflejar como una confrontación para la persona que tiene esta sombra. Cuanto más se proyecte la Luna de Acuario en el mundo exterior, con más fuerza rugirá la sombra lunar en Leo como respuesta, desde el refugio de su naturaleza emocional. La sombra lunar en Leo es el corazón del héroe; las emociones ahí

---

49. En «Watch a black heron fool fish by turning into an umbrella». *Audubon* (17 Enero 2019).

depositadas dan forma a conceptos idealizados de lo que se espera sentir frente a lo que se siente realmente.

Esta sombra lunar refleja al ego y hace que las defensas emocionales se centren en la protección del ego y de la identidad a cualquier precio. Existirá la tendencia a ignorar a los demás, y el prejuicio llevará a adoptar actitudes defensivas en vez de trabajar en equipo. Debido a que la Luna en Acuario gusta de perderse en la comunidad, la belleza de esta sombra lunar estriba en que la persona tiene que averiguar quién es en relación con la comunidad, tiene que entrar en sí misma y averiguar lo que siente respecto a muchas cosas, pero sin estar con los demás. La fuerza acuariana la llevará a buscar de nuevo a los demás, y el poder para transmutar esta sombra lunar protegiendo su singular esencia hará que la comunidad se beneficie de su yo más creativo, pero manteniéndose a salvo al mismo tiempo. Aquí, el compromiso viene de sentirte seguro en tu propia identidad y no necesitar de validación externa alguna ni de que alguien fuera te diga quién eres. Para transmutar esta sombra lunar tendrás que proteger tu ingenio creativo; cosas como solicitar patentes, obtener marcas registradas o publicar tus singulares pensamientos te permitirán proteger tus ideas antes de sumergirte en la comunidad, una vez te hayas asentado. Muhammad Ali tenía esta posición lunar, y su sombra en Leo le forzó a declarar su identidad en público y de forma patente. Y en cuanto su ego quedó reivindicado, pudo hacer cosas de mayor envergadura, representando a colectivos enteros de personas, poniendo por delante su fiero corazón por amor a los demás y a sí mismo, convirtiéndose así en una encarnación de esta relación con la sombra.

Ejemplo en la naturaleza

Todos conocemos a este tipo de personas –personas prepotentes que se abren paso a codazos hasta ponerse al principio de la fila o que nos cortan el paso cuando estamos conduciendo. Y luego están esas otras que tienen una personalidad más asertiva y que gustosamente ceden el paso a los demás. Pues, bien, los animales muestran comportamientos similares, según el biólogo John Shivik. En su nuevo libro, *Mousy Cats and Sheepish Coyotes (Gatos que parecen ratones y coyotes que parecen ovejas)*, explora la ciencia

de la personalidad en los animales y muestra cómo estas personalidades facilitan el equilibrio de las tensiones necesarias en la naturaleza entre el individualismo y la cooperación, al tiempo que
apuntalan aspectos importantes de la evolución.

—SIMON WORRALL[50]

♍

Sombra de la Luna en Virgo
Culpar y avergonzar

Luna de nacimiento: Piscis ♓
Desencadenante: Responsabilidad emocional
Límite necesario: Puedo compartir mis sentimientos en vez de juzgar
los tuyos

Las personas con la Luna natal en Piscis son empáticas. Esto lleva a las
personas con la sombra lunar en Virgo a analizar, desmenuzar y criticar los sentimientos de los demás mientras se permiten el lujo de no
compartir jamás sus propios sentimientos. Pero no es culpa de ellas,
dado que están literalmente inundadas con los sentimientos de los demás, hasta el punto que no tienen ni idea de cómo se sienten al respecto. Es mucho más fácil deslindar las obvias respuestas emocionales de
los demás que mirarse en el espejo.

Me he dado cuenta de que la clarividencia suele acompañar a esta
sombra. La capacidad para percibir información emocional de los demás es una habilidad valiosa, pero de límites difíciles de discernir. Esta
sombra lunar puede ser una buena posición para, por ejemplo, un crítico artístico o literario, que puede ganarse la vida con este comportamiento sombrío. Sin embargo, en su vida cotidiana, las personas con
la Luna en Piscis van a tener problemas en sus relaciones interpersona-

---

50. En «How diverse personalities help animals survive». *National Geographic* (5 Enero
2018).

les, en tanto no sean capaces de apartar sus ojos y sus opiniones de cómo responden emocionalmente los demás ante cualquier cosa.

Observar respuestas desde una posición objetiva y analítica puede ser útil en este caso, pero convendrá ofrecer esas observaciones sólo cuando se le solicitan. El análisis que haces de las emociones de los demás no es saludable, a menos que te lo pidan o si la otra persona está abusando de ti y haciéndote daño. Quizás si te das cuenta de que adoptas este comportamiento por defecto, si te percatas de estar haciéndolo con frecuencia y que eres incapaz de evitarlo, quizás te venga bien para trabajar como terapeuta, para hacer lecturas psíquicas o algo de esta naturaleza.

Prince tenía esta posición y, en el más puro sentido del mártir emocional, en cuanto dejó de criticar y de rebelarse contra los abusos que sufrió por parte de la industria musical e hizo su propia discográfica, transmutó su sombra lunar y construyó su propio imperio. Conquistó su propia sombra lunar con una asombrosa victoria, la del individuo que se enfrenta a una gran corporación que intenta controlar su comportamiento y dominarle. En sus relaciones personales, sin embargo, varias mujeres lo acusaron de abusos y de violencia, y da la impresión de que sus justificaciones y el uso de sustancias le llevaron a trabajar con su sombra de maneras terribles en estos casos.

Ejemplo en la naturaleza

El contagio emocional consiste en repetir la emoción percibida de otro individuo cercano, sea una emoción positiva o negativa. Se encuentra en todo tipo de especies sociales, lo cual da una idea de su importancia como mecanismo de coordinación...

La revisión de investigaciones muestra que determinados animales parecen verse afectados por las exhibiciones emocionales de los demás, sugiriendo que compartir emociones es un fenómeno que puede difundirse entre aquellas especies capaces de sentir emociones.

El contagio emocional parece estar relacionado con las circunstancias ecológicas y con los rasgos socio-conductuales de la especie, de ahí que ofrezca una amplia variabilidad en sus manifestaciones en el reino animal. Por tanto, dependiendo de la especie, este contagio se puede desencadenar debido a una gran variedad de estímulos modulados por diferentes factores, y puede basarse en diferentes mecanismos. Este fenómeno podría ser, por tanto, bastante más complejo y flexible de lo que se pensaba hasta ahora, y deberíamos ser cautos a la hora de generalizar sus funciones y mecanismos entre las distintas especies.

—Ana Pérez Manrique y Antoni Gomila[51]

♎

Sombra de la Luna en Libra
El fiscal emocional

Luna de nacimiento: Aries ♈
Desencadenante: No es culpa mía
Límite necesario: Mis sentimientos están justificados

Las personas con la Luna natal en Aries no tienen ningún problema en decirte cómo se sienten. Cuando alguien es capaz de declarar sus sentimientos desde una perspectiva puramente personal lo que suele venir a continuación es una discusión, porque no ha incluido a la otra persona. El hecho de que los sentimientos surjan desde la individualista y excluyente Luna de Aries genera desencuentros, por cuanto la otra persona siente la necesidad de reivindicarse frente a la sombra lunar de Libra. Las personas con la Luna natal en Libra tienen dificultades para discernir sus sentimientos con respecto a los demás y suelen sentirse abrumadas al reflejar los sentimientos de otros, en tanto que las personas con la Luna natal en Aries se fijan sólo en sus propios sentimientos y no suelen empatizar con la otra persona. La sombra lunar en Libra, en un esfuerzo por alcanzar cierto equilibrio, obliga al nativo de Aries a reconocer las emociones del otro y a discutirlas. Bajo la influencia de la sombra lunar en Libra, te percatarás de que puedes discutir, articular

---

51. En «Emotional contagion in nonhuman animals: A reviw». *Wiley Interdisciplinary Reviews: Cognitive Science*, vol. 13, n.º 1 (5 Mayo 2021).

y justificar con explicaciones a la otra persona por qué te sientes del modo en que te sientes, con lo cual facilitarás que la relación continúe. De otro modo, si eres excesivamente dominante, te asaltará el temor de perder a la otra persona.

Aunque centrarnos en nuestros propios sentimientos pueda parecer arrogante y narcisista, ¿qué sentimientos percibes la mayor parte del tiempo si no son los tuyos? ¿Son unos mejores que otros, o simplemente son diferentes? La disyuntiva de la sombra lunar en Libra exige que no haya una única persona que siente cosas y que siempre habrá diferencias en el modo en que nos sentimos. Si tu sombra lunar está situada aquí, en vez de ver tus justificaciones como una batalla por el dominio, considéralas más bien como una explicación y defiende tu caso. Proporciona evidencias y expresa tus sentimientos nucleares, en vez de recurrir a las rabietas y a exhibiciones de fuerza. Tus sentimientos te pertenecen a ti, y tienes derecho a ellos. No dejes que nadie te intimide para que sientas lo que ellos sienten.

Alexandria Ocasio-Cortez, política y activista estadounidense, tiene esta sombra lunar, y da la impresión de que en su carrera tenga que estar justificando sus opiniones y puntos de vista personales constantemente para incluir a sus oponentes. Su Sol en Libra y su Marte se oponen a su Luna en Aries, la cual arroja su sombra sobre estos planetas en su carta natal. Esto genera una dinámica en la que sus emociones personales se ven obligadas a relacionarse con el bien mayor, le guste o no.

Para trabajar esta sombra tendrás que practicar el diálogo y tendrás que discutir acerca de los sentimientos; no te valdrá la actitud de «o haces las cosas a mi manera o puerta». Con tu Luna en Aries, te encontrarás muchas veces en la posición de chivo expiatorio (familia cercana del carnero, símbolo de Aries, ambos animales eran sacrificados con las lunas nuevas), y sentirás la necesidad de demostrar que no eres el culpable de los sentimientos de los demás, y que tienes derecho a sentir del modo en que lo haces.

Ejemplo en la naturaleza

Aunque la reciprocidad positiva (altruismo recíproco) ha sido foco de interés en la biología evolutiva, la reciprocidad negativa (la imposición de represalias para reducir la aptitud física) se ha ignorado en gran medida. En los animales sociales, la agresión por represalia es habitual; los individuos suelen castigar a otros miembros del grupo que infringen sus intereses, y el castigo puede hacer que los subordinados desistan del comportamiento, probablemente reduciendo así su aptitud de animales dominantes. Las estrategias de castigo se utilizan para establecer y mantener las relaciones de dominancia, para disuadir a parásitos y tramposos, para disciplinar a la descendencia o a posibles parejas sexuales, y para mantener el comportamiento cooperativo.

—T. H. CLUTTON-BROCK y G. A. PARKER[52]

♏
Sombra de la Luna en Escorpio
Tú me perteneces

Luna de nacimiento: Tauro ♉
Desencadenante: Celos, envidia
Límite necesario: Respeto tu falta de interés

Con la sombra lunar en Escorpio, te activarás emocionalmente toda vez que tus necesidades de supervivencia se vean amenazadas. Si has identificado algún recurso, persona o situación como algo que necesitas para sobrevivir, esta sombra lunar te llevará a defender tu territorio e, incluso, a tomar represalias. Si sufres una pérdida o te sientes abandonado, o sientes que alguien está intentando arrebatarte tus recursos, esta sombra responderá empujándote a tomar medidas de inmediato, pues te verás abrumado por los celos o la envidia. Yo tengo la sensación de que la envidia no es un sentimiento malo, y que es la forma en la que el corazón te comunica un deseo. Creo que no es nada de lo que haya que avergonzarse y no tiene por qué llevarnos a codiciar nada. La clave de esta sombra lunar estriba en escuchar tus sentimientos de en-

---

52. En «Punishment in animal societies». *Nature,* vol. 373, n.º 6511, pp. 209-216 (19 Enero 1995).

117

vidia para saber lo que tu corazón quiere. Pero ten en cuenta que, cuando ves algo que quieres, eso no significa que tengas que arrebatárselo al otro, sino que tienes que buscar el tuyo propio.

Si tus sentimientos son tan intensos como para controlar a otra persona para que esté contigo, escucha tus sentimientos sin proyectarlos sobre la persona. Ésta es tu forma emocional de comunicar qué tipo de relación necesitas para sentirte a salvo y sentirte cómodo. Pero, si la otra persona no está dispuesta a proporcionarte eso, tendrás que escuchar a tus sentimientos y explorar territorios más seguros. Una vez me prometí a mí misma que nunca forcejearía por estar allí donde no quisieran que estuviese; si alguien hace que me sienta insegura, me largo y busco territorios más seguros. No impongas tus necesidades a nadie que no esté dispuesto a satisfacerlas; más bien, busca a alguien que te respete y a quien le encante satisfacer tus necesidades de supervivencia. Así, ambos bandos os sentiréis liberados.

El cantante Chris Brown tiene esta sombra lunar. Tanto si es verdad como si no que cometió violencia de género, es evidente que tiene esta sombra, habida cuenta de las respuestas emocionales que exhibe en términos generales, así como su tendencia a expresar cierto sentido de territorialidad. Las reiteradas restricciones y límites que los tribunales le han impuesto a Brown podrían haberle ayudado a vencer la sombra allá donde él no puede, pero los repetidos incidentes indican que su sombra sigue dominándole y que la justicia no ha tenido demasiado éxito en su empeño por domeñarla. El mejor antídoto consiste en mantenerse uno en su propio carril; y, en ocasiones, varios años de celibato pueden eliminar eficazmente el apego al control de los demás. Si desactivas tu necesidad básica de controlar a alguien con quien convives mediante la decisión voluntaria de estar solo, puedes llegar a dominar esta sombra. Distánciate para ganar perspectiva y libérate de patrones de comportamiento tóxicos, sobre todo si no te está llegando el mensaje que el sistema judicial y la sociedad están intentando transmitirte.

Ejemplo en la naturaleza

La territorialidad es un vínculo entre el comportamiento social (la competencia y el dominio) y el control de la población en muchas especies animales. Las comunidades regulan su número mediante una competencia «convencionalizada», normalmente entre los machos, por el territorio y el consecuente derecho al alimento y (en ocasiones) al emparejamiento. Los vencedores se convierten en los animales dominantes y adquieren estatus social; pero, dado que son una fracción de la población, sólo unos pocos miembros de la comunidad logran acceder al espacio, a los escasos recursos y a las hembras, limitando así el número de miembros de la siguiente generación. La siguiente generación tendrá garantizado el alimento, porque los dominadores del territorio no se dispersan demasiado por el terreno. Así, los recursos alimentarios del hábitat no se ven explotados más allá de la capacidad regenerativa del entorno, asegurándose con ello un suministro razonable para el futuro.

—Julian Edney[53]

Sombra de la Luna en Sagitario
La reina del drama

Luna de nacimiento: Géminis ♊
Desencadenante: Restricción emocional
Límite necesario: Estoy dentro del relato

La Luna natal en Géminis arroja su sombra en Sagitario sobre su rostro emocional. Bajo la influencia de la sombra lunar en Sagitario, quizás intentes ponerte filosófico al hablar de tus sentimientos y quieras dar consejos a los demás sobre cómo evitar los suyos. Nos encontramos aquí ante el terapeuta o el mitólogo erudito que quiere encontrar emociones en las historias, las religiones o las fábulas, en vez de en su propio corazón. La Luna en Géminis parece voluble y polarizada, de tal modo que los nativos de esta posición pueden sentirse incómodos

---

53. Citado por Jason G. Goldman en «Defending your territory: Is peeing on the wall just for the dogs?» *Scientific American* (7 Marzo 2011).

con su propia inestabilidad emocional. Una buena manera de tratar con este problema consiste en situarlo fuera del yo y fascinarse con los relatos de personajes que tienen intensos estallidos emocionales. Puede que disfrutes de los dramas y de las telenovelas; quizás incluso intentes forzar a los demás o a sus parejas para que hagan exhibiciones emocionales, simplemente por el placer de contemplarlas y luego relatar historias de luchas de poder interpersonales, en vez de reconocer tu propio papel en lo sucedido.

El peligro de la sombra lunar en Sagitario estriba en que intentes trascender tus propias emociones para convertirte en el amigo terapeuta que aconseja a todo el mundo con el fin de abordar tus propios problemas de manera vicaria. Esto lleva a una disociación y a descuidar tus necesidades y emociones personales. La mejor manera de transmutar esta sombra consiste en conectar profundamente con tus sentimientos personales y expresarlos, no estar dándoles vueltas e ignorando tu corazón para entretenerte con los corazones de los demás. Si te descuidas a ti mismo y emergen a la superficie tus propias emociones, cabe la posibilidad de que busques una atención negativa en aquellas personas a las que, previamente, ayudaste en un intento de lograr cierta reciprocidad. Por ejemplo, si yo ayudo constantemente a mi hermana con el tema de su ruptura y hablo con ella acerca de esto, pero no le digo que yo también estoy pasando por una ruptura ni hago mención de mis sentimientos, y después estallo y digo que es una insensible por ignorar lo que me ocurre a mí, ¿será culpa de ella o será culpa mía? Mi sombra me lleva a abordar mi ruptura de manera vicaria, por observación, a través de ella, y después la sombra me lleva a culparla, a hacer que se sienta mal por mí, aunque yo haya escondido mi problema en todo momento. No tienes por qué ser la madre de todo el mundo, sobre todo si te sientes huérfano.

Sigmund Freud tenía esta sombra lunar y, obviamente, se convirtió en terapeuta, tomando posesión de este aspecto de su sombra y haciendo que le sirviera. Sin embargo, no cuidó de sus propios sentimientos y emociones, y murió de un cáncer de mandíbula inoperable, un cáncer que posiblemente desarrolló debido a la negligencia con la que se trataba a sí mismo. Obviamente, hacer terapia puede ir bien, pero convendrá que tengas en cuenta los límites de tus propias necesidades emocionales mientras vas estudiando las piezas de los rompecabezas de los demás.

Una orangutana madre estará en estrecho contacto con su bebé hasta que éste cumpla los nueve años de edad –más tiempo que la mayoría de mamíferos, aparte de los seres humanos. Al igual que muchos humanos, los orangutanes dependen de sus madres para aprender las habilidades vitales –como qué comer y dónde encontrarlo– con el fin de poder independizarse cuando han cumplido casi una década desde el nacimiento.

—CAROLINE SCHUPPLI[54]

♑
Sombra de la Luna en Capricornio
Distante y despreocupado

Luna de nacimiento: Cáncer ♋
Desencadenante: Responsabilidad emocional
Límite necesario: Puedo compartir mis sentimientos

Las emociones son muy incómodas para el sensual Capricornio, de modo que esta sombra lunar tiende a centrarse en sentirse bien y en reprimir los sentimientos negativos. Las personas con una Luna natal en Cáncer necesitan sentir en verdad todo el rango de sus emociones, el cual es considerable, y la represión de sus sentimientos negativos a la que las induce su sombra lunar en Capricornio puede llevarlos a tener erupciones volcánicas. Cuando la Tierra tapona algo, sólo lo hace por algún tiempo, hasta que el magma líquido emerge a la superficie. Muchos de los comportamientos represivos de Capricornio pueden llevar también al desarrollo de mecanismos de defensa desregulados a través

---

54. En «Orangutan mothers help offspring to learn». Max-Planck-Gessellschaft (8 Diciembre 2021).

del hedonismo, que está bien y suele ser una buena idea, pero no en exceso o cuando uno se habitúa.

Con tu sombra lunar en Capricornio, puedes volverte muy controlador con los demás en la expresión de sus sentimientos negativos, simplemente porque no quieres sentirlos tú; lo que tú quieres es sentirte bien. El hecho de sentirte incómodo con las expresiones emocionales, tuyas y de los demás, te puede convertir en una especie de dictador emocional, castigando estas expresiones en los demás o calificándolas de infantiles. La naturaleza eremítica y taciturna de la sombra lunar en Capricornio puede hacer que te sientas triste y pesimista debido a la acumulación excesiva de negatividad no expresada. De modo que, la expresión intencionada de las emociones, si bien de un modo contenido o creativo, puede hacer maravillas a la hora de transmutar esta sombra. Disponer de un espacio donde no pase nada por mostrarse iracundo, triste o pesaroso es esencial para esta Luna, así como encontrar vías que permitan el libre flujo de los sentimientos con el fin de prevenir una erupción emocional por rebosamiento. Disponiendo de canales de intimidad por los cuales fluir, la persona que tiene esta sombra se sentirá menos aislada y será más capaz de dejar espacio a las expresiones emocionales de los demás.

Sacagawea, que ayudó a Lewis y Clark en la expedición que los llevaría desde San Luis hasta el océano Pacífico, tenía la Luna en Cáncer y, con ello, unos sentimientos muy profundos. En aquella época, ella era sólo una adolescente que, tras haber sido raptada, había tenido un hijo, que llevaba con ella. Sacagawea dejó a un lado sus emociones e hizo lo que había que hacer de un modo pragmático, según la mayoría de las crónicas, proporcionando un increíble servicio a la misión. Lewis y Clark señalan en sus diarios que nunca la vieron mostrar emoción alguna, salvo cuando se reunió con su familia.

Ejemplo en la naturaleza

En *El guardián entre el centeno*, de J. D. Salinger,[55] el problemático antihéroe de la novela, Holden Caulfield, entabla una extraña con-

---

55. Publicado en castellano por Alianza Editorial, Madrid, 2018.

versación con un taxista en Nueva York. Preguntándose qué ocurre con los peces cuando un estanque grande en Central Park se congela en invierno, el agitado taxista le dice a Holden que los peces se congelan junto con el estanque, y que, cuando el hielo se funde, los animales se liberan y continúan con su vida.

Realmente, ¿pueden los peces u otras criaturas acuáticas sobrevivir en estado de animación suspendida hasta la primavera? La sorprendente respuesta es que sí, a veces. Es cierto que hay peces que pueden pasar el invierno congelados en el hielo y ponerse a nadar tranquilamente en cuanto el hielo se funde. Claro está que no todos los peces quedan atrapados en el hielo. Estanques y lagos se congelan desde arriba hacia abajo, lo cual significa que por debajo de la superficie helada suele haber una capa de agua líquida donde los peces continúan con su existencia [...].

Además, hay peces que tienen una especie de sustancia anticongelante que les permite sobrevivir en condiciones extremadamente gélidas.

De forma muy parecida a los osos y a otros animales que hibernan, hay peces de entornos glaciales que son capaces de apagar sus funciones corporales básicas, ralentizar su metabolismo y entrar en un estado de letargo. Fríos, pero no congelados, estos peces aguardan la llegada de la primavera, cuando el hielo desaparece.

—Don Glass[56]

---

56. En «Frozen fish». *A Moment of Science*, Indiana Public Media (27 Septiembre 2003).

♒ Sombra de la Luna en Acuario
Libérame

Luna de nacimiento: Leo ♌
Desencadenante: Déjame fuera de esto
Límite necesario: Puedo regresar de la disociación

Las personas con una Luna natal en Leo son muy emocionales e ígneas por naturaleza en su búsqueda de un yo u ego ideal. Sin embargo, la sombra en Acuario es muy analítica e intelectual, y siente la necesidad de servir a los demás. Esta sombra lunar fuerza a los nativos de la Luna en Leo a salir de su zona de confort en los sentimientos profundos y a adentrarse en la ambigüedad del espacio exterior y la imaginación total. Esta combinación puede dar lugar a delirios de grandeza, con proyecciones que sacan las emociones de quicio.

La Luna y la energía de Acuario no lo pasan bien juntas. La Luna quiere sentir, al igual que la energía de Leo, pero las personas con la sombra lunar en Acuario tienen que utilizar su intelecto para apartar ciertas emociones y generar una teoría crítica a través de la cual observar las emociones desde la distancia. Esto es una trampa que aleja al ego de sus emociones, mientras el ojo de la mente permanece en medio, observándolos a ambos. Al no sumergirte en las emociones puedes aprender mucho de ellas, pero el cuerpo físico puede llegar a sentirse desconectado, y tú puedes quedarte atascado en la cabeza y en una actitud cínica, en vez de vivir la vida y experimentar las cosas con cierta profundidad.

Esta sombra lunar es una posición sumamente ventajosa para personas que se dediquen a la escritura o al arte, dado que pueden elevar las emociones hasta las alturas de la imaginación, pero esto puede apartarlas por completo de la realidad objetiva. Aquí, la sombra puede servir de vínculo entre el nativo y la musa en un psicodrama shakespeariano trágico, innegablemente poderoso y muy parecido a una telenovela de ésas que te arrastran.

Kurt Vonnegut Jr. tiene esta sombra lunar, y le ha venido muy bien en su carrera como escritor. Se podría pensar que todo esto fuera obra suya; pero, si lo inspeccionamos bien, veremos que su madre ya intentó ser escritora y se suicidó. En cierto modo, la sombra acuariana de Vonnegut le sirvió para tomar el testigo de la pasión de su madre y hacerle un servicio a ella y a la sociedad al compartir sus pensamientos.

Ejemplo en la naturaleza

Las personas que sufren diferentes trastornos disociativos complejos permanecen en estados psicofisiológicos alternos que son discretos, discontinuos y resistentes a las tendencias integradoras. En esta contribución, se traza un paralelismo entre los estados defensivos y recuperativos de los animales, que se evocan ante una amenaza severa, y las respuestas características de los pacientes con trastorno disociativo, tal como aparecen en los principales estados disociativos. Los datos empíricos y las observaciones clínicas parecen apoyar la idea de que existen similitudes entre el desarrollo paralizante y concomitante de la analgésia y la anestesia y el dolor agudo en animales amenazados y seres humanos gravemente traumatizados.

—ELLERT R. S. NIJENHUIS, JOHAN VADERLINDEN y PHILIP SPINHOVEN[57]

♓

Sombra de la Luna en Piscis
Ojos ávidos

Luna de nacimiento: Virgo ♍
Desencadenante: Necesidad, dependencia
Límite necesario: Me ocuparé de mis propios asuntos

La sombra lunar de Piscis viene de una Luna natal en Virgo. La Luna de Virgo articula y analiza sus emociones, intentando llevarlas a un estado de perfección. Sin embargo, la sombra lunar en Piscis intenta

---

57. En «Animal defensive reactions as a model for trauma-induced dissociative reactions». *Journal of Traumatic Stress*, vol. 11, pp. 243-260 (1998).

llevar las emociones al olvido a través de una conexión total con los demás y una pérdida de articulación. Las personas con esta Luna son empáticas, debido a la sombra pisciana, y tienden a desarrollar una fijación extrema en las emociones de los demás. Lo que hay que hacer aquí es expandir las emociones más allá del yo, no centrarse en las sombras de otras personas. Todos tenemos sombras, pero este libro no pretende animar a nadie a que vaya por ahí fijándose en las sombras de los demás e imponiéndose a ellos. Y tampoco pretende que el resto del mundo te enjuicie por tu sombra y te avergüences de ella. La sombra de Piscis puede hacer que la persona se identifique con las sombras de los demás y las tome como propias, experimentando consecuentemente una extraña mezcla de culpabilidad y vergüenza.

Con la sombra de Piscis, puedes llegar a confundir, empáticamente, un comportamiento perteneciente al subconsciente de otra persona como tuyo propio, o provocado por ti, para terminar vinculándote a esa persona en un extraño ambiente de culpabilidad y vergüenza. En última instancia, lo que intentas es armonizar con el otro, pero esto puede llevarte a una danza de codependencia. Las emociones se pueden hacer contagiosas para las personas empáticas, y las que tienen esta sombra pueden encontrarse en la situación de que, si intentan resolver un conflicto en un grupo, pueden resultar más perjudicadas que los demás en su esfuerzo por gestionar las energías emocionales de todos.

El actual Dalai Lama, Tenzin Gyatso, tiene su sombra lunar en esta posición, y podría decirse que ha asumido la sombra de todo su país en tanto en cuanto es un líder empático. Una de las técnicas de meditación que él utiliza es la meditación analítica, que recurre al aspecto Virgo de su energía lunar, en tanto que otra de sus prácticas, la del vacío, recurre a la necesidad pisciana de anular el yo y eliminar todo sentimiento. Gyatso se identifica como comunista en un alarde de sombra emocional en este caso, buscando servir y unificarse con unos y otros en un lugar amorfo y ambiguo sin ego.

Ejemplo en la naturaleza

El canibalismo suele darse cuando las aves están estresadas debido a una deficiente gestión. Una vez estresada, un ave comenzará a picotear las plumas, la cresta, los dedos o los orificios de otra ave. Y,

en cuanto se abra una herida o la sangre sea visible en una de las
aves, el despiadado hábito del canibalismo se puede difundir rápidamente por todo el gallinero. Si te das cuenta del problema poco
después de que se inicie, el canibalismo puede ser controlado. Pero
si el problema se te va de las manos puede resultar muy costoso.

—PHILLIP CLAUER[58]

---

58. En «Poultry cannibalism: Prevention and treatment». Penn State Extension (22 Abril
2016).

Las sombras de Mercurio

El parásito de la mente

Cualquier intento de utilizar la lógica como herramienta (organon) con el fin de extender y expandir nuestro conocimiento, al menos supuestamente, no puede acabar más que en palabrería vana, en la que uno puede afirmar o, si lo prefiere, negar, cualquier cosa que desee con cierta semblanza de plausibilidad.

EMMANUEL KANT, en *Crítica de la razón pura*[59]

EN ASTROLOGÍA, MERCURIO REPRESENTA LA MENTE, el cómo pensamos y cómo tomamos conciencia de las cosas. En los mitos de la creación indígenas y paganos, la materia se forma a partir de la mente y de la conciencia. La mente y el estado mental están profundamente implicados en nuestra capacidad para recibir estímulos y datos del entorno, así como en la formación de los paradigmas que utilizamos para interpretar los datos recogidos a través de los sentidos. La mayoría de los paradigmas se forman a partir de ideas, por lo que dependerán

---

59. Publicado en castellano por Gredos, Barcelona, 2017.

de la visión del mundo que sustentemos, y de ahí que podamos hacer interpretaciones enormemente diferentes de los datos que recibimos mientras nos hallamos en el plano terrestre. La mayor parte de nuestro comportamiento se basa en las ideas que sustentamos, las cuales nos influyen de maneras más profundas de las que podríamos llegar a imaginar.

Sustentar un concepto o idea falsa y basarnos en ella para dirigir nuestras acciones puede ser tan peligroso como una reacción impulsi-

va violenta. Las filosofías occidentales, cuando se difundieron por el mundo, propagaron la idea de que los seres humanos eran no más que formas de vida en el mundo natural dotadas de inteligencia y conciencia. Esto fue un error trágico, que nos sobrepasó como humanidad y nos ha llevado muchos años de corregir, si bien seguimos bajo su ignorante influjo en muchos lugares. Situar a los seres humanos por encima de la naturaleza (por nuestra mente, simplemente porque así lo decidimos) es dañino, lo mismo que es dañino considerar que mente y cuerpo discurren por separado.

Los parásitos son organismos que infectan otras formas de vida, o conviven con ellas de manera simbiótica, y se alimentan de su vitalidad. En el caso de la mente, un pensamiento puede drenar la energía de una inteligencia perfectamente apta hasta el punto de destruirla. La mente, sobre todo en el caso de personas dotadas intelectualmente, o de aquellas que se sumergen en empeños relacionados con el pensamiento, puede convertirse en huésped de toda una plaga de langostas, de incesantes enjambres de pensamientos parasitarios que pueden llevarla a la locura. En la naturaleza, los parásitos pueden ejercer su influencia sobre otras formas de vida que habitan y pueden obligarlas a actuar o a tener pensamientos que no son suyos. Los ratones infectados con *Toxoplasma gondii* pierden el temor a los gatos, por ejemplo. El hongo *cordyceps,* cuando infecta a una hormiga, la vuelve hiperactiva en un primer momento, llevándola a buscar comida noche y día, para luego alejarla de su colonia y, tras subirse a una rama, quedar paralizada, mientras el hongo se alimenta de sus entrañas. Este hongo, que obliga a otro organismo a comportarse de forma suicida mediante el control de la mente, exhibe un terrorífico poder sobre el instinto natural de esa criatura con el fin de mantenerse con vida. De forma parecida, los pensamientos parasitarios pueden obligar a una persona a hacer cosas sin la participación de su conciencia consciente, y pueden manipular sus instintos de forma antinatural, de modos que apenas podemos comprender, y todo a partir de un pensamiento o idea.

La naturaleza es inteligente, tan inteligente que fue capaz de hacer que tu mente, y la de otras muchas formas de vida aparte de la nuestra, tenga conciencia de sí y tenga un ego, y disponga de capacidades creativas, complejas y recursivas. Y no existen motivos para pensar que seamos la única especie en este aspecto. Todo el mundo sabe que delfines, elefantes y chimpancés exhiben distintos grados de inteligencia, y las investigaciones demuestran que incluso las aves canoras tienen conciencia de sí mismas. Pero dedica unos instantes a tomar en consideración la posible inteligencia de los cuerpos cósmicos –el Sol, los planetas, las estrellas– y expande tus ideas acerca de lo que es o puede ser el pensamiento hasta abarcar todos estos fenómenos. Si una ameba puede tomar decisiones, si podemos ver que un fotón toma una decisión, habrá que concluir que muchas entidades son capaces de tales proezas. Veamos de qué modo los refleja nuestra mente y en qué medida nuestro pensamiento no es nuestro. De entre los pensamientos que hayas tenido en tu vida, ¿cuáles podrías decir inequívocamente que han sido *tuyos*? Tómate unos instantes para reflexionar sobre esto. ¿Quién está haciendo tu pensamiento? Quizás descubras que es la propia mente la que piensa tus pensamientos, y que esos pensamientos no te pertenecen a ti más de lo que los océanos te puedan pertenecer.

La sombra de Mercurio es el reino mental de las formas de pensamiento, la imaginación y los egrégores –conceptos esotéricos que representan entidades no físicas. El planeta Mercurio es consciente y es capaz de comunicarse. La mente conoce y busca el conocimiento en sus asuntos amorosos, y se niega a verse como algo ignorante o incierto; aquí nos encontramos con la sombra de la mente –en su duda. La sombra de Mercurio asoma la cabeza cuando no sabemos, cuando nos sumimos en la duda y la incertidumbre; es entonces cuando nos introducimos en ese lugar de sombras. La otra cara de la mente es el influjo del engaño, que la lleva invariablemente a un laberinto de espejos, laberinto por el que todo adepto debe pasar mientras busca la unión con el creador, o fuente.

El mercurio, ese elemento metálico pesado, es una sustancia muy reactiva y volátil, lo cual significa que se evapora con facilidad. Es el único metal que es líquido a temperatura ambiente. Este elemento fluido está en constante movimiento, nunca se está quieto, y gusta de adherirse a cualquier cosa con la que entra en contacto, aferrándose a ella y convirtiéndose en parte de ella. Pues, bien, tu mente es como este elemento, pues se aferrará fácilmente a cualquier cosa, al igual que el mercurio. Eleva tu conciencia hasta este nivel. El mercurio es incansable, revoloteando de aquí para allá en busca de algo a lo que aferrarse y con lo cual fundirse. Del mismo modo, la mente te puede llevar, cuando se utiliza como combustible concentrado, hasta las mayores alturas de la conciencia, o te puede hacer caer en espiral dentro de un torbellino interminable de pensamientos inútiles que se repitan hasta la náusea.

Cuando nos acerquemos a la sombra de Mercurio convendrá tener en cuenta que la mente puede desorganizarse ante la negación de sí misma, de modo que será bueno que empleemos sistemas que nos ayuden en nuestros cálculos. El uso de técnicas socráticas y de la astrología nos puede proporcionar unos valiosos parámetros en caso de que nos quedemos atascados con el pensamiento unilateral o necesitemos saber si los problemas mentales a los que nos enfrentamos son mucho más grandes que nuestras limitadas percepciones.

> *El concepto de la autoemancipación a través del conocimiento, que fue la idea básica de la Ilustración, es en sí mismo un poderoso enemigo del fanatismo, pues hace que nos esforcemos por desapegarnos o incluso disociarnos de nuestras propias ideas (con el fin de observarlas de forma crítica), en vez de identificarnos con ellas. Y el reconocimiento del ocasional y abrumador poder histórico de las ideas debería enseñarnos lo importante que es liberarnos de la sobrecogedora influencia de toda idea falsa o errónea. En interés de la búsqueda de la verdad y de nuestra liberación de todo error, convendrá que nos formemos para contemplar nuestras propias ideas preferidas de forma tan crítica como contemplamos a aquellas otras a las que nos oponemos.*
>
> Karl R. Popper, en *En busca de un mundo mejor*[60]

En tanto que seres humanos, la mente, en su conjunto, sigue siendo un misterio para nosotros. Nos esforzamos por comprender la conciencia, pero a pesar de los miles de años que llevamos intentando

---

60. Publicado en castellano por Paidós, Barcelona, 1994.

explicarla a través de los mitos y de experimentos científicos, aún no hemos conseguido echar el lazo a lo que nos hace pensar. Planeta y metal a un tiempo, los misterios de Mercurio nos presentan algunas pistas acerca de la entidad sombría que se halla tras los pensamientos que cruzan nuestra cabeza. La sombra del astuto Mercurio son cosas tales como la arrogancia, la insensatez, la locura, las falacias cognitivas y muchas trampas de las percepciones imaginarias. El reino de la mente derriba a muchos seres humanos por lo demás perfectamente estables. Nos acercamos a la sombra de Mercurio y exploramos las traicioneras realidades de la esfera mental, sin estigmatizar ni juzgar las enfermedades mentales.

Gobernar encadenando la mente mediante el miedo al castigo en otro mundo, es tan vil como utilizar la fuerza... Resérvate tu derecho a pensar, pues incluso pensar erróneamente es mejor que no pensar nada en absoluto.

Hipatia

En mis prácticas, veo cómo determinadas posiciones de Mercurio contribuyen a ciertas tendencias y hábitos de pensamiento, al tiempo que nos indican cómo mejorar estos patrones mentales. En la psicología moderna, se utilizan técnicas para interactuar con muchos procesos mercuriales, como la hipnosis, la terapia cognitiva conductual, la EMDR (desensibilización y reprocesamiento a través de movimientos oculares) o la orientación, por nombrar unas cuantas. Si estás padeciendo de problemas severos mercuriales y mentales, por favor busca ayuda en fuentes de este tipo y no te avergüences por ello. En todo caso, deseo transmitir que el nivel de esta sombra es grande y antiguo; no es personal. No es un fracaso por tu parte forcejear con esta sombra. Echa un vistazo a los patrones a los que tu pensamiento puede estar recurriendo debido a la sombra que Mercurio arroja sobre él.

El amor vence a todos... los intelectos.

George Hammond

♈

Sombra de Mercurio en Aries
Un debate unilateral

Mercurio de nacimiento: Libra ♎
Parásito: La arrogancia

La sombra de Mercurio en Aries significa que el Mercurio natal está en Libra. Las personas con Mercurio en Libra son reacias a tomar decisiones, prefiriendo más bien ver posibilidades, por lo que su sombra en Aries estará ahí para obligarlas a decidirse. La decisión nacida de una deliberación o el miedo a tal deliberación puede agrandarse en la mente hasta convertirse en algo muy contundente, de tal manera que la persona que tiene que tomar la decisión termine justificándose a sí misma o empiece a pensar que la decisión es buena para todos o que es bueno que ella tome las decisiones por todos. La mente proyecta la necesidad de tomar una decisión, aunque sea mala, para resolver el problema de no ser capaz de decidirse. La sombra de Mercurio en Aries puede convertirse así en una bestia que siente que debe tomar todas las decisiones y que debe emprender todo tipo de acciones, y se muestra temerosa a la hora de tomar en consideración las opciones que plantean los demás: es la actitud de «o se hace a mi manera o rompo la baraja». Tomar decisiones se convierte en un mecanismo de defensa, que oculta la inseguridad que nace de la idea de pensar con detenimiento y de incluir a los demás en la toma de decisiones. El difícil proceso de decidirse por una u otra opción puede atormentar eternamente a los nativos de Mercurio en Libra, de tal manera que suelen sentirse aliviados al permitir que la sombra de Mercurio en Aries dé un paso al frente y tome el control.

Con frecuencia, debido a la arrogancia y a la falta de consideración, la decisión que toma esta sombra de Mercurio no es objeto de elogios ni admiración, o puede incluso que ni siquiera sea lo que la persona hubiera decidido normalmente. Ahora se siente avergonzada e insegura sobre cómo proceder a partir de aquí, después de las reacciones recibidas ante una decisión tan equivocada. Mercurio en Aries provocará peleas, por una parte, y culpabilizará por la terrible decisión por la

135

otra, incluyendo finalmente a los demás en el proceso a fin de parecer que la idea fue de otro, ahora que el resultado lo ha llevado todo al traste.

El actor Will Smith tiene esta sombra de Mercurio, y no cabe duda de que se siente atormentado por su decisión, en la que estaba involucrada su pareja, de agredir al cómico Chris Rock delante de todo el público, con independencia de las necesidades de su pareja.

La sombra de Mercurio en Aries intenta inspirar coraje para dar voz a las opiniones personales, cosa que puede causar menos discusiones y malentendidos en esta posición. Deja que tu mente piense por sí misma un rato, si quieres sanar la sombra de Mercurio en Aries, tomar más decisiones y llevarlas a cabo a partir de la deliberación, en vez de forzar tanto la voz. Toma en consideración qué pensamientos son tuyos y qué pensamientos son de tu pareja, de la cual quizás te estés haciendo dependiente. Actúa con cautela, no vayas a llegar sólo a una decisión personal firme en represalia por el disgusto provocado por una decisión previa, realizada bajo la presión y la responsabilidad de tener que elegir.

Ejemplo en la naturaleza

Las interacciones entre los primates en el aseo personal representan, por tanto, una oportunidad ideal para examinar cuán flexible puede ser el proceso de toma de decisiones que subyace a la elección de pareja [...].

Aquí contemplamos la elección de pareja como un acontecimiento de toma de decisiones en el que un individuo dispone de múltiples parejas potenciales antes de decidir si ayuda a acicalarse a una de ellas. Al mismo tiempo, todas las parejas potenciales que no han sido elegidas son testigos de la elección en tanto que espectadoras [...].

En las interacciones en el aseo, los espectadores pueden influir en el resultado de éstas mediante la disrupción activa o uniéndose al acicalamiento, o bien incitando al cambio de pareja por otro acicalador [...] El cambio de pareja por parte del individuo que es acicalado aumenta sus probabilidades si hay espectadores atractivos alrededor, llevando por ejemplo a los chimpancés a invertir menos en un encuentro de acicalamiento si hay espectadores de alto rango presentes.

—ALEXANDER MIELKE *et al.*[61]

♉

Sombra de Mercurio en Tauro
La curiosidad mató al gato

Mercurio de nacimiento: Escorpio ♏

Parásito: La intriga

Es bueno que los nativos con Mercurio en Escorpio parezcan tener nueve vidas, porque su naturaleza fisgona y entrometida les meterá en un sinfín de líos. Estos nativos son como Nancy Drew o los Hardy Boys, detectives ávidos por resolver misterios. La sombra de Mercurio en Tauro traerá a la mente temores, suspicacias, actitudes de escasez y de miedo a la pérdida de un modo obsesivo-compulsivo, inventándose rompecabezas para que la mente los resuelva. La mente intentará rastrear motivos y encontrar puntos de conexión; querrá resolver maniáticamente el rompecabezas de por qué los demás, y el mundo en general, actúan de la forma en que lo hacen. Esta sombra mercuriana puede llevar a teorías de la conspiración, a conjeturas y especulaciones. Ríete todo lo que quieras, pero este tipo de mentalidad tiene la necesidad profunda de desarrollar un pensamiento alternativo, en la medida en que esté estrechamente vinculado a teorías científicas y a la inventiva. Cuando la sombra de Mercurio en Tauro interfiere con este tipo de pensamiento, generando suspicacias y paranoias, las aguas mentales se hacen demasiado turbias como para ser navegables, y el nativo de Mercurio en Escorpio tendrá que aminorar la marcha para obtener algo de perspectiva.

---

61. En «Flexible decision-making in grooming partner choice in sooty mangabeys and chimpanzees». *Royal Society of Open Science,* vol. 5, n.º 7 (11 Julio 2018).

Mercurio en Escorpio quiere llegar al fondo de las cosas, encontrar algo que se mantiene en secreto, oculto, y las personas con esta posición normalmente se las apañarán para resolver alguno de los grandes misterios de la realidad o, al menos, se convertirán en buenos detectives. Sin embargo, cuando la sombra de Tauro asoma, la persona puede poner el foco en la dirección equivocada de las acusaciones y las intrigas, en lugar de ponerlo en la sabiduría y el conocimiento. La sombra de Mercurio en Tauro tiende a centrarse en intrigas basadas en recursos, intrigas que tienen que ver con los seres amados; no obstante, tal enfoque puede extenderse ciertamente a áreas más grandes. La clave estriba en comprender a los demás, en vez de situarlos como objetivo, y en tomar conciencia de las cosas y obtener sabiduría, en vez de intentar desvelar algún motivo criminal. Bien puede ocurrir que esta sombra sea útil para resolver un caso criminal, y eso está muy bien, pero no te dejes consumir por ello ni te pierdas en el caso, pues la persona que posea esta sombra convendrá que crezca y vaya más allá del drama.

Yo tengo esta sombra de Mercurio en mi carta natal, y puedo atestiguar que me siento atraída por las intrigas como las moscas por los excrementos. Comparto esta posición con Hedy Lamarr, cuya mente estaba igualmente centrada en resolver problemas y terminó inventando básicamente Internet como consecuencia de su incansable mente. Investigar secretos y tabúes me enloquece y, si no soy capaz de encontrar una respuesta a una pregunta, admito que la pregunta se me incrusta en la cabeza como un parásito, hasta que soy capaz de darme por satisfecha, a veces después de años de investigación compulsiva. Y, aunque mi mente me proporciona grandes servicios, también es cierto que suele desvariar e ir más allá de donde era necesario, tanto en beneficio como en detrimento. La clave para transmutar esta sombra de Mercurio estriba, según he descubierto, en dejar las cosas como están y darte por satisfecho cuando llegues a una conclusión razonable. Yo soy un poco cotilla en cuanto a husmear en cosas que están fuera de mi alcance, y soy también una guardadora de secretos profesional para mis clientes, los cuales me emplean para resolver sus misterios.

Un equipo internacional de investigadores ha encontrado evidencias recientemente de la existencia de un «gen de la curiosidad» en un ave canora, concretamente en el carbonero común *(Parus major)*. El gen (Drd4) porta las instrucciones para la construcción de un receptor en el cerebro, que da forma a la estación de acople de un importante neurotransmisor, la dopamina. Los pájaros con una variante específica de este gen D4, receptor de dopamina, muestran un comportamiento exploratorio más marcado que los individuos con otras variantes *(Proceedings fo the Royal Society of London* B, 2 Mayo 2007).

—BART KEMPENAERS[62]

♊
Sombra de Mercurio en Géminis
El Pájaro Minah

Mercurio de nacimiento: Sagitario ♐
Parásito: El plagio

Con esta sombra mercuriana, la mente se enfoca en la repetición de datos como un loro, en vez de en comprender o conocer las cosas mediante un estudio intensivo o a través de la sabiduría atesorada con el tiempo. Los conocimientos milenarios, todas las enseñanzas secretas, se ponen al servicio de la vanidad del individuo, que termina perdiendo de vista el significado de las palabras que repite y, ciertamente, no es el autor de esas enseñanzas. Veremos frecuentemente esta posición en personas que se dedican a la oratoria, a la escritura y a la canción, que repiten las palabras que otros escribieron y no viven lo que sus labios pronuncian. Hay un abismo entre lo que dicen y lo que hacen;

---

62. En «Personality-gene' makes songbirds curious». Max-Planck-Gesellschaft (2 Mayo 2007).

y, normalmente, robarán las palabras de otro siempre y cuando les parezcan sabias, cuando estas personas son en realidad cáscaras vacías.

Britney Spears tiene esta posición. Creció mucho y muy rápido, llegando a todo el mundo y convirtiéndose en una estrella. ¿Acaso alguien puede llegar más lejos? Sin embargo, la sombra de Mercurio en Géminis no tiene raíces, con lo que la mente se extiende demasiado, pero con una capa muy fina. Spears ha sido acusada en varias ocasiones de plagiar las canciones de otros, y su mente se ha desestabilizado ya unas cuantas veces. Cuando una persona con esta sombra de Mercurio se encuentra con una pizca de sabiduría, el ego intentará apropiarse de ella y presentarla como propia. Albert Hoffmann tiene también esta sombra mercuriana, y hasta llegó a convencer al mundo de que fue él quien descubrió el LSD. Pero cualquiera que esté familiarizado con los misterios eleusinos y con una bebida llamada *kykeon* sabrá que los adoradores de la diosa hablaban hace muchos siglos de los efectos psicodélicos del cornezuelo, y es bien conocido que los iniciados bebían *kykeon* mucho antes de que Hoffmann dijera «haberlo descubierto».

Ejemplo en la naturaleza

Aparentemente, los cucos han desarrollado la habilidad de imitar los huevos de otras especies de aves, esas especies que buscan los cucos cuando invaden sus nidos. La secreción de un pigmento en sus oviductos permite a estas aves parásitas replicar con maestría los huevos de las aves huéspedes. Un cuco puede abalanzarse sobre un nido desatendido, deshacerse del huevo que había en él, poner una copia muy parecida de éste y largarse de allí en no más de 10 segundos. Y, una vez nacen, hay polluelos de cuco (aunque no los del crialo europeo, que pertenece a la familia de los cucos), que empujan fuera del nido de forma instintiva a sus hermanos y a los huevos que aún queden en el lugar, para poder disponer de toda la comida que los huéspedes le traigan.

—Frank Kuznik[63]

---

63. En «Bullies of the bird world». National Wildlife Federation (1 Agosto 1997).

♋

Sombra de Mercurio en Cáncer
El Día del Juicio

Mercurio de nacimiento: Capricornio ♑
Parásito: El destructor innecesario

La sombra canceriana de Mercurio nos llega con un Mercurio natal en Capricornio. El enfoque excesivo de Capricornio en las necesidades sofoca las emociones, que luego borbotean en forma de pensamiento irracional e ideas controladoras. También puede traer como resultado temores y paranoias, si no se expresan los pensamientos emocionales o, al menos, se reconocen. Mucho trabajo y poco juego hacen de Jack un chico aburrido, como bien sabemos. La sombra de Mercurio en Capricornio es instinto en sí mismo, y el peligro estriba en que ese impulso tome el control de la persona. Los impulsos emocionales pueden cebarse en estas personas en aquellos momentos en que tienen que tomar decisiones desesperadas. Es decir, si se ignoran las necesidades emocionales instintivas, éstas toman el control de los actos y del pensamiento.

La pesada carga de los pensamientos negativos puede llevar a una espiral descendente capaz de transformar la sombra de Mercurio en Cáncer en una depresión. Una mentalidad negativa puede hacer o deshacer la actividad del pensamiento. La capacidad de negar algo es muy importante para cualquier pensamiento, lo cual constituye el principal propósito de este libro; sin embargo, una mentalidad de «no hay salida» y de fracaso total llevará a la mente a destruir todas las posibilidades. Alcanzar un estado negativo que lo borre todo, incluidas las ocurrencias reales, es una ilusión. Este parásito se transforma en una especie de engaño inútil que no aporta nada y se caga en la fiesta de todos; es una negatividad contagiosa que infecta a todo el que se cruza en su camino. Aquí, la mente se niega a permitir la entrada de pensamiento positivo o esperanzador alguno, pues el objetivo de esta sombra es evitar toda decepción. Así, adoptando la estrategia de defensa de no tener jamás expectativa alguna o esperanza de algo positivo, la persona no tendrá que ver cómo su corazón se hunde en la tristeza, porque es situará allí voluntariamente y dispondrá de cierto control sobre su aniquilación.

Joseph Stalin tenía esta posición de la sombra de Mercurio y fue uno de los gobernantes más destructivos de la historia. Stalin fue víctima de este parásito del Día del Juicio, lo cual le llevó a desarrollar un pensamiento defectuoso y a tomar decisiones erróneas. Aunque para algunos sea un héroe, es difícil pasar por alto los millones de personas que murieron en la hambruna de Ucrania, conocida como el Holodomor, a causa de las proyecciones apocalípticas de la mente de este hombre. Stalin no podía permitir ninguna otra forma de pensar, no aceptaba flexibilidad alguna, y siguió aferrado a su paranoia a pesar de que estaban muriendo cientos de miles de personas. Sin embargo, no es fácil culparlo a la vista de lo que vivió en su infancia, con un padre alcohólico que le pegaba y terminó abandonándolo. A Stalin lo metieron en la cárcel repetidas veces por organizar huelgas ilegales, y con el tiempo fue exiliado a una aldea remota cerca del Círculo Polar Ártico; todas estas penalidades en sus primeros años no hicieron más que potenciar la fuerza de su sombra. Convendrá ver con perspectiva la posición de este Mercurio con la sombra en Cáncer, para que no cometamos los mismos errores cuando nos volvamos a calzar los mismos zapatos. A veces da la impresión de que no tenemos más que una opción, un destino, cuando en realidad hay montones de opciones y decisiones posibles que tomar; lo único que tienes que hacer es abrir tu mente.

Ejemplo en la naturaleza

Recientemente, el ataque de un hipopótamo en el mismo país en 2014 supuso la muerte de doce niños y un adulto, según la AFP. El hipopótamo volteó una embarcación que transportaba a un grupo de personas por un río camino de la escuela, aunque la noticia de AFP no aclara si los niños se ahogaron o fueron destrozados por el animal, si sólo fue un hipopótamo o fue una manada de ellos. «En total fueron doce estudiantes, siete niñas y cinco niños, los que murieron en el ataque», dijo en aquel momento a la AFP el Ministro de Educación Secundaria, Aichatou Oumani [...] Él comentó a AFP que personas de la región como Fall continúan soportando la cólera de los violentos hipopótamos porque el río es su única fuente de

ingresos. «Son monstruos malvados que nos atacan día y noche»,
dijo a AFP. «Por culpa de ellos no hemos podido pescar. Ya no hay
pescado en el mercado». Pero matar hipopótamos no es una
opción, informan desde AFP, son una especie protegida en Senegal.

—Peter Holley[64]

♌
Sombra de Mercurio en Leo
Juegos mentales

Mercurio de nacimiento: Acuario ♒
Parásito: El orgullo

El Mercurio natal en Acuario otorga el don de una mente activa; la
sombra de Mercurio en Leo da lugar a delirios de grandeza y confunde
la mente de colmena con la idea que ella misma generó. Esta sombra
hace que la imaginación de Mercurio en Acuario se vuelva sobre el propio ego. A todas las personas nos gusta imaginar quiénes somos; todas
nos vemos de determinada manera. Aquí, la mente genera un ego y
una identidad heroica, de líder. Esta sombra puede generar problemas
cuando el ego se convierte en más de lo que es en realidad, causando
así una fuerte confrontación con el fracaso o bien cuando los demás no
sustentan la imagen del yo que ha engendrado la sombra mental de
Mercurio en Leo.

Dado que Acuario es ya, de por sí, un inconformista y dado que
Leo se centra exclusivamente en sí mismo, el peligro de la sombra de
Mercurio en Leo estriba en que el yo se distancie de los demás e intente ir por libre. Esto limitará en gran medida la sorprendente capacidad
de Mercurio en Acuario para dar servicio a la sociedad y contribuir al
bien común. El dipolo positivo de la mente empuja aquí para servir a
toda la humanidad, en tanto que la sombra empuja a la mente para

---

64. En «"They are evil monsters that attack us night and day": Senegal's terrifying killer
hippo problem». *Washington Post* (30 Mayo 2016).

que sirva al ego, el yo y la imagen del yo. La persona, en este caso, tendrá que emprender una acción real, y no imaginaria, para poner su intelecto al servicio de los demás y liderar a través de la acción, no de las palabras. La sombra de la mente se separará aquí de la opinión pública, pero la persona con esta posición va a necesitar de los demás para cumplir con su misión. Deberán trazarse con mucho cuidado los límites entre cuánto se toma y cuánto se da.

La sombra de Mercurio en Leo le exige a la persona que tenga coraje para ser ella misma y para que combata su naturaleza, que la lleva a darse a los demás. El centro entre el yo y el otro no necesariamente se encuentra a través del compromiso, sino compartiendo en un espacio abierto y de forma progresiva. No va a ser pequeño el esfuerzo requerido para tender un puente entre los pensamientos independientes y singulares de la sombra de Mercurio en Leo y los demás, que no piensan de la misma manera. El remedio para esta sombra es la comunicación y una autoexpresión cuidadosamente articulada. Tómate tiempo; no hagas saber tus pensamientos a los demás hasta que no los hayas formulado y establecido correctamente. La tarea que deben llevar a cabo los nativos con la sombra de Mercurio en Leo es construir y sustanciar cuidadosamente las ideas que su imaginación les cede.

Thomas Edison se granjeó a lo largo de su vida una reputación de persona controvertida, debido en parte a lo lejos que estaba dispuesto a llegar para conseguir una patente. Claro está que yo no estaba allí y no podría juzgar los hechos, pero se dice que Edison contrató a Nikola Tesla para hacerse con sus patentes y que luego se negó a pagarle, comportamiento que encajaría con esta sombra.[65] En última instancia, esto llevó a Tesla a emprender su propio camino (para beneficio suyo), pues estas patentes fueron sólo el principio. Según la mayoría de fuentes, Edison buscaba patentes con algún pequeño defecto para luego mejorarlas y asegurarse así el resultado final, así como el crédito por la patente; ejemplos de ello son la bombilla; la batería, que probablemente fuera una idea de Alessandro Volta; y el fonógrafo, probable-

---

65. Hasic, A.: «Why scientists, not investors, should decide the future of technology». *The Washington Post* (2 Diciembre 2019).

mente de Edouard Leon Scott.[66] Incluso hay quien dice que Edison asesinó al verdadero inventor de la película, Louis Le Prince, con el fin de quedarse con la patente.[67] Cierto es que, a través de duro esfuerzo, Edison aseguraba el resultado final de aquellos inventos, pero sus críticos afirman que era un oportunista que caía como una ave de presa sobre patentes no del todo exitosas para luego resolver sus problemas. Sea como sea, es éste un reflejo de la sombra, que busca ganarse el reconocimiento público sin hacer algo verdaderamente original.

Ejemplo en la naturaleza

La piratería, o «cleptoparasitismo» por utilizar un término técnico, es bastante habitual en el mundo animal, y se da tanto entre los moluscos como entre los mamíferos, así como en 197 especies de aves (que representan a 33 familias de especies). Las fragatas comunes, cuyas finas alas se pueden observar en los cielos de los mares tropicales, son tan adeptas a estas costumbres que hasta se le dio su nombre a un tipo de barco diseñado para combatir a los corsarios. Benjamin Franklin se opuso a poner al águila calva como símbolo nacional de los Estados Unidos por su hábito de robar el pescado [...] Para la comunidad científica, el cleptoparasitismo es un comportamiento curioso en el que se mezclan los géneros. No es un simple comportamiento de búsqueda de alimento; tampoco es un comportamiento depredador; y ni siquiera es el parasitismo de la succión de sangre, como en el caso de las sanguijuelas, que habitualmente nos viene a la cabeza. Cuando un cleptoparásito le ro-

---

66. Berger, B.: «Many minds produced the light that illuminated America». *U. S. News and World Report* (21 Marzo 2013); Buchmann, I.: «BU-101: When was the battery invented?» Battery University website (última actualización 22 Febrero 2022); National Park Service, U. S. Department of the Interior: «Origins of the sound recording: The inventors». (17 Julio 2017).

67. Campbell, O. J.: «Was Thomas Edison guilty of murder?» *The Spectator* (16 Abril 2022).

ba la energía a su «huésped», lo hace antes incluso de que el pobre animal la haya podido siquiera digerir.

—HUGH POWELL[68]

♍ Sombra de Mercurio en Virgo
A la parálisis por el análisis

Mercurio de nacimiento: Piscis ♓
Parásito: El crítico

La sombra de Mercurio en Virgo es muy buena para ver lo que está mal en cualquier cosa. El único problema es que los nativos con Mercurio en Piscis ven a veces cosas que no les gustan de sí mismos y las proyectan sobre los demás. Este parásito mental tiene la tendencia a arreglar o resolver lo que le parece mal. Tiene fijación en arreglar cosas o resolver problemas. Obviamente, está muy bien resolver problemas, pero las personas no son problemas que haya que resolver. Tu sombra de Mercurio puede hacer que te aferres obsesivamente a una persona que crees que necesita que la arreglen, cuando en realidad eres tú quien tiene ese fallo o imperfección y, al no aceptarlo, culpas al otro para quitarte el mono de encima y pasárselo a él. Todo el mundo debería prestar atención a esto: si sueles dar consejos a los demás que no te han solicitado, o sueles señalar lo que hacen mal, convendrá que des la vuelta a tu mirada para cerciorarte de si el problema no está en ti y en tal comportamiento tóxico. Si alguien te pregunta, ofrece tu punto de vista como observador y sin juzgar; no le impongas tu sistema de valores a la otra persona.

El peligro de la sombra de Mercurio en Virgo es que la persona no puede aceptar que algo pueda estar completo, acabado. Esa absurda necesidad de perfección en la percepción llevará al individuo con esta

---

68. En «Winged pirates: Kleptoparasitism as a lifestyle». The Cornell Lab, All about Birds (15 Octubre 2009).

146

posición a una incansable búsqueda de mejoras que le permitan sentir como concluido lo que considera defectuoso. En la Biblia, Dios aceptó el mundo tal como lo había creado y descansó, viendo el proyecto de la creación como algo que se había completado. Y convendría que tomaran nota de esta idea aquellas personas que tienen dificultades para desprenderse de aquello que se les ha encargado. Aunque esta sombra proporciona cierto don y capacidad para hacer las cosas bien, puedes terminar no viendo el bosque de tanto fijarte en los árboles, cuando la posición natal de Mercurio en Piscis lo que quiere es terminar las cosas y permitir a la mente que deje de pensar. De modo que convendrá que te esfuerces por transmutar esta sombra con el fin de darte un descanso y culminar los procesos, aunque te parezcan imperfectos.

El músico Kurt Cobain tenía esta sombra de Mercurio, cosa que pudo influir en sus sensaciones, que le indicaban que tenía que terminar algo, dado que el parásito no dejó de incidir en su obsesión de arreglarlo o resolverlo todo y no dejar nada sin concluir. Se necesita equilibrio aquí entre hacer y terminar; y, si no somos capaces de llevar a término algo, el equilibrio debe entrar en juego. En muchas de las obras de Cobain podemos ver cierta sensación de inconclusión. En las letras de sus canciones, como en «Milk It», podemos ver inferencias a parásitos y al suicidio. Y, aunque no me gusta contemplar el arte y verlo como una expresión, en vez de como una profecía, se puede constatar que en su mente había formas de pensamiento que él necesitaba expresar.

Para transmutar esta sombra de Mercurio, permítete descansar y no te pases el tiempo desarrollando proyectos y alcanzando objetivos. Acepta y celebra tus logros y siéntete satisfecho con ellos, aunque no te parezcan perfectos. El final puede llegar si aceptas las cosas y cumples con tu labor, en lugar de terminar. Si conoces a alguna persona que tenga esta sombra, anímala a celebrar sus obras, aunque sienta que están inconclusas, y recuérdale que todos somos obras en desarrollo, sin finalizar. La único que termina con todo es la muerte en sí; hasta entonces, seguimos creciendo, y eso es todo un regalo.

—Cuando pensamos en animales inteligentes, normalmente pensamos en delfines, cuervos o primates –dijo Marcelo Araya-Salas–. Pero los hay en todas partes. Todos los animales aprenden cosas de su entorno y se benefician de ello. Como ecólogos conductuales, estamos comenzando a desvelar este otro aspecto del comportamiento animal.

»Había un macho que acertaba en todos sus intentos; nunca se perdía la recompensa de comida –dijo Araya-Salas–. Y había un macho que no lo hacía mejor de lo que hubiera sido esperable. De modo que teníamos todo el rango de rendimientos a la vista».

Los investigadores observaron también que los machos con mejor memoria espacial entonaban también cantos más consistentes. Se cree que esta habilidad resulta atractiva para las hembras, porque significa que el cantor no suena tanto como un jovencito sin experiencia y parece más un veterano superviviente [...].

—Siempre hemos creído que somos la especie más inteligente, que somos los únicos con una inteligencia capaz de cambiar las cosas –dijo Araya-Salas–. Pero todo es una cuestión de grados, y somos más parecidos al resto de animales de lo que pensamos.

—Hugh Powell[69]

♎

Sombra de Mercurio en Libra
Juzgón, el juez

Mercurio de nacimiento: Aries ♈
Parásito: Pienso, luego existo

La sombra de Mercurio en Libra viene con las personas que tienen el Mercurio natal en Aries. El Mercurio natal en Aries da lugar a una

---

69. En «Spatial memory allows hummingbirds to rule the roost». Cornell Chronicle (8 Febrero 2018).

mentalidad obcecada, tozuda, pero decidida y dotada para llevar a cabo lo que piensa, una posición ejecutiva que suele acompañar a personas en posiciones de mando. Pero, en un giro del destino, la sombra de Mercurio en Libra asegura que el Mercurio natal en Aries sea incapaz de tomar una decisión sin la aprobación de los demás. La posición de la sombra te obliga a tener en cuenta las opiniones de los demás cuando lideras un equipo, aunque puedas tomar tus decisiones sin ningún problema. Y es que el parásito de esta sombra sitúa un límite aquí, empujando a la mente a que tome en consideración a los demás, aunque no sea ésta su naturaleza.

El peligro de la posición de esta sombra es el juicio y la mentalidad enjuiciadora. El parásito mental en este caso tiende a observar y tomar decisiones como lo haría un juez en un tribunal, pero quizás lo haga de forma precipitada, sin reunir todos los datos. Un juez de verdad mantiene la integridad tomando en consideración todas las versiones de la historia y sopesándolas seriamente antes de llegar a una conclusión; un juez falso saltará sobre la verdad, sobre la realidad, para dar rienda suelta a sus propios prejuicios u opiniones antes de haber escuchado todas las versiones del relato. En toda historia existen dos versiones, como mínimo, y la posición de la sombra aquí lleva a la mente a tomar en consideración las millas recorridas en los zapatos de la otra persona, por incómodo que pueda parecer. Presta atención a todo cuanto leas y comprende que, cuando alguien te juzga, sientes la necesidad de contar tu versión; si le niegas a alguien el derecho a tener su propia versión de la historia, no vas a poder hacer de ningún modo el papel de juez.

Hará falta cierto tiempo para comprender lo que está ocurriendo, en la medida en que la sombra obligue a ello, de manera que las personas con la sombra de Mercurio en Libra justificarán normalmente sus juicios desde una actitud autodefensiva (una tendencia Aries) antes de reconciliarse pacíficamente. Para transmutar esta sombra, dedica el tiempo que sea necesario a escuchar y tomar en consideración todas las versiones antes de tomar una decisión. Abandonar el pensamiento egoísta consiste en incluir al otro mientras determinas si tu pensamiento se ajusta a la realidad al margen de tus intereses. Aunque seas muy inteligente, dos cabezas piensan mejor que una.

Ésta es la posición de Mercurio de René Descartes, que equiparó la identidad con el pensamiento y el pensamiento con el ser, aunque pocas de sus ideas tuvieran que ver realmente con él a nivel personal. Aquí, la mente se enfoca en lo individual, de un modo tan egoísta que provocará una destrucción al estilo guerrero de Aries. Descartes distanció el pensamiento de la naturaleza y de la espiritualidad para llevarlo al frío racionalismo y la fría toma de decisiones, que han dejado un largo legado tóxico. Sin embargo, es evidente que Descartes estaba sintiendo la sombra de Libra aquí, porque decidió ser justo: necesitaba saber si sus pensamientos eran ciertos en comparación con el consenso colectivo y de qué modo podía medir y poner a prueba eso. Descartes tuvo tantos problemas para discernir la mejor manera de tomar una decisión y determinar lo que era cierto que desarrolló metódicamente un sistema de experimentos mentales que, con el tiempo, se perfeccionaría en lo que hoy conocemos como el método científico, una enorme contribución y una prueba de su compromiso con esta sombra. Este sistema tenía muchos defectos, y no tenía en cuenta más que a la mente y los pensamientos en sí, errores que se podrían haber evitado si se hubiera incluido a otras personas en el proceso, en vez de centrarse exclusivamente en sí mismo.

Ejemplo en la naturaleza

Se sabe que determinados rasgos de personalidad (p. ej. la ansiedad, el temor) afectan al procesamiento cognitivo de los estímulos ambientales, como es el caso del juicio o valoración de los estímulos ambiguos (sesgo de juicio). Nuestro objetivo era evaluar si los rasgos de personalidad eran capaces de predecir un sesgo de juicio más o menos «pesimista» u «optimista» en el perro doméstico [...] Los análisis de Modelos Lineales Mixtos revelaron que los perros que puntuaban más alto en sociabilidad, excitabilidad y temor no social tenían unas latencias de respuesta más cortas ante los cuencos en una ubicación ambigua, indicando así un sesgo más «optimista».

En cambio, los perros que puntuaban mucho más alto en rasgos de comportamiento relacionado con la separación y en rasgos de miedo/agresión dirigidos al perro era más probable que juzgaran un estímulo ambiguo como algo que podía llevar a un resultado negativo, indicando con ello un sesgo más «pesimista».

—Shanis Barnard *et al.*[70]

♏

Sombra de Mercurio en Escorpio
Aguas turbias

Mercurio de nacimiento: Tauro ♉
Parásito: Compulsión obsesiva

Con una sombra de Mercurio en Escorpio, la mente se adentra plenamente en la tierra y en el deleite de los sentidos. Cuando el mercurio, el metal, se junta con otros minerales en la tierra, se liga a ellos profundamente, formando ciertos compuestos como el cinabrio, que era un ingrediente importante en la obra alquímica de los antiguos taoístas chinos. La mente tiende a sentir repulsión por la tierra, a querer marcharse y buscar la iluminación, pero en esta sombra de Escorpio, la mente se ve obligada a echar raíces más profundas para encontrar una vía de escape.

El peligro de este parásito de la sombra de Mercurio viene bajo la forma de manipulación. Cuando queremos alterar la realidad de la tierra y queremos disociarnos de ella en la imaginación, en vez de ir a través del cuerpo, la mente generará distorsiones de la realidad para hacer lo que quiera de ella, lanzando a la persona con esta sombra hacia un delirio infundado. Para dominar esta sombra, el nativo tendrá que sumergirse en el pensamiento ilusorio antes de regresar a la tierra, con los dedos cruzados en la esperanza de que el regreso sea a través de una epifanía, en vez de a través de una crisis física. Con esta sombra de Mercurio, la mente está incómoda y vulnerablemente soldada a su forma terrestre, el cuerpo. Éste es el ideal último del yogui tántrico,

---

70. En «Personality traits affecting judgement bias task performance in dogs *(Canis familiaris)*». *Scientific Reports,* vol. 8, n.º 6660 (Abril 2018).

151

que intenta llevar el cuerpo con él a la iluminación y elevar los aspectos sucios y más vergonzosos de las funciones corporales hasta un espacio sagrado. Con frecuencia, la sombra de Mercurio en Escorpio intentará alterar el cuerpo a través de sustancias y sentirse bien a través de placeres sensuales, que pueden ir de lo más simple, como el aroma de una rosa o de un buen vino, hasta lo más extremo, como el dolor y el peligro.

El espíritu me dio una comunicación de forma sincrónica referente a la flor de loto que crece en el fango, y ésta es la mejor metáfora para esta sombra. Ésta es la carta del as de pentáculos en el tarot, y el cineasta de vanguardia y terapeuta Alejandro Jodorowsky habla de ella también en su obra sobre el tarot. La mente es como una flor de loto que eclosiona desde el agua con toda su belleza, pero que jamás lograría dar este espectáculo si no estuviera arraigada en el sucio lodo. El as de pentáculos es el regalo de la tierra, el regalo del cuerpo, nuestras raíces en el lodo a partir del cual la mente puede crecer. Los lugares más bajos de nuestra existencia pueden ser aquéllos desde donde crezcan las flores más hermosas. Sin las ciénagas donde nacen los lotos, no habría fertilidad, ni ecosistemas, ni mente de loto. Lo bueno de superar esta sombra es ascender como el loto en los múltiples esplendores del ser de la sensibilidad terrestre en toda su belleza. Lo único que tienes que hacer es elevarte por encima de las tentaciones del hedonismo. Pan comido, ¿no?

La sombra de Mercurio en Escorpio puede centrarse en exceso en la supervivencia, hasta el punto de la paranoia. La sospecha y la duda sobre la integridad de los demás emerge debido a la capacidad de Escorpio de ver lo que se oculta tras la superficie. El Mercurio natal en Tauro busca seguridad y confort, y la sombra de éste entra en un estado de temor por la supervivencia si se le arrebata cualquier confort o seguridad, tras lo cual sobrevendrá el terror, que llevará a la persona a buscar consuelo donde pueda para poder sobrellevarlo. Maynard James Keenan, el cantante solista de la banda Tool, tiene esta sombra de Mercurio. Ciertamente, como músico, la sombra mental en este caso es capaz de sentir, percibir y escuchar, quizás con más agudeza que los demás, y las percepciones físicas juegan un importante papel en su pensamiento. La sensualidad y su enfoque de lo físico es evidente en gran parte de la obra de Keenan y en el mensaje de muchas de sus canciones, que muestran hasta qué punto comprende el problema de este parásito, y de trabajar a través del cuerpo, a través de los sentidos, a través de lo placentero, para lograr una comprensión más elevada.

Ejemplo en la naturaleza

Los ojos, la piel, la lengua, los oídos y las fosas nasales, son todo pórticos a través de los cuales el cuerpo se nutre de la otredad. Este paisaje de voces en la sombra, estos cuerpos emplumados, cornamentas y corrientes saltarinas; estas formas que respiran constituyen nuestra familia, los seres con los que estamos emparentados, con los que compartimos esfuerzos, sufrimientos y celebraciones [...] Todos podrían hablar, articulando en gestos, silbidos y suspiros una red cambiante de significados que sentiríamos en la piel, inhalaríamos por las fosas nasales o enfocaríamos con nuestros oídos, y a la que responderíamos, ya fuera con sonidos, movimientos o pequeños cambios de humor. El color del cielo, el rumor de las olas... todos los aspectos de la sensualidad terrenal podrían atraernos a una relación alimentada por la curiosidad y sazonada con el peligro [...] Seguimos necesitando aquello que es distinto de nosotros mismos y de nuestras propias creaciones [...] Necesitamos conocer las texturas, los ritmos y los sabores del mundo corporal, y distinguir fácilmente entre esos sabores y los de nuestra propia invención. La realidad sensual directa, en todo su misterio más-que-humano, sigue siendo la única piedra de toque sólida para un mundo experiencial.

—David Abram[71]

---

71. En *The Spell of the Sensuous*. Vintage Books, Nueva York, p. 9, 1996. (Trad. cast.: *La magia de los sentidos*. Editorial Kairós, Barcelona, 2007).

↗

Sombra de Mercurio en Sagitario
El exagerado

Mercurio de nacimiento: Géminis Ⅱ
Parásito: Pinocho

El engaño es una forma de arte y, ciertamente, tiene su lugar. En la mitología, el dios Mercurio es ladrón y embustero, y recurre a su astucia y su inteligencia para forjar su camino por el mundo. A algunas personas con esta posición les gusta pensar que, si una mentira no es demasiado gorda, no es tan grave, por lo que se permiten decir falsedades. La sombra de Mercurio en Sagitario es el cuento de pez grande.

> *Las mentiras, mi querido muchachito, son fácilmente reconocibles. Las hay de dos tipos: las que tienen las piernas cortas y las que tienen la nariz larga. Las tuyas tienen la nariz larga.*
>
> CARLO COLLODI[72]

Con esta sombra de Mercurio eres proclive a desarrollar un pensamiento subterráneo que puede ir más allá de todo lo razonable. Es la mente de aquel que imagina la construcción de un rascacielos cuando no tiene dinero ni para tomarse una taza de café, ignorando todo pragmatismo para deslizarse más allá de las fronteras del espacio y el tiempo. En estos casos, la persona corre el peligro de disociar mente y cuerpo; dicho de otra manera, puedes llegar a ser demasiado grande para tus pantalones. Pero tanta hipérbole, tal desproporción y tantas exageraciones hacen que la gente desconfíe de estas personas al percatarse de que hay algo extraño en sus palabras.

El sentido de maravilla de la sombra de Mercurio en Sagitario lo lleva todo hasta el extremo de la locura. Pero, desengáñate, no vas a poder hacer cosas para la eternidad, y la mente deja de ser útil si pierde

---

72. En *Las aventuras de Pinocho,* Folioscopio, Barcelona, 2023.

el contacto con el suelo por completo. Es un don y proporciona grandes ventajas el tener esa sensación de asombro y esa capacidad para contar cuentos, pero a nadie le caía bien el niño que gritaba una y otra vez «¡Qué viene el lobo!».

L. Frank Baum tenía esta posición de nacimiento. Todo el mundo valora su inmenso sentido de la maravilla, plasmado en sus novelas de la tierra de Oz. Pocos discutirán las virtudes de su ilimitada expansión mental, con la cual llegó incluso a predecir inventos científicos futuros. L. Frank Baum podía visualizar muchísimas cosas, pero no hizo realidad ninguna, salvo lo que dejó por escrito. Sin embargo, el aspecto sombrío de su locura se manifestó en su demencial racismo contra los nativos americanos, que le llevó a hablar con desprecio de Toro Sentado y a dejarse arrastrar por una especie de locura justiciera que buscaba acabar con los nativos americanos al verlos como paganos y enemigos. Su imaginación terminó llevándose lo mejor de él, haciéndole ver enemigos donde no los había y llevándole a construir una narrativa en torno a todo aquello. Todos podemos inventarnos cosas en la imaginación, pero proyectar nuestra imaginación sobre otras personas, tal como hizo L. Frank Baum, es comportarse de forma tóxica, peligrosa y genocida. Baum fue miembro de la Sociedad Teosófica, y plasmó de un modo u otro en sus escritos muchos de sus principios y conceptos, de modo que algunas de aquellas ideas no eran suyas, sino que las había extrapolado de las enseñanzas espirituales teosóficas.

Márcate un límite y decide hasta dónde vas a dejar crecer tu nariz, y ten cuidado en no proyectar la sombra de Mercurio sobre nadie. Responsabilízate de separar los hechos de la ficción en tus comunicaciones.

Ejemplo en la naturaleza

Cuando se hallan en aprietos, los animales «mienten» a los de su propia especie para conseguir lo que quieren, ha descubierto un biólogo de la Universidad de Rochester. En un trabajo publicado en el último número de *Journal of Theoretical Biology (Revista de Biología Teórica)*, Eldridge Adams ha mostrado que, dentro de una misma especie, es posible que algunos miembros engañen a sus congéneres. Demostrando que los más débiles son capaces de engañar a los más fuertes para poder sobrevivir, los hallazgos de Adams contradicen la creencia común entre los biólogos de que la comunicación dentro de una especie debe ser siempre confiable y sincera. «Hemos demostrado que la comunicación no siempre es confiable, y que, en teoría, no deberíamos esperar que lo fuera», dice Adams, que comenzó su investigación como estudiante graduado en la Universidad de California en Berkeley.

—Tom Rickey[73]

ꑞ
Sombra de Mercurio en Capricornio
El guardián entre el centeno

Mercurio de nacimiento: Cáncer ♋
Parásito: El cinismo

La sombra de Mercurio en Capricornio es la consecuencia de un Mercurio natal en Cáncer, que sustenta su pensamiento en los sentimientos y las emociones. La sombra, en este caso, surge para compensar esta tendencia mental mediante la represión de todo pensamiento irracional, encubriéndolo con razonamientos lógicos y consideraciones materialistas. La persona que tiene esta sombra desaprovecha las agudas intuiciones de su Mercurio natal, se avergüenza de sus instintos y no confía en ellos. El juego mental que se representa aquí es el de la persona que duda injustificadamente de su conocimiento instintivo.

El parásito mental de esta posición intenta hacer creer que todo es mentira y que todo es un juego. Pero la idea de que estamos viviendo en una simulación o un juego no es nueva. De hecho, aunque es una idea que ha ganado mucha popularidad en los últimos decenios, la podemos encontrar ya en textos védicos y budistas, entre otros. Sin embargo, el hecho de verlo todo desde una actitud cínica hace que la

---

73. En «Do animals "lie"? Yes, even to their own kind, biologist says». University of Rochester (25 Septiembre 1995).

persona sienta un sombrío desdén por la vida y una clara falta de respeto por la existencia que se nos dio, e incluso por los seres queridos. Y esto puede llevar a justificar cualquier comportamiento abusivo sobre los demás. Para transmutar esta sombra, la persona tiene que adoptar una actitud humilde y lúdica, en lugar de mantener la actitud de que no tiene sentido preocuparse por nada en esta vida porque es todo un juego y una falsedad. Pero, por encima de todo, convendrá mantener a raya los prejuicios que te llevan a negar el valor de la vida.

John Nash, el famoso matemático, tenía esta posición de Mercurio, y sufrió un trastorno mental, a pesar de estar excelentemente dotado mentalmente y de ser un visionario. Nash, siguiendo el ritmo de este parásito mental, logró grandes avances en la teoría de juegos, en geometría y en ecuaciones diferenciales parciales, antes incluso de llegar a los treinta años. Pero, en 1959, con treinta y un años de edad, le diagnosticaron una esquizofrenia, de la que se recuperó gradualmente a lo largo de los siguientes diez años. Para Nash, aquel trastorno mental supuso un cambio, que le llevó «desde el pensamiento científico racional hasta el pensamiento delirante», y se recuperó, según él, al rechazar intelectualmente aquel pensamiento «influido por los delirios». Nash se burlaba del conocimiento no racional y forcejeó en su interior entre la fría lógica y el instinto, tal como su sombra mercuriana auguraba. La posición de su Mercurio natal en Cáncer le daba un pensamiento instintivo y arraigado en la emoción, pero la sombra en Capricornio le imponía un pensamiento lógico y una actitud materialista, dando lugar a una lucha interior intensa y a una escisión entre estos dos estados mentales.

Para transmutar esta sombra mental, tiene que darse un matrimonio entre lo racional y lo irracional. Tiene que haber un espacio en el cual ambas mentalidades puedan convivir y trabajar juntas, pues es ahí donde se encontrarán las respuestas más adecuadas a cualquier pregunta, en la visión íntegra, en vez de contemplarlo todo desde las partes. A veces, un juego no es más que jugar y divertirse, y no una estrategia lógica que resolver.

Ejemplo en la naturaleza

El reino animal está lleno de criaturas juguetonas, revoltosas, traviesas y bulliciosas [...].

Todo tipo de animales juega por todo tipo de razones. Un cervatillo hace cabriolas en la pradera para desarrollar la agilidad. Un gatito persigue un hilo de lana para poder cazar ratones algún día. Un pulpo juega con una botella de plástico o con piezas de Legos para entretenerse.

Los keas de Nueva Zelanda (loros de gran tamaño), parece que jueguen con la intención exclusiva de irritar a los humanos. Los keas viven a gran altitud y se pasan el día haciendo bolas de nieve y acrobacias aéreas, sin motivo aparente para la comunidad científica. Pero la verdadera diversión comienza cuando aparecen los seres humanos. Los keas son bien conocidos por destrozar botas, tiendas e incluso elementos de los automóviles mientras los campistas duermen. Yo los he visto arrojar ramas y piedras sobre los vehículos de los turistas sólo por ver cómo golpean o rompen un parabrisas.

«Los keas tienen una sofisticada inteligencia. Su pensamiento destructivo y su descaro proceden evidentemente de su inteligencia», dice el doctor Alex Taylor, profesor asociado de psicología de la Universidad de Auckland.

—ERIK VANCE[74]

♒

Sombra de Mercurio en Acuario
El espía

Mercurio de nacimiento: Leo ♌
Parásito: Escuchando voces

La sombra de Mercurio en Acuario tiene su origen en la sombra del propio Sol, Leo. El Mercurio natal en Leo está muy centrado en sí

---

74. En «Where the wild things play». *New York Times* (21 Julio 2020).

mismo, intentando desarrollar una identidad egoica y una *persona* tras la cual ocultarse. Pero la sombra, en este caso, obliga al ego a ponerse al servicio de la sociedad, tanto si quiere como si no.

Bajo esta sombra de Mercurio, la nativa puede verse forzada a reconocer los pensamientos de los demás o a ver cómo sus propios pensamientos afectan a los demás, lo cual no siempre va a ser lo que tenía en mente, o bien puede perder su sentido de identidad personal y su anhelo de reconocimiento intelectual durante el proceso. Es fácil decirle a alguien que pierda su identidad egoica, pero es algo con lo que el subconsciente va a luchar como si de la misma muerte se tratara, por lo que hará falta mucha fortaleza y desapego interior para aniquilar la identidad egoica construida. Con frecuencia, la sombra de Mercurio en Acuario va a poner a prueba al nativo, llevándole a permitir que los demás se queden con sus ideas o pensamientos sin acreditarle su autoría; pensamientos e ideas se ceden voluntariamente, sin añadirle la firma, con la vista puesta en el bien común. De este modo, todo el colectivo puede apropiarse de la creación del nativo, de algo exclusivo suyo.

El reto sanador en este caso estriba en que la persona ofrenda en sacrificio parte de su creatividad con el fin de servir a la sociedad o al colectivo. ¿Qué estás ofreciendo a la humanidad sin que se acredite tu autoría? Guarda algo en tu interior, sólo para ti, algo que te pertenezca sólo a ti, de tal modo que tengas algo secreto, algo especial; de este modo, aliviarás el malestar provocado por la falta de reconocimiento. El espíritu observa todo lo que haces y concede su aprobación, y esto vale mucho más que los elogios pasajeros de las masas o el público.

Mata Hari, que tenía esta sombra de Mercurio, fue indudablemente un genio con una identidad cambiante. La sombra de su Mercurio en conjunción con el Sol, Marte y Urano, la hacían única. Esta conjunción la obligó a poner su ego al servicio del bien común, pero sigue siendo un misterio si el servicio que prestó fue como espía o como chivo expiatorio. El Leo natal se ve forzado por la sombra acuariana. Mata Hari pagó el precio máximo, pues fue fusilada por espionaje cuando se le cayó la máscara de su identidad falsa, quedando al descubierto su verdadera identidad. Con todo, sigue sin desvelarse quién fue realmente, y da la impresión de que la historia ha tergiversado muchas cosas sobre ella. Quizás haya más que descubrir en su verdadera forma egoica, que ella pudo haber mantenido en secreto para todo el mundo salvo para sí misma.

Ejemplo en la naturaleza

Dos escenas, aparentemente inconexas: las sombras de John le Carré sobre el fondo de las brillantes luces de una feria del condado americana. Pero es que las guerras hacen extraños compañeros de cama; y en una de las historias más curiosas, y menos conocidas, de la guerra fría, las personas que se dedican a hacer bailar a las aves de corral o a conseguir que las vacas jueguen al bingo se ocuparon de entrenar animales, bajo contrato gubernamental, para los sistemas de defensa e inteligencia. Los mismos métodos utilizados con Priscilla, la Cerda Fastidiosa o la Gallina Educada dieron forma a proyectos tales como los de entrenar a cuervos a depositar y recuperar objetos, a palomas a advertir de emboscadas del enemigo, o incluso a gatos a escuchar a escondidas conversaciones humanas [...] La utilización de animales por parte de la inteligencia militar se remonta a la antigua Grecia, pero el trabajo que este trío llevó a cabo en la década de 1960 anunciaba un nivel de sofisticación realmente novedoso, como si el Q de James Bond hubiera conocido al zoólogo y presentador de programas de televisión Marlin Perkins.

—Tom Vanderbilt[75]

---

75. En «The CIA's most highly-trained spies weren't even human». *Smithsonian Magazine* (Octubre 2013).

♓

Sombra de Mercurio en Piscis
Quizás

Mercurio de nacimiento: Virgo ♍
Parásito: La incertidumbre

La incertidumbre puede ser devastadora para la mente y la esfera mental. La preocupación por cometer errores o tomar decisiones equivocadas puede llevar a no tomar decisiones, cosa que no es aconsejable cuando se vive en el mundo. La sombra de Mercurio en Piscis es la que le corresponde a una persona con Mercurio natal en Virgo. Mercurio en Virgo da lugar a una mente lógica y clara, una mente que busca patrones. Sin embargo, la sombra de Mercurio en Piscis se va a ocupar de destruir todo conocimiento, como Shiva destruyendo en su sendero cuanto se conoce. A la energía de Piscis le gusta todo lo misterioso, lo desconocido y lo fluido, en tanto que Virgo quiere saber con qué está tratando antes de tomar una decisión, con el fin de evitar errores. Así, la mente que tiene esta posición de nacimiento puede cortocircuitarse cuando la incertidumbre de Piscis le impide a Virgo tomar una decisión.

La sombra de Mercurio en Piscis rechaza las fronteras y busca el olvido, por lo que puede existir el peligro de buscar alivio al interminable don mental de Mercurio en Virgo, que da lugar a una mente que no para de pensar, llevando el estrés al sistema nervioso. La persona quizás busque remedio a ese pensamiento incesante en el consumo de sustancias, de modo que convendrá que busque mecanismos de respuesta no destructivos para poder olvidarse del pensamiento. La inmersión en baños de sonido o en baños calientes, por ejemplo, evitarán que la sombra de Piscis abrume a este Mercurio natal en Virgo. Disponer de algún tipo de espacio donde dejar de pensar durante un tiempo apaciguará a la sombra de Mercurio en Piscis, que lo que quiere es acabar con todo pensamiento. Las personas con la sombra de Mercurio en Virgo tienden a gravitar hacia instituciones estructuradas que les permitan no tener que tomar decisiones; pues, si alguien toma las decisiones por ellas, podrán evitar esa sensación de extravío que provoca la sombra de Mercurio.

Amy Winehouse tenía esta sombra mental, cosa que quizás influyera en su consumo de sustancias y en su co-dependencia a la hora de evitar tomar decisiones de manera responsable. De hecho, en la vida de esta talentosa cantante existen escenas en las que estuvo intentando olvidar el dolor, en vez de tomar decisiones firmes. Somos más proclives a someternos a las malas decisiones de los demás cuando nos sentimos paralizados e incapaces de movernos.

Ejemplo en la naturaleza

En filosofía, existe un concepto que recibe el nombre de «El asno de Buridán». Se habla aquí de un burro hipotético que tiene tanta hambre como sed, y que está situado en el centro exacto entre una bala de heno y un cubo de agua. Uno supone que el burro decidiría normalmente entre el heno o el agua en función de si tiene más hambre que sed o si tiene más sed que hambre, y que, en caso de tener las mismas ganas de una cosa y de otra, el burro decidiría ir a lo que tuviera más cerca. Sobre estas suposiciones, estando a la misma distancia del heno que del agua, el burro sería incapaz de tomar una decisión racional y, por tanto, se quedaría clavado en el mismo lugar, para terminar muriendo de hambre y de sed.

—Thejaswi Udupa[76]

---

76. En «Don't donkey with decisions». *Hindu* (Chennai, India) (29 Octubre 2018).

Las sombras de Venus

El amor mancillado

Ficino no enmarca tan ampliamente como Al-Kindi la armonía general, de la cual Eros es el principal instrumento. Sólo Giordano Bruno devuelve todo a su verdadera complejidad a través de su visión de un universo en el cual cada individuo, e incluso cada objeto, está conectado con todos los demás mediante vínculos eróticos invisibles. La expresión vinculum vinculorum amor est[77] *es sustituida por una expresión análoga que podemos atribuir a Al-Kindi; el vínculo de los vínculos es el rayo… de rayos vivos coloreados por las pasiones, que por su mera existencia suscitan simpatía o antipatía, amor u odio.*

Ioan P. Couliano, en *Eros and Magic in the Renaissance*
(Eros y magia en el Renacimiento)

Dicen que los opuestos se atraen. Y, cuando se trata de sombras por oposición, no cuesta demasiado ver la relación entre el amor y la sombra proyectada. Con frecuencia, el objeto de nuestra atracción se convierte en objeto inconsciente de las proyecciones de nuestra sombra. Venus rota en dirección opuesta a casi todos los demás planetas del sistema solar; es decir, si estuvieras en Venus, el Sol saldría por el

---

77. «El amor es el vínculo de los vínculos». *(N. del T.)*

oeste y se pondría por el este. Venus es el regente de la atracción, y su movimiento de rotación contrario nos fascina, al tiempo que atrae nuestra mirada. Urano también rota de este a oeste, si bien su eje es casi paralelo a su órbita, de ahí que sea el rebelde que marcha al son de su propio tambor.

Venus representa el modo en que expresamos el deseo, el afecto y el amor, que puede adoptar muchas formas y muchas sombras. Podemos sentirnos atraídos por cosas que identificamos con nosotros mismos, o con lo opuesto a nosotros, pero normalmente se da una combinación de ambos tipos de identificación. Si una persona se oculta en su propia sombra y no se gusta a sí misma, sustituirá al objeto de su afecto por sí misma y lo convertirá en receptor de su dolor. Los antiguos griegos reconocían abiertamente la homosexualidad, la atracción por el mismo género en lugar de por el género opuesto, y muchos pueblos indígenas han articulado también muchas formas y matices de amor con términos que reconocen las complejidades de la atracción, de manera que ninguna de las descripciones que vienen a continuación guardan relación con el género; más bien, toman en consideración la psicología de los afectos.

En este capítulo, vamos a examinar las formas de sombra que pueden acompañar a nuestros seres queridos, en todas ellas con independencia del género y de si amamos u odiamos a esa persona. La enemistad y el odio hacia otra persona son también, y después de todo, una forma de intimidad y pasión que se halla al mismo nivel, si bien en oposición, al amor. Al fin y al cabo, ambos moran en nuestro corazón. Comprendo que esta idea puede parecer repulsiva, pero, si la contemplas en profundidad, descubrirás que tu amante y tu némesis ocupan, ambos, tu corazón. Los papeles son dinámicos y cambian con frecuencia con el transcurso de la relación que mantenemos con la persona amada. La interacción entre Marte y Venus, némesis y amante, es más estrecha de lo que podría parecernos, pues entre el amor y el odio no existe más que una fina línea.

La posición de Venus en nuestra carta natal mostrará cómo atraemos las cosas hacia nosotros y hacia qué nos sentimos atraídos. La atracción no sólo juega un papel fundamental en nuestra vida personal aquí en la Tierra, sino que es también una fuerza universal palpable, y es tan real como la gravedad. Habrá cosas que te atraigan y que te harán orbitar a su alrededor, en tanto que otras cosas te preocuparán menos y otras más te resultarán incluso repulsivas. Observando tus dinámicas de atracción-repulsión y tomando conciencia de ellas, tus relaciones te resultarán más llevaderas.

La necesidad de amor es un instinto básico y se halla presente desde el vientre materno hasta la tumba. La gente llega al mundo con patrones amorosos congénitos, dirigidos arquetípicamente, y luego adquiere y desarrolla patrones adicionales a lo largo de su existencia, comenzando con los progenitores y continuando con el transcurso de la vida.

Un aspecto de Venus y de la naturaleza del deseo es la fantasmagoría, pues es imposible ignorar el papel que juega la fantasía en el amor. La mayor parte de las imágenes ilusorias las generamos cuando nos hallamos en la cúspide de la admiración por la otra persona; y es que Venus tiende, por naturaleza, a jugar con la imaginación a través del deseo. Vemos aquello que queremos con lentes de color rosa, lentes que colorean cuanto tenemos delante, al estilo clásico de la proyección de la sombra. De ahí que sea crucial que, en nuestras relaciones románticas, seamos conscientes de nuestras proyecciones, tanto por nuestro bien como por el bien de la otra persona. Permanece en el presente; mira a la persona que hay delante de ti. ¿Quién eres tú y quién es esa otra persona? Y, si utilizas el juego de roles o la fantasía, hazlo conscientemente y previo consentimiento, para que todo esté en orden y no caigas en las esferas de la sombra.

Venus también afecta a los animales. El resto de formas de vida también recurre a distintas modalidades de emparejamiento, de amistad y enemistad. Podemos aprender mucho observando la naturaleza y relacionándonos con ella. Podemos ver que existen formas de mostrar el amor que pueden ser tóxicas y abusivas. Por ejemplo, el depredador ama devorar a su presa, y esto también es un tipo de amor, un tipo de intimidad. Por otra parte, placer y deseo pueden llegar a adoptar formas horribles. Cuando comparo comportamientos humanos completamente inaceptables, o incluso horrorosos, con ejemplos de la naturaleza, téngase en cuenta, por favor, que no estoy intentando justificar ni excusar tales comportamientos, sino más bien utilizar la naturaleza como un espejo que nos permita comprender y generar estrategias con las cuales reconocer comportamientos tóxicos y tratar con ellos. No va a servir de nada considerar como simples coincidencias o comportamientos inusuales las cosas terribles que nos hacemos las personas, sobre todo cuando tales conductas no son raras en absoluto y tienen lugar también en la naturaleza. Tenemos que reconocer la amplia prevalencia de estos comportamientos para aprender a gestionarlos.

♈ Sombra de Venus en Aries
El amor es un campo de batalla

Venus de nacimiento: Libra ♎
Deseos: La victoria

En la mitología, cuando Venus se iba a la cama con Marte, lo que hacía era engañar a su marido, Vulcano. Y la pareja mantuvo su relación incluso después de que Vulcano los avergonzara en público. Venus tuvo muchos *affairs,* e incluso hijos, con otros amantes, y siguió viéndose con Marte. Lo cual indica que la vergüenza no parece que afecte demasiado a la sombra –y quizás Marte, conocido también como Ares, fuera quien riera el último, al fin y al cabo. Una persona con la sombra de Venus en Aries tenderá a enfocarse en el triángulo amoroso, deseando que ambos objetos de su afecto luchen por ella o, al menos, recibir afecto de ambos. La triangulación es una táctica habitual de narcisistas y egoístas con la que buscan garantizarse una corriente de afecto constante desde diversas fuentes.

La sombra de Venus en Aries necesitará combatir por lo que ama, y esperará que todos los demás hagan lo mismo. Con frecuencia, las personas con esta sombra se enzarzarán en batallas judiciales –la balanza de la justicia de Libra– y en amargos divorcios, y acusarán a sus amantes de no luchar suficientemente por ellas. Pueden sentirse terriblemente decepcionadas con el otro por no intentar ganarse su afecto en una lucha épica y de ahí que busquen a otra persona dispuesta a luchar. Quien tenga esta sombra de Venus tendrá que aprender a la fuerza que no va a conseguir lo que quiere luchando y que tiene que pensar en todas las partes implicadas, no sea que pierda el apoyo de la otra persona por ser parcial y dejarla de lado. La mejor manera de transmutar esta sombra de Venus es ser inclusivo y aceptar a los demás, en vez de mantenerlos como conquistas personales.

El activista nativo americano Leonard Peltier tiene esta sombra de Venus y ha sido martirizado por su pertenencia al Movimiento Indio Americano. Mientras trabajaba en la Reserva India de Pine Ridge, en Dakota del Sur, se vio involucrado en el controvertido tiroteo de 1975. Fue arrestado, acusado como sospechoso y demonizado como persona. Peltier fue un guerrero del amor que combatía por su pasión, que no era otra que la protección de los derechos civiles de los nativos americanos.

El gobierno de los Estados Unidos consideró injustificadamente a Peltier como responsable de actos en los que posiblemente se entrelazaban colectivos mucho más grandes, como el FBI y el Movimiento Indio Americano. Fue condenado y enviado a prisión por disparar a dos agentes del FBI, a pesar de las incoherencias en las evidencias y de los testigos. Escapó de prisión brevemente, durante tres días, en 1979, pero fue detenido de nuevo y castigado por ello. Sus batallas judiciales y su lucha por la justicia continúan hasta el día de hoy. Pero su amor propio y el amor por su cultura le llevan a seguir luchando en el terreno político por sus propios derechos, con un deseo inalterable. Si estás interesado en su caso, busca en Internet de qué formas podrías ayudarle en su lucha. Su Venus natal en Libra significa librar batallas por amor conformadas bajo la sombra de Venus en Aries, posiciones que debían llevar a los tribunales y al sistema judicial más pronto que tarde.

Ejemplo en la naturaleza

En el ritual del emparejamiento, los carneros recurren al tamaño de sus cuerpos y a sus cuernos como símbolo de estatus. No obstante, las hembras aceptan normalmente más de un macho. Esto puede llevar a choques entre el macho dominante y sus subordinados. Cuando esto ocurre, los carneros la emprenden a cabezazos para expulsar a los otros machos y aparearse con una oveja determinada. Se trata de combates épicos que pueden durar más de 25 horas. La intensidad de esta competencia por las hembras hace que los carneros no se emparejen hasta que alcanzan, al menos, los siete años de edad. Normalmente, los machos más jóvenes sólo se emparejarán si el carnero dominante en su rebaño resulta muerto o si son lo suficientemente fuertes como para expulsar al líder.

—JAMES BALL[78]

♉ Sombra de Venus en Tauro
El acosador

Venus de nacimiento: Escorpio ♏
Deseos: Pájaro en mano

La sombra de Venus en Tauro quiere controlar el objeto de afecto al modo profundo que establece Escorpio. El fenómeno del acecho y acoso no recibe la suficiente atención en los medios de comunicación generales, desde mi punto de vista. Yo he tenido un gran número de acosadores a lo largo de mi vida y he conocido a mujeres que fueron asesinadas por sus ex, que previamente estuvieron acosándolas. Se trata de una forma grave de sombra amorosa, que no puede tomarse a la ligera. Yo siento un grandísimo respeto por la activista de derechos de las víctimas Lenora Claire, porque en su trabajo insiste mucho en el peligro de esta forma de sombra. La primera vez que me acosaron fue a los quince años, y después vinieron muchos más casos. Un acosador me vio con mi chaqueta del instituto, donde figuraba mi nombre y el nombre de mi instituto, y posteriormente encontró mi dirección. Me enviaba cartas perversas al correo, con dibujos de hombres con vaginas en la boca y los ojos rodeados de hormigas.

El Venus natal en Escorpio necesita sentirse conectado con un amor que dure para siempre, en una especie de lealtad parecida a la de un viudo que nunca se vuelve a casar. La sombra de este amor profundo en Tauro es literalmente material, y hace que la sombra intente que su objeto de afecto no se separe jamás de otras formas más imprecisas que no sean las posesivas.

---

78. En «Why do rams headbutt?» Wildlife Boss (1 Agosto 2022).

Actualmente, hay mucha gente que acosa a través de Internet, lo cual les facilita el «trabajo», por su comodidad y anonimato. Sin embargo, otra cosa muy distinta es cuando alguien sigue a su víctima en su automóvil o la espía en su casa. Una persona con la sombra de Venus en Tauro puede creer que tiene derecho a cruzar los límites de una persona debido a la devoción que siente por ella como objeto de deseo y a la importancia que le da al hecho de poseer. Bajo la sombra de Venus en Tauro, el nativo termina poseído por la obsesión de seguir el rastro de sus «pertenencias» y por asegurarse de que no traspasen los límites de su territorio.

Ted Bundy tenía esta posición de Venus. Bundy acosaba a sus víctimas y disfrutaba espiando a la gente en general, al estilo del mirón. También cometía robos y se le daba bien escabullirse en la oscuridad. Acechaba a sus presas al amparo de la noche y atrapó a muchas de sus víctimas de este modo. Bajo esta posición de la sombra, Bundy expresaba su devoción más allá de la muerte a través de la necrofilia. Conservaba las cabezas cercenadas de sus víctimas como recuerdo y, en su grave necesidad de posesión absoluta, devoraba partes de sus cuerpos.

La transmutación de esta sombra de Venus exigirá de gran disciplina para no permitir que la mente se fije obsesivamente en el objeto del afecto. La mejor manera de difuminar las tendencias de esta sombra consiste en resistirse a traspasar los límites de los demás. Centrarse en uno mismo y el amor propio pueden ser de gran ayuda para disipar la necesidad de rastrear a otra persona y meterse en su vida, que es algo que no le incumbe. Mantente en tu carril e invita a pasar el rato a la gente de la que te enamoras, en vez de seguir sus movimientos.

Ejemplo en la naturaleza

Cuando se aproxima a una presa, un depredador al acecho deberá tomar en consideración otras soluciones intermedias ante la probabilidad de una detección precoz (por parte de la presa, antes de abalanzarse sobre ella), una partida espontánea (de la presa, antes de abalanzarse sobre ella), que la presa escape (tras abalanzarse sobre ella) o de posibles interferencias (por parte de rivales u otros depredadores). En este estudio hemos puesto a prueba la respuesta de una araña saltarina, la *Plexippus paykulli*, ante un fondo con dos propiedades de camuflaje diferentes y dos tipos diferentes de presas (moscas domésticas adultas y larvas). Las arañas saltaban hacia las moscas domésticas adultas desde distancias mayores sobre un fondo no camuflado, pero el color del fondo no tenía ningún efecto sobre la distancia del salto cuando las presas eran larvas. Sin embargo, las arañas acechaban a ambos tipos de presas y se acercaban más despacio cuando el fondo les permitía camuflarse. Nuestros experimentos sugieren que las arañas saltarinas puede que respondan ante los cambios en las relaciones intermedias entre las probabilidades de una detección precoz, la partida espontánea, la huida o una interferencia.

—ALLON BEAR Y OREN HASSON[79]

♊
Sombra de Venus en Géminis
La hierba es siempre más verde

Venus de nacimiento: Sagitario ♐
Deseos: Los halagos

Una persona de espíritu libre puede parecer una bendición, pero ese amigo de mentalidad abierta tiene también su sombra, a saber, una apertura exuberante. La sombra de Venus en Géminis tiende a socializar en exceso. Esta sombra puede adoptar la forma del coleccionista de gente, que va de aquí para allá estableciendo nuevas conexiones, sin asentarse en ningún lugar, siempre inquieto. Estas sombras de Venus suelen tener varios cónyuges, y sería mejor que llegaran a un acuerdo basado en el poliamor, en vez de intentar forzar las cosas con una relación monógama tradicional.

Las personas con esta posición de la sombra de Venus quieren compartir su amor y tienen la necesidad de atraer a tantas personas como

---

79. En «The predatory response of a stalking spider, *Plexippus paykulli,* to camouflage and prey type». *Animal Behaviour,* vol. 54, n.º 4, pp. 993-998 (Octubre 1997).

sea posible e interactuar con ellas. La ubicación del Venus natal en Sagitario se parece mucho al agujero negro del centro de la galaxia, la fuerza en torno a la cual gira toda la galaxia, de manera que tiene una potente fuerza de atracción. En este caso, una comunidad, o incluso una nación entera, rotará en torno a la persona con esta sombra. Podría tratarse de un líder político, o podría ser una persona encantadora a la que todo el mundo en la ciudad o en el pueblo conoce y quiere. Esto no es un problema en modo alguno, a menos que busques una relación íntima con esta persona y seas proclive a los celos. El peligro de la mariposa social de esta sombra es que resulta prácticamente imposible la conexión personal uno a uno, así como una verdadera intimidad. Además, estas personas sufren en sus relaciones más cercanas, dado que siempre están rodeadas de amistades que desaparecen cuando las cosas se ponen feas, y no disponen del apoyo de una o dos personas sólidas y dignas de confianza.

La sombra de Venus en Géminis es como una manada de antílopes atravesando las llanuras: que no se queda quieta por mucho tiempo. Por otra parte, la fuerza de atracción expandida del Venus natal en Sagitario no sólo atraerá el amor, sino también el peligro; acosadores, oportunistas y ladrones se cernirán sobre estas personas de corazón abierto y se aprovecharán de ellas, de manera que deberán ser extremadamente prudentes a la hora de diferenciar amigos de enemigos, porque la gravedad de su generosidad atraerá tanto a unos como a otros. Un imán atrae a los metales preciosos, pero también atrae a los cuchillos. David Bowie tenía esta sombra de Venus y, ciertamente, fue un espíritu libre que amó profundamente y fue amado por el mundo. Pero, como la mayoría de las celebridades, también padeció a los acosadores, uno de los cuales era alguien que se disfrazaba con un traje de conejo de color rosa. Bowie probó con distintos tipos de relaciones y fue más allá de las normas, en lugar de ajustarse y adaptarse a la sociedad. Una de las claves para transmutar esta sombra consiste en aprender a discernir los halagos en uno mismo y en los demás. Si alguien te halaga o te hace promesas poco fiables, tendrás que prestar atención a las señales de advertencia y deberás mostrar compasión, pero convendrá que aprendas a tratar con esta persona de forma estratégica. El hecho de encontrarse de vez en cuando con una manzana podrida puede llevarte a cerrar el corazón, pero aprende estrategias, en lugar de optar por la retirada y la atrofia, y deja que tu amor siga fluyendo.

Ejemplo en la naturaleza

Durante la época de cría, que dura en torno a dos semanas, el antequino pardo, que es un ratón marsupial, comienza a aparearse de forma frenética. En esta promiscua sociedad, las hembras se aparean con varios compañeros, con cópulas que duran entre 5 y 14 horas, antes de tener descendencia. Y es que resulta que, de esta manera, la hembra incrementa las probabilidades de que un macho sano fertilice sus óvulos, dando lugar así a una descendencia más apta. Curiosamente, tras tales sesiones de sexo exhaustivo, y antes de que nazcan las crías, los antequinos machos caen muertos.

—Redacción de Live Science[80]

♋

Sombra de Venus en Cáncer
Nuestra Señora de las Angustias

Venus de nacimiento: Capricornio ♑
Deseos: La adulación

El número de celebridades con un Venus natal en Capricornio es en realidad alucinante, y es que ésta podría ser una de las sombras por oposición más poderosas para la atracción. La capacidad de atracción erótica es el superpoder de esta sombra de Venus. Y suele ocurrir que, debido a la influencia de Capricornio, tal atracción se utiliza con fines laborales y económicos, o bien para cubrir las necesidades. La sombra de Venus en Cáncer es capaz de sentir todas las emociones, y sabe cómo se sienten los demás gracias a cierta empatía subconsciente. Y dado que el Venus natal en Capricornio es el que más carga sensual lleva, la

---

80. En «Top 10 swingers of the animal kingdom». Live Science (24 Febrero 2011).

posición de la sombra de este Venus es, literalmente, la más sexi. La fuerza atractiva sexual de la sombra en Cáncer se basa en los instintos. Los instintos son algo que nadie comprende del todo: el efecto de un aroma, de una mirada, de un gesto puede tener un impacto tan poderoso a nivel inconsciente que supera a cualquier otra cosa en el universo. Cuando las cualidades y el poder de la atracción se comprenden y se ajustan de la manera adecuada, la sombra de Venus en esta posición se convertirá en una activo muy poderoso para que la persona consiga lo que desea, ya que el poder mundano y terrestre le llegarán a la persona a través del instinto. Las personas que se sienten arrastradas por estos individuos suelen sentir el amor de manera irracional, emergiendo desde lo más profundo del cuerpo. Pero hay que tener cuidado cuando se utilizan las emociones para conseguir el resultado deseado o para satisfacer necesidades, pues puede terminar convirtiéndose en un chantaje y puede traer multitud de consecuencias negativas.

Brad Pitt tiene esta sombra de Venus, y no hace falta hablar de la fuerza de atracción que ejerce, ni del hecho de que esta sombra le ha traído también algunos altibajos en su vida amorosa. Brad Pitt fue acusado de chantajear literalmente a Courtney Love, aunque es difícil discernir qué hay de verdad en los cotilleos acerca de los famosos.

Las poderosas fuerzas de atracción que genera esta sombra de Venus, en las que se combina la sensualidad con el instinto y unas emociones profundas, exige a las personas que tienen esta sombra que la utilicen con cuidado y consideración hacia los demás y a sus sentimientos. Esta sombra atraerá frecuentemente a personas que no han recibido mucha atención en su vida y que carecen de tales poderes de atracción, por lo que pueden sentir una profunda envidia de esta sombra. Esto hará que aquellos que hayan sido mordidos por el monstruo de los ojos verdes suelan moverse en los alrededores de esta sombra de Venus. Si tú la tienes, puedes transmutar estos comportamientos comprendiendo de dónde surgen. La transmutación de esta sombra precisa de sinceridad emocional. Quizás sientas la tentación de recurrir al dramatismo para llamar la atención de otra persona, pero sé consciente de tus propios sentimientos y de lo que realmente quieres para no perderte en tu propia interpretación.

La evolución del altruismo (dar ayuda a un receptor a costa de uno mismo) suele llevar consigo un conflicto de intereses. Los receptores de la ayuda presionan normalmente a los actores –quienes ofrecen la ayuda– para que muestren un altruismo mayor del que están dispuestos a mostrar, de ahí que las conductas coercitivas de los receptores supongan normalmente ciertas limitaciones en cuanto a las opciones de las que el actor dispone [...] Hace 40 años, Amotz Zahavi sugirió que, en la época de nidificación, las aves pueden verse sometidas a «chantaje» por parte de las crías, que amenazan con dañarse a sí mismas para que los progenitores incrementen sus cuidados (poniendo en peligro, por tanto, la aptitud directa de los progenitores). En un modelo de selección simple de parientes, ampliamos el chantaje a la aptitud indirecta y encontramos que el chantaje puede producirse entre cualquier pariente para impulsar la división del trabajo reproductivo. En principio, un receptor puede poner en peligro su propia aptitud (política de riesgo calculado), imponiendo sanciones sobre la aptitud indirecta de un familiar, si el familiar no coopera.

—PATRICK KENNEDY y ANDREW N. RADFORD[81]

♌
Sombra de Venus en Leo
Crímenes pasionales

Venus de nacimiento: Acuario ♒
Deseos: Experiencia cumbre

Tenemos aquí al amante que se disociará y entrará en extraños territorios imaginarios, que él ve como creativos y románticos. La sombra de Venus en Leo da lugar a proyecciones idealizadas. De hecho, una gran

---

81. En «Kin blackmail as a coercive route to altruism». *American Naturalist,* vol. 197, n.º 2 (Febrero 2021).

cantidad de proyecciones artísticas fantásticas se harán posibles con esta sombra de Venus. Superficialmente, esto podría tener el aspecto de un apasionado romance, pero las personas que tienen esta sombra suelen idealizar al objeto de su atracción y, cuando éste se aparta de las cualidades que erróneamente le ha atribuido, lo que viene a continuación son estallidos violentos, inculpaciones y acusaciones. Y es que ver las cosas de un modo distinto a como son es algo que nos puede jugar una mala pasada. La sombra del deseo de Venus en Leo llevará a la persona a creer que las cosas no son como son. Mucho se barrerá bajo la alfombra, o bajo tierra, según sea el caso.

Las sombras de Leo suelen ser ciegas a sus conductas negativas debido al orgullo personal y a la intensa voluntad de ver al ego como a un héroe consagrado al servicio. El servicio a los semejantes es lo que necesita la energía de Acuario presente en la posición de nacimiento de este Venus. Si nos fijamos en la etimología de la propia palabra *romance,* veremos que se utilizó en sus orígenes para hacer referencia a las canciones o poemas que entonaban los bardos y en los que relataban la historia del héroe. La sombra de Leo suele ser la sombra más centrada en el romance y en ver al yo de una forma idealizada, como un héroe para la sociedad.

El asesino en serie John Wayne Gacy tenía esta sombra de Venus (al igual que Richard Ramírez), sombra que se hizo patente en el aspecto de la mayoría de sus víctimas; tras una somera inspección, se puede ver que todas ellas eran versiones idealizadas de sí mismo. Las proyecciones implícitas en la completa indulgencia de su sombra dieron lugar, presumiblemente, a una realidad alternativa en este hombre. Gacy ocultaba los cadáveres en su propia casa, lo cual apunta a cierto sentido de propiedad, más que de culpa o vergüenza; los tenía cerca, creando una especie de conexión última con los inertes objetos de sus afectos.

Pero asesinar al objeto de los afectos no es exclusivo de los seres humanos; algunos artrópodos se conducen también de este modo, como las mantis religiosas y las arañas viuda negra. Para comprender esta conducta, conviene ver cómo opera la sombra, para no ser víctima de ella. Aunque no haga falta insistir en ello, reconocer a la sombra y tomar conciencia de ella es un gran avance. Por otra parte, será necesario conectar profundamente con la realidad para transmutar esta sombra.

Si tienes una sombra así y sueles dejarte llevar por la fantasía, haz cuanto puedas por mantener los pies en el suelo y resístete a ese impulso, o bien canalízalo a través de empeños creativos que sean beneficiosos para ti y para los demás, en vez de dejarte llevar a un mundo totalmente ilusorio y fantasmagórico. El romance no alimenta tanto como el cariño, la compasión y la sinceridad. Yo preferiría una mano amiga a un ramo de flores en cualquier momento. Mantente en la realidad.

Ejemplo en la naturaleza

Existen 300 especies de pulpos [...] Y sabemos que un puñado de ellas –entre las que se incluye un pacífico pulpo gigante– asesinan a su pareja brutalmente y se la comen después de la relación sexual. En 2014, los investigadores describieron un caso en el cual una hembra de pulpo tuvo sexo con un macho durante 15 minutos, para luego estrangularlo bloqueando sus branquias con tres de sus tentáculos. Pero los pulpos no son los únicos que matan a sus parejas sexuales. Las hembras de mantis religiosa suelen matar a sus compañeros, sobre todo si tienen hambre, y en ciertas especies de arañas, los machos se ofrecen como alimento para sus recién inseminadas parejas.

—Katherine Ellen Foley[82]

♍

Sombra de Venus en Virgo
El intimidador

Venus de nacimiento: Piscis ♓
Deseos: El resentimiento

Las personas con la sombra de Venus en Virgo intentarán atraer a alguien sobre el cual puedan proyectar sus resentimientos, alguien a

---

82. En «Some animals kill each other after sex because their distinction between hungry and flirty is blurred». Quartz (14 Febrero 2017).

quien reprender y culpar de sus frustraciones. La vergüenza de no dar la talla obsesiona al Venus natal en Piscis, que suele experimentar frigidez o impotencia. Estos fracasos los proyecta sobre su pareja, que se convierte así en la portadora de la vergüenza. Muchos expertos apuntan al resentimiento como la causa número uno de disolución de matrimonios y relaciones, pues, en cuanto el resentimiento arraiga, normalmente no hay vuelta atrás, en la medida en que el corazón se endurece. Las personas con Venus natal en Piscis buscan la muerte del amor para poder conocer el amor en su totalidad, lo cual incluye a los sentimientos de pesar. Subconscientemente, la sombra de Venus en Virgo intenta destruir todo aquello que la persona ha logrado atraer, como una especie de examen o prueba. La persona con la sombra de Venus en Virgo intentará perfeccionar al objeto amoroso corrigiéndolo constantemente y sometiéndolo a un concienzudo escrutinio, y hablará mal de todas sus exparejas, sin encontrar jamás a la pareja perfecta, haciendo de sí misma una especie de mártir o víctima del amor.

Leopold von Sacher-Masoch, el autor de *La Venus de las pieles,* tenía esta sombra de Venus, y su libro describe íntimamente cómo las críticas más duras y denigrantes pueden castrar y llevar a la impotencia y a una falta total de deseo. Aquí, la sombra del deseo busca destruirse a sí misma, no a través de la violencia, sino a través de la decepción.

El antídoto para esta sombra consiste en llegar a una especie de amor incondicional, que es lo que el Venus natal en Piscis está buscando realmente: un amor sin límites que lo acepte todo. Si no puedes amar a la persona con la que estás, déjala en paz; no te ha pedido que la perfecciones. Busca tu ideal y comienza por ti misma. Normalmente, esta sombra de Venus atraerá a objetos de afecto que son imperfectos, para obligar al nativo a abrir su corazón y desprenderse de toda regla, regulación y condición.

Ejemplo en la naturaleza

Beverstock, que trabaja en un Domino's Pizza, dijo:

—Decidí ir al *safari park* con mi madre y mi padre para hacer algunas fotos de los leones…

»Habíamos recorrido un trecho cuando vi a unas leonas que rodeaban a un macho y, de repente, se abalanzaron sobre él.

»Le mordieron en las patas traseras y en el cuello hasta que lo inmovilizaron en el suelo. Fue una imagen realmente feroz, y en los ojos del león se podía ver que pensaba que iba a morir...

»Podría haber muchas razones para explicar por qué le habían atacado. Quizás pensaran que era demasiado viejo para ser su líder o quizás fuera por la comida.

»El león quizás hubiera podido con una de las hembras, quién sabe, pero se las veía furiosas y se abalanzaron sobre él como si fueran a matarlo...

»Cuando ocurrió, muchos subieron las ventanillas de sus autos, y casi se podía escuchar el sonido de los seguros de las puertas. Fue realmente intenso ver aquéllo y escuchar los rugidos».

—Ed Chatterton[83]

♎

Sombra de Venus en Libra
Esto por aquello

Venus de nacimiento: Aries ♈
Deseos: Llevando la cuenta

La sombra de Venus en Libra está más interesada en la pelea en sí que en la persona real con la que se está peleando. Las personas con la sombra de Venus en Libra se enzarzarán en toda discusión desde una actitud pasivo agresiva, por amor a discutir, por la melé que se monta cuando dos fuerzas se encuentran. Igual que existe la emoción de la persecución, la sombra de Venus en Libra es la emoción de la pelea verbal. Las personas con Venus natal en Aries quieren ganar a toda costa y salir victoriosas, de manera que la sombra de su Venus va a buscar la contienda con el fin de situarse en lo más alto.

---

83. En «Pack of lionesses stage coup against king of the pride». *New York Post* (7 Septiembre 2018).

Libra rige los asuntos legales por un motivo: por el amor al parloteo; y a esta sombra de Venus le encanta entablar combates verbales, si bien cuando sus nativos dejan de discutir les encanta dar besos. Sin embargo, dado que la sombra de Venus es atractiva, el hecho de tener la sombra en esta posición, puede hacer que atraigas a otra persona discutidora y que te encuentres de pronto en medio de un patrón amoroso de casos judiciales, en lugar de pasarelas románticas. El peligro de esta sombra de Venus es que tú, en tu necesidad primaria de discutir y cotorrear, acabes perdiendo el sentido de la interacción con los demás, que es comunicarse y establecer conexiones. Quizás dediques demasiada energía a «contar palotes», es decir, a llevar la cuenta de quién hizo qué y cuándo y con qué frecuencia, llevando en tu cabeza una lista de trapos sucios que te permitan demostrar cada una de tus aserciones. Y esto puede ser agotador, tanto para ti como para tu pareja. Todo el mundo queremos que las cosas sean justas, pero ten cuidado en no pasarte de la raya. Para transmutar esta sombra de Venus, asegúrate de dejar claros tus límites y preferencias de antemano; de este modo dispondrás de una configuración de partida clara, con buenos límites, a partir de la cual podrás defender tu posición posteriormente sin tener que llegar a la discusión.

Floyd Mayweather Jr. tiene esta sombra de Venus y, como boxeador profesional, fue literalmente un discutidor, sacando partido hábilmente de esta sombra en sus «discusiones» dentro del cuadrilátero. Por desgracia, perdió mucho tiempo en los tribunales con sus peleas fuera del ring por cuestiones amorosas, dado que su sombra le llevó a provocar varios incidentes y alegaciones por violencia de género. Es de vital importancia, cuando hay involucrados planetas agresivos, que trabajemos sobre estas sombras y establezcamos límites estrictos que no nos permitan caer en la violencia, dañando así a nuestra pareja u otras personas. Márcate unos buenos límites y mecanismos de respuesta, y déjate las peleas para los lugares oportunos.

Ejemplo en la naturaleza

Los machos de la cebra de Grévy son capaces de perseguir hasta más de medio kilómetro a las hembras que están dando de mamar, dificultando así el cuidado de los potros. Los machos de hiena moteada se abalanzan sobre las hembras con las orejas bajas y hacia adelante con el fin de olerlas o morderlas. Las hembras de guppy o pez millón suelen sufrir un intento de emparejamiento por minuto en persecuciones a gran velocidad. Los machos de la foca gris intentan montar a madres en época de lactancia, reduciendo el tiempo que éstas pueden pasar criando y, por tanto, poniendo en riesgo la salud de los miembros más jóvenes...

La comunidad científica está intentando desentrañar la genética de la coacción sexual. Los machos de chimpancé en Gombe se reafirman, en parte, mediante violencia simbólica, abalanzándose sobre las hembras y persiguiéndolas, e hinchando su pelaje para parecer más grandes. También recurren a violencia pura y dura cuando muerden y dan patadas a posibles parejas. «La vida no es fácil para un chimpancé hembra», dice Joseph Feldblum, antropólogo de la Universidad de Michigan.

—Barry Yeoman[84]

♏

Sombra de Venus en Escorpio
La vendetta

Venus de nacimiento: Tauro ♉
Deseos: La posesión

La persona que tiene su sombra de Venus en Escorpio está obsesionada con vengarse de aquel o aquella amante que la ha engañado. Aquí, la naturaleza afectiva tiende a la retribución. Una persona con su Venus natal en Tauro buscará la seguridad, la confianza y la estabilidad; de modo que, si la pareja la deja o abandona, la sombra de Venus se levantará para asegurarse de que la expareja lo lamenta por el resto de sus días. La amenaza de perder una relación segura puede despertar los fuegos del infierno. Cualquiera que haya sentido alguna vez la punza-

---

84. En «Power play». *National Wildlife* (Octubre-Noviembre 2018).

da del amor perdido puede sentirse así, pero la sombra amplifica en este caso la reacción natural, cosa que convendrá gestionar para evitar daños colaterales.

Las personas con la sombra de Venus en Escorpio suelen atraer a parejas que, a su vez, buscan seguridad y que utilizarán a estos nativos para sus propios propósitos. Aunque el mero hecho de estar en una relación hace que las personas con su Venus natal en Tauro se sientan seguras, toda seguridad termina por derrumbarse con el tiempo. E invariablemente en estos tipos de relación, la persona con menos recursos se tiene que marchar, debido a la falta de control sobre las finanzas u otros medios que proporcionan seguridad, con lo que la sombra de Venus se pone en pie. En la mayoría de los casos, la persona con la sombra de Venus en Escorpio buscará venganza, porque el ego necesita castigar al traidor; pero, en un nivel más profundo, la sombra de Venus también querrá que la pareja pague por el crimen literalmente, es decir, financieramente. De ahí que sea habitual que entable combate por los recursos hasta entonces compartidos, como una casa, o que exija una pensión alimenticia u otras formas de retribución. Con frecuencia, el castigo es mayor que el crimen, y lleva a excesos en su intento por dominar a la pareja.

La transmutación de esta sombra precisa de unos límites mejores y de un examen previo del objeto del amor, para asegurarse de que es una persona en la que se puede confiar dentro de una relación. También ayudará en gran medida evitar relaciones de codependencia basadas exclusivamente en las necesidades. Para transmutar la sombra de Venus en Escorpio habrá que perdonar y comprender las acciones de la otra persona, a fin de no sumergirse en una *vendetta* personal; será conveniente soltar y pasar a una relación mejor y más sincera donde depositar una verdadera confianza.

Tanto Amber Heard como Johnny Depp tienen su Venus natal en Tauro, de manera que ambos tienen esta sombra. ¿Puede extrañarle a alguien que ambos fueran en pos del dinero del otro en los tribunales, al modo clásico de la sombra de Venus en Escorpio? Ésta fue una guerra de las rosas, en las que los dos buscaban venganza y retribución en el otro. La búsqueda de justicia por los delitos cometidos, independientemente de cuál de las partes fuera culpable del delito, se podría haber llevado a cabo de formas que no implicaran arrebatarse dinero. Lo más probable es que ambos tuvieran cosas de las cuales callar, aunque es difícil de decir. Si examinaran la relación en retrospectiva, verían que podrían haberse sentido atraídos el uno por el otro a nivel espiritual, en un esfuerzo por transmutar esta sombra de Venus en beneficio común.

Ejemplo en la naturaleza

Normalmente, los cangrejos ermitaños marinos utilizan los caparazones vacíos de caracolas, que abundan en los océanos, como refugio y para depositar los huevos. Sin embargo, en tierra, los caparazones vacíos de caracolas son escasos, pues sólo están disponibles aquellos que las mareas arrojan en las playas. Debido a la escasez, el cangrejo ermitaño terrestre ha tenido que adaptarse... [estos cangrejos] ahuecan y remodelan sus caparazones, duplicando en ocasiones el volumen interno.

Con todo, el cangrejo ermitaño seguirá teniendo problemas, pues el caparazón se le quedará pequeño más pronto o más tarde. Para sobrevivir, los cangrejos ermitaños han desarrollado una especie de reunión social sacrificial. Así, cuando tres o más cangrejos se juntan en algún lugar, otros acuden también por docenas con la intención de intercambiar caparazones. Curiosamente, primero se alinean en una especie de baile de la conga, del más pequeño al más grande, según el tamaño del caparazón, cada uno agarrado al cangrejo que tiene al lado. Y, a medida que intercambian caparazones, suele ocurrir que el más grande del grupo se lleva más de lo que hubiera previsto cuando se unió al colectivo en un primer momento, pues es literalmente arrancado de su caparazón.

—Tibi Puiu[85]

---

85. En «Hermit crabs socialize in order to back stab their neighbor and steal their "homes"». ZME Science (29 Octubre 2012).

Sombra de Venus en Sagitario
La amienemistad

Venus de nacimiento: Géminis ♊
Deseos: Lo que fácil viene, fácil se va

Las personas que tienen la sombra de Venus en Sagitario necesitan hacer amistades y necesitan ser libres. Ésta es la sombra de la zona de amistades. La persona con esta sombra de Venus se siente mucho más cómoda con un círculo de amigos rotatorio que con un compromiso sólido y la monogamia. Idealmente, pueden compartir algunas responsabilidades con el objeto de sus afectos, pueden colaborar con la carga de trabajo, pero tienen alma de trotamundos y tienden a cambiar de escenario con cierta regularidad.

Lo difícil con esta sombra estriba en su incapacidad para dominar el compromiso. Quizás sea porque no necesitan arraigar, pero, si se ven en apuros y lo único que tienen son amigos superficiales, comenzarán a pensar que deberían haber establecido relaciones más profundas. Esta sombra de Venus tiene cierta tendencia a la evasión, negándose a que la inmovilicen por mucho tiempo, al tiempo que evita enfrentamientos.

Si tienes esta sombra de Venus, te va a afectar en áreas de tu vida muy distintas hasta que la domines. Para ello, tendrás que forjar relaciones que se adapten a tu naturaleza y tendrás que encontrar a otras personas de características similares para prevenir el resentimiento. Disponer de una comunicación abierta que garantice que todo el mundo está leyendo la misma página obra maravillas, de modo que la mejor táctica para sentirse cómodo con esta sombra consiste en aceptarla y comunicar tus necesidades a los demás. Vuela libre y lánzate a la aventura. La comunicación se pone en primera línea con esta sombra de Venus, pero deberás actuar con precaución y no revelar tu vida privada. El chismorreo relativo a aquellas personas con las que has tenido relaciones persigue a esta sombra de Venus y puede dar lugar a problemas dramáticos de diferentes envergaduras y consecuencias, de modo que sé consciente del efecto que puedan tener tus palabras y evita difundir historias de tus aventuras. Sé respetuoso con aquellas personas que han compartido los frutos de su cuerpo contigo.

El cantante, compositor y *sex symbol* George Michael tenía esta sombra de Venus y sufrió bastante con los chismorreos relativos a sus asuntos amorosos y su promiscuidad, convirtiéndose en objetivo de tabloides sensacionalistas por sus actividades sexuales. Michael murió de una afección cardiaca, pero algunas de sus amistades creen que murió con el corazón roto, que nunca sanó tras perder a su verdadero amor. Quizás su corazón fue capaz de extenderse hasta abarcar el inmenso tamaño de la sombra de Venus en Sagitario y excedió unos límites que la mayoría de las personas ni siquiera pueden llegar a imaginar.

Ejemplo en la naturaleza

Las abejas reinas y su reinado supremo: En las colmenas, las hembras son las que mandan. En los comienzos de la vida de una reina, ésta realiza varios vuelos de emparejamiento y puede acoplarse con uno o más de 40 zánganos. Cuando pasa una reina, los machos se agolpan a su alrededor, depositan su esperma y, posteriormente, mueren. Y en tanto que los zánganos quizás no valoren este asunto, tan letal para ellos, las abejas obreras de la colonia sienten preferencia por las reinas más promiscuas. De hecho, el número de parejas que una abeja reina pueda tener determina su atractivo para las miles de obreras de la colmena e influye en cuán prolongado pueda llegar a ser su reinado. La promiscuidad puede mejorar también la resistencia a las enfermedades de la colonia al fomentar la diversidad genética de la descendencia. La reina almacena y utiliza el esperma de todos estos machos a lo largo de su vida para poder centrarse en su tarea más importante, la de poner huevos.

—Redacción de PBS[86]

---

86.   En «Real swingers of the animal kingdom». *Nature*, PBS, (12 Marzo 2010).

♑
Sombra de Venus en Capricornio
El corazón frío

Venus de nacimiento: Cáncer ♋
Deseos: El sádico

La sombra de Venus en Capricornio calcula fríamente sus expresiones de amor y de afecto. El hecho de que esta sombra sea sumamente sensual llevará a la persona hacia el lado oscuro de los sentidos. Y debido a la naturaleza protectora del Venus natal en Cáncer, las personas con esta posición intentarán absorber vicariamente los sentimientos sensuales desde la distancia con el fin de mantenerse a salvo, en lugar de involucrarse directamente. Preferirán tomar empáticamente sentimientos que los demás estén teniendo antes que pasar por el dolor o el placer de sentirlos por sí mismas. Son personas a las que les gusta observar, no participar. Los instintos de atracción y la naturaleza de Venus se potencian aquí hasta el hedonismo, y nada es demasiado descabellado de explorar que lo que se puede sentir a través del deseo. Los deseos básicos se elevan hasta el extremo sólo por ver lo que se siente y cómo se siente; y no es inusual que estas personas experimenten con el celibato como una vía distinta para empujar los límites de sus deseos tan lejos como les resulte posible. Las fronteras del placer sin gratificación o sin placer en sí parecen ser la paradoja de esta sombra de Venus. Las personas con esta posición manipulan al otro de forma rutinaria para poner a prueba su amor, y las cosas que esta sombra de Venus atrae hacia sí están destinadas a trabajar para ella. Esta posición de Venus puede darse en trabajadoras sexuales voluntarias debido a su elevada tolerancia y capacidad para expandir y extender sus sensaciones.

El peligro de la sombra de Venus en Capricornio estriba en la carencia de sentimiento, que resultaría extraña si miramos la posición del Venus natal en Cáncer, que siente más que la mayoría. Paradójicamente, los sentimientos son tan intensos y tan profundos que pueden exceder sus límites y adormecerse. Sería como darle Ritalin, un estimulante, a una persona que esta sobreestimulada, que lo que hace, paradójicamente, es calmar a la persona. La sombra de Venus en Capricornio es una fase de cómodo adormecimiento del exceso de sentimientos y de la superación más absoluta de los límites del dolor y del placer.

El Marqués de Sade tenía esta sombra de Venus. Aquellas personas que estén familiarizadas con sus escritos y sus escapadas no necesitarán más información. El Marqués de Sade proponía la creación de burdeles gratuitos financiados por el estado con el fin de reducir las tasas de crímenes. La mayor parte de sus obras las escribió mientras estaba en prisión o en el manicomio, en los que pasó en torno a 32 años de su vida. El propio Napoleón dio la orden de meterlo en prisión en una de aquellas ocasiones, después de que alguien le diera a leer una de sus novelas, *Juliette,* y la declarara como «abominable» y «depravada». Por desgracia, de Napoleón se llegaría a decir lo mismo, y también terminaría en la cárcel, mostrando una vez más la fina línea que separa al juez del juzgado.

Ejemplo en la naturaleza

En el diagrama de Venn de comportamientos de cortejo extraños en animales –desde la lluvia dorada de la langosta hasta las orgías de las serpientes de jarretera–, el sexo de los patos está en el límite entre lo caricaturesco y lo sádico [...] La cópula forzada es «del todo común en muchas especies de patos», escribe Prum. Se trata de «violaciones en grupo» organizadas socialmente que son «violentas, desagradables, peligrosas e incluso letales», pues, en ocasiones, terminan con la muerte de la hembra. Esto representa una «estrategia evolutiva masculina egoísta que entra en contradicción con los intereses evolutivos de sus víctimas femeninas y, posiblemente, con los intereses evolutivos de toda la especie», escribe Prum. Con el fin de difundir su simiente, estos patos están trastocando el orden natural de la selección.

—Susannah Cahalan[87]

---

87. En «The horrible thing you never knew about ducks». *New York Post* (6 Mayo 2017).

Sombra de Venus en Acuario
El niño

Venus de nacimiento: Leo ♌
Deseos: El evasivo

Las personas con su Venus natal en Leo no tienen ningún problema para amarse a sí mismas; son los demás los que tienen el problema. La sombra de Venus en Acuario hace que estos nativos proyecten subconscientemente a sus progenitores en sus relaciones. Si alguna vez le has dicho a alguien que te recuerda a tu padre o a tu madre, vas a tener que aclarar esta sombra. Si alguien te dice que eres igual que su padre o su madre, es porque la conciencia de esa persona está bajo el influjo de una sombra y la proyecta sobre ti. Nadie es como tu madre o tu padre: ésta es una señal de advertencia que indica que hay una sombra con la cual trabajar.

Sin embargo, esta sombra adquiere todo su poder cuando su poseedor se compromete en una relación con otra persona, más que cuando está solo. Estas personas rara vez necesitan o buscan el amor de los demás. La sombra de Venus en Acuario no ve ninguna necesidad de ello; disponen de amor en abundancia para repartir a su alrededor. Si tienes esta posición, es posible que tengas dificultades para ponerte límites y tengas necesidades diferentes en una relación a las que puedan tener otras personas que se sienten satisfechas con la monogamia. Y no tengas la sensación de que vas a tener que conformarte, porque la sombra de Acuario se rebela cuando se la confina, como haría un adolescente con su padre o su madre. Una expresión libre, el amor propio y la aceptación serán de gran ayuda para dominar esta posición en los cielos. Deja a un lado la timidez y sé consciente de tu naturaleza, y no tardes en exponer de forma madura a tu pareja lo que quieres y lo que necesitas. Esto evitará dramas y hará que la otra persona te vea como eres en realidad, en lugar de proyectar sobre ti una imagen idealizada a partir de sus propias necesidades. Leo tiende a la individuación, en tanto que Acuario necesita de los demás, de modo que el papel de la crianza y de la comunidad aparecen en esta sombra para garantizar que la individuación incluya a la historia y a los antepasados.

Ésta es la posición de Venus de María, la madre de Jesús, según algunos expertos que han ubicado su fecha aproximada de nacimiento. Esta sombra de Venus se hace patente en muchos aspectos de la historia de María. María se ve envuelta en un embarazo espiritual para, a continuación, involucrarse en una sociedad que con el transcurso de los años terminará asesinando a su hijo, pero su poderoso amor trae consigo el Pentecostés, gracias a la posición natal de Venus en Leo. Su inocencia infantil resplandece a lo largo del relato. María no se ve influenciada por los arquetipos de la madre y el padre, en tanto queda libre del linaje del pecado original de Adán y Eva como consecuencia de la inmaculada concepción.

Ejemplo en la naturaleza

El concepto de los efectos parentales es importante en la biología, y tiene implicaciones evolutivas y ecológicas de gran alcance...

Los progenitores pueden ajustar la personalidad de su prole para optimizar la correspondencia fenotipo-entorno. O, alternativamente, si el entorno es sumamente impredecible, los progenitores pueden cubrirse las espaldas diversificando activamente la personalidad de su prole para, de este modo, garantizar que al menos algunos de sus descendientes puedan adaptarse bien al entorno. Sea cual sea el escenario, los efectos parentales pueden ser un mecanismo importante para generar y mantener la variación conductual y, por tanto, pueden tener implicaciones evolutivas sustanciales [...] El modelado eficaz de la personalidad animal puede estar relacionado con los efectos parentales; y el desarrollo explícito de la teoría de la personalidad, teniendo en cuenta los efectos parentales, podría ser un área de trabajo muy fructífera en estudios futuros.

—ADAM R. REDDON[88]

---

88. En «Parental effects on animal personality». *Behavioral Ecology*, vol. 23, n.º 2, pp. 242-245 (Marzo-Abril 2012).

Sombra de Venus en Piscis
La estrella del porno

Venus de nacimiento: Virgo ♍
Deseos: El martirio

Uno de los patrones que he descubierto leyendo cartas natales de clientes es la ingente cantidad de estrellas del porno y de profesionales del sexo que tienen planetas en Virgo, la virgen, y en la Casa XII, que está regida por Piscis. Según mi experiencia, esta combinación de planetas en Virgo, en una casa regida por Piscis, da lugar a cualidades similares a las de la sombra de Venus en Piscis con el Venus natal en Virgo. Obviamente, con esto no estoy queriendo decir que las estrellas del porno pertenecen al mundo de la sombra; de hecho, son personas más abiertas y desinhibidas que la mayoría de los seres humanos, pues son del todo francas y no ocultan su sexualidad. Más bien, la sombra viene a indicar que aquellas personas con esta posición se sienten inclinadas a sacrificar su cuerpo y su sexualidad por los demás o bien a ponerlos al servicio de una vocación. Para mí, la mayoría de las personas que he conocido que trabajan con el sexo me dan una impresión similar a la que me puedan dar los profesionales de los cuidados sanitarios. Están proporcionando un servicio, como podría ser el cambiar las sábanas de una cama, y no están haciendo nada de lo cual deban avergonzarse. En esta sombra de Venus hay un aura de sacrificio e incondicionalidad.

Sin embargo, el peligro de esta sombra estriba en que la persona dé tanto de sí que termine perdiendo el yo y el deseo personal. Aquellas personas con un Venus natal en Virgo sabrán exactamente cómo quieren que sean las cosas, pero existe el peligro de que den más de lo que puedan para complacer al otro. De modo que, para transmutar esta sombra, los nativos deberán asegurarse de incluir su naturaleza de deseos personal en sus empeños. De otro modo, existe el riesgo potencial del abuso de sustancias, con el fin de adormecer aquellos deseos del yo que no han sido satisfechos.

Annie Sprinkle, una sexóloga estadounidense, artista del mundo del espectáculo y antigua trabajadora del sexo, tiene esta posición en su carta natal. Su Venus en Virgo está en la Casa XII, de modo que es una posición muy similar a esta sombra de Piscis. Esto hace que su Venus sombrío tenga un influjo subconsciente muy poderoso sobre los demás. Ésta es la esfera de los sueños, el mundo de la fantasía y de la institucionalización de una fantasía. Podemos ver que Sprinkle ha vivido decididamente la posición de esta sombra de Venus, convirtiéndose en una estrella del porno tras haber sido la amante de Gerard Damiano, el director de la película *Garganta profunda,* la revolucionaria película pornográfica de 1972. Pero Sprinkle se adueñó de esta sombra al empoderarse y reivindicar su deseo para sí misma, al tiempo que servía a la sociedad –algo que sólo puede hacer la naturaleza de Virgo–, sobreviviendo a la muerte del ego de Venus.

La capacidad para hacer un servicio con el cuerpo (aun en el caso de que el servicio sea sólo ganarse la vida) es una forma trascendente de utilizar la fuerza de atracción. Venus en Virgo busca la pureza, y la sombra de Venus en Piscis busca que ésta se expanda más allá de los ideales, hacia territorios más amplios.

Ejemplo en la naturaleza

En un extravagante giro de «quién viene a cenar a casa esta noche», las arañas del desierto van hasta el extremo para que sus hijos tengan un buen comienzo [...] Después de escuchar la serenata del macho, que agita su tela con sutiles vibraciones, la araña del desierto recién fecundada encierra sus huevos fertilizados en un saco de seda que sitúa cerca de su boca. Mientras mamá protege a sus futuros bebés en esa esfera, sigue alimentándose con un menú nutritivo compuesto por diversos tipos de insectos. Y, luego, cuando los bebés araña están listos para salir, mamá les ayuda a desprenderse del envoltorio y comienza a regurgitar los alimentos previamente ingeridos. El caso es que esto desencadena también una cascada de encimas digestivas, que se vierten en el organismo de la madre y la licúan lentamente desde el interior. Este proceso dura unas dos semanas, durante las cuales protege y da de comer a sus bebés, hasta que muere y ellos se comen lo que queda de ella antes de emprender la marcha por su cuenta.

—Jennifer L. Verdolin[89]

---

89. En *Raised by Animals: The Surprising New Science of Animal Family Dynamics (Criada por animales: La sorprendente y novedosa ciencia de las dinámicas familiares en los animales)*. Experiment, Nueva York, 2017

Las sombras de Marte

Por todos los medios necesarios

No debe uno llevarse a engaño: ellos dicen «¡No juzgues!», pero envían al infierno todo cuanto se interpone en su camino.

Friedrich Nietzsche, en *El anticristo*

Los seres humanos no han dejado nunca de luchar, superando incesantemente obstáculos de una forma que impresiona. Como dice una vieja canción, ¿qué le hace creer a una hormiga que puede mover un árbol de caucho? La respuesta es: sus elevadas esperanzas, que dan vida a su ambición y la llevan a lograrlo. Pues, bien, la pasión que se halla tras este superpoder irracional procede de Marte. Simplemente, es imposible que los seres humanos hubiéramos podido llegar adonde nos encontramos hoy si Marte no nos hubiera forzado a ello, encendiendo fuegos bajo nuestros pies, haciéndonos seguir adelante contra todo pronóstico y frente a toda amenaza de fracaso y devastación. Marte es nuestra fuente de ambición, y la ambición nunca se cansa, nunca duerme. La ambición es lo que te hará llegar a la cima de esa montaña. Sin ella, ni siquiera te plantearías el ascenso.

En el mejor de los casos, la ambición ha impulsado el progreso humano hasta más allá de cualquier cosa que pudiéramos imaginar. En el peor, la ambición hará que alguien empuje a los demás desde lo alto de la montaña para asegurarse la victoria. Éste es el aspecto sombrío de Marte. Y, debido a esta conexión potencial entre la victoria y la fuerza, convendrá que sigamos el rastro de nuestras ambiciones, fomentándo-

193

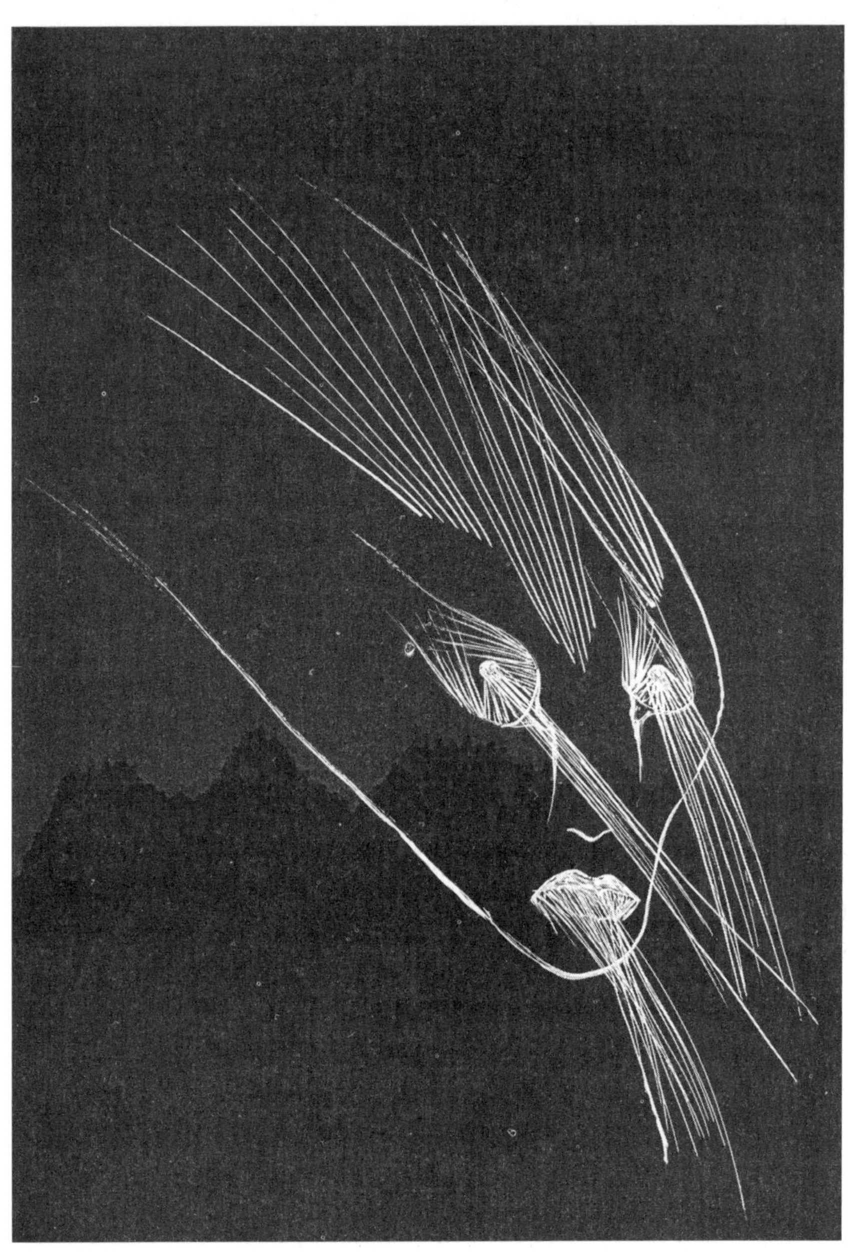

las y viéndolas bajo una luz positiva para evitar agresiones despiadadas que puedan desmantelar nuestros mayores esfuerzos. La sombra de Marte es una fuerza poderosa, por lo que, en lugar de subvertirla, convendrá venerarla e identificarla para que reciba lo que le corresponde.

También convendrá investigar la sombra de Marte en caso de que no tengamos la ambición suficiente, lo cual es otro aspecto sombrío, pues una sana ambición es el equivalente a una libido y una pasión sanas. Si tenemos una sombra de Marte deficiente, podremos trabajar con ella para no quedarnos estancados y fracasar en nuestros empeños. Y si nos lleva a excesos, podremos tomar conciencia de ello con el fin de evitar que nos destruya a nosotros mismos y a los demás en el proceso de desarrollo. La sombra de Marte puede hacer que nos convirtamos en un Ícaro, volando a demasiada altura para terminar consumidos por el Sol y caer envueltos en llamas –aunque eso pueda resultar también inspirador.

Dominar la sombra de Marte significa que somos capaces de aguantar y controlar el poder de nuestra propia ambición por elevado que sea su nivel con el fin de servir a la humanidad en su conjunto, en lugar de beneficiarse uno sólo a sí mismo. Si la humanidad ha alcanzado las cimas que ha alcanzado fue gracias al esfuerzo de la suma de personas individuales, sobre las cuales nos encaramamos para llegar a mayores alturas. La humanidad en sí es la ambición que nos empuja a seguir adelante. Hemos llegado hasta donde hemos llegado merced a la libido de nuestros antepasados. La lucha aparentemente inútil del instinto libidinoso te ha traído hasta aquí, así que honra a esta sombra. No contar con los antepasados no sólo es una falta de respeto, sino que también es deshonesto. La fuerza de la sombra de Marte nos impulsará al logro, independientemente de nuestra voluntad, por lo que el dominio de esta fuerza proporcionará al individuo una fuerza de voluntad mucho más grande de la que podría desarrollar por sí solo.

La mayoría de las personas asocian a Marte, tanto al planeta como al dios, con la guerra y el conflicto, sin percatarse de por qué ocurre esto. ¿Por qué el dios Marte combatía en la mayor parte de las batallas en la mitología? Lo hacía por su territorio y para proteger la fuente de su libido, es decir, a Venus. Comprender lo que se halla en la raíz del conflicto es crucial para la humanidad. El motivo principal de toda guerra es porque una nación (o una persona) está intentando asegurar que su libido pueda lograr sus ambiciones, sean cuales sean. Si de verdad quieres saber lo que controla en secreto tus acciones y tus decisiones, no tienes más que mirar en tus propios pantalones.

♈ Sombra de Marte en Aries
Espía contra espía

Marte de nacimiento: Libra ♎
Ambición: La victoria no reivindicada

Aquellas personas que nacen con Marte en Libra evitarán la guerra y los conflictos a toda costa, pues su ambición se dirige al equilibrio y la equidad. Marte en Libra busca un resultado justo para todos y, siendo personas que detestan los conflictos, trazarán estrategias para eludir y sortear cualquier batalla que puedan encontrarse en su camino. Se dice que Marte está en caída en Libra, lo cual significa que su sombra en esta posición está exaltada, que es poderosa, de ahí que el deseo de evitar un conflicto abierto haga de esta sombra de Marte una maestra del subterfugio. Aquí, la motivación de la sombra es que la libido alcance sus objetivos sin decirlos abiertamente. La ubicación de esta sombra es comprensible en organizaciones como la CIA y la NSA, que recurren a estrategias encubiertas para alcanzar sus objetivos.

Aunque la persona con Marte natal en Libra no se enfrentará directamente a los demás, su sombra en Aries le permitirá conseguir lo que necesita a espaldas de los demás. Bill Clinton nació con esta sombra de Marte. Su Marte natal en Libra le concedió la capacidad para desactivar muchos conflictos mediante la diplomacia, pero su sombra arruinó su carrera por causa de un *affair* secreto, en tanto en cuanto su ego

---

90. *Memorias: La mujer más poderosa de Estados Unidos.* Editorial Planeta, Barcelona, 2004.

ariano necesitaba algún tipo de conquista oculta. Algunas fuentes afirman incluso que el expresidente Clinton estuvo trabajando para la CIA en sus años de juventud en Oxford; y, obviamente, cualquier presidente deberá estar bien versado en toda trama de secretos y espionaje, y podríamos decir que debe ser también un adepto del arte del engaño. Ser espiado es también una de las formas que puede adoptar esta sombra, y alguien con un perfil tan alto como Clinton debería haber esperado que se le espiara en todos los frentes.

Las personas con la sombra de Marte en Aries se esfuerzan por ganar, por ser las mejores, en tanto que su Marte en Libra se resiste a hacerlo, pues intenta pacificar. Estas personas alcanzan grandes cotas porque no se consienten el descanso, dado que la energía ariana les empuja en todo momento, sea cual sea el coste. La clave para dominar esta sombra de Marte no consiste en la autodestrucción durante la ascensión a la montaña. Si tienes que recurrir a métodos sombríos para llegar a la línea de meta, asegúrate de que podrás seguir caminando una vez llegues allí. Lo peor de esta sombra de Marte es que, aún en el caso de que juegues bien tus cartas, puede que sigas atrayendo espías sobre ti.

No permitas que tu sombra de Marte en Aries te dé la vuelta evitando admitir tu propia necesidad de victoria. Las victorias secretas te dominarán y te dejarán al descubierto a menos que las anuncies a la vista de todos. Combate tus guerras delante de todos, no a sus espaldas, y podrás contrarrestar a cualquier espía que intente chantajearte.

Ejemplo en la naturaleza

Tanto en los machos dominantes del mono capuchino como en las hembras dominantes del lémur de cola anillada, el sujeto alfa en la mayoría de los grupos de estudio se mostró significativamente más vigilante que el resto de los miembros. En los capuchinos de cara blanca, los machos alfa se emparejan con más frecuencia de lo que lo hacen los machos subordinados; por lo tanto, el mayor grado de vigilancia exhibido por el macho alfa podría corresponderse con el deseo de proteger sus inversiones reproductivas. En el caso de los lémures de cola anillada, puede haber más de una estructura matrilineal en un grupo. Así, el mayor grado de vigilancia exhibida por la hembra alfa puede estar relacionado con la protección de esa estructura matrilineal.

—LISA GOULD *et al.*[91]

♉

Sombra de Marte en Tauro
El acosador

Marte de nacimiento: Escorpio ♏

Ambición: Sentirse seguro y protegido

Éste es el matón que te va a quitar el dinero que guardabas para el almuerzo. Pero, seamos comprensivos, la mayoría de los acosadores, si te roban el dinero del almuerzo, es porque sus progenitores no les ponen almuerzo en las carteras o no les dan dinero para comprárselo, de modo que te lo quitan a ti para sobrevivir. La mayoría de los acosadores también han sido acosados en algún momento, lo cual no constituye una excusa para su comportamiento, pero sí señala el nacimiento de esta sombra. En esta sombra, Marte anhela poseer cosas y busca asegurarse su bienestar terreno, de ahí que se acerque a hurtadillas y tome lo que anhela, si bien la sombra de Marte en Tauro suele tomar más de lo que necesita para asegurarse de tener lo suficiente y no sufrir escasez alguna.

Algunas de las claves para tratar con esta sombra son ayunar, depurarse y aprender a vivir con menos. Tomarse tiempo para depurarse y para enfrentarse a la necesidad de poseer cosas y personas ayudará a atemperar esta ubicación de Marte. Aquí, la libido en la sombra de Tauro llevará a la persona a mostrarse celosa o posesiva con su pareja y con otras personas a su alrededor, cosa que puede provocar multitud de problemas, sobre todo si esta sombra se hace territorial y se muestra agresiva. El acosador obtiene recursos agresivamente porque carece de

---

91. «Why be vigilant? The case of the alpha animal». *International Journal of Primatology*, vol. 18, pp. 401-414 (Junio 1997).

198

ellos, y por eso arremete contra los demás, por lo que convendrá comprender el comportamiento de las personas con esta sombra, que sienten amenazada su supervivencia. La libido se vuelve ladrona si siente amenazada su seguridad, pero lo hace más al modo de un atracador en mitad de la noche, en lugar de hacerlo abiertamente.

La libido de esta sombra de Marte, que intenta asegurar posesiones, revela la verdad universal de que la propiedad es una ilusión. Asegurar recursos no significa que te pertenezcan. Un lazo creado y conservado a través de conductas agresivas y de celos es deshonesto y se puede cercenar con facilidad. No puedes comprar mi amor, como dice la canción. Lo que más le puede costar a esta ubicación natal de Marte en Escorpio es crear un vínculo basado en la confianza y el amor, lo cual hará que se desvanezca la falsa seguridad con la que esta sombra engaña al nativo, que tendrá que admitir que no hay nada que pueda reemplazar a la auténtica confianza, que surge del vínculo del amor. Nos encontramos aquí con la antigua Unión Soviética —y con la actual Rusia—, presionando y sometiendo a países soberanos, coaccionándolos para que formaran parte de la URSS. Estos vínculos, basados en el miedo y no en el amor y la confianza, eran inherentemente inestables. Esta sombra es la de los Estados Unidos arrebatando sus tierras a los nativos americanos, y la de Francia despojando a los pueblos africanos de sus recursos; no es simplemente la sombra del matón callejero menor de edad.

Cuando das libertad a las personas o las cosas que amas y les permites elegir libremente lo que desean, se establece un vínculo más fuerte, un lazo más seguro y fiable que el que proporciona el control sobre los demás, teniéndolos a resguardo en un sótano para que no escapen. Para superar esta problemática sombra de la libido, suelta todo aquello que no quiera permanecer contigo y deja espacio para aquellos que sí quieren estar a tu lado y quieran ligarse a ti con verdaderos lazos de amor, unos lazos que son inquebrantables.

Ejemplo en la naturaleza

También se puede observar una intensa competencia entre los machos… cuando los machos se congregan y se exhiben comunitariamente para atraer a las hembras… Los machos llegan pronto en la época de apareamiento y, a través de conductas de combate altamente ritualizadas, compiten por sus territorios y los establecen. Los machos... han desarrollado elaborados ornamentos, tales como astas, cornamentas y vocalizaciones, que utilizan en esa competencia entre machos para atraer a las hembras e influir en las elecciones que éstas puedan hacer. Las hembras recorren la arena (la manada) en la cual se exhiben los machos y se emparejan con uno o más de ellos, dependiendo de la calidad de sus territorios (y de los recursos en ellos) o de las cualidades relativas de los machos... las hembras explotan los recursos ampliamente dispersos, como las hierbas (los ungulados) y los frutos (los murciélagos). Cuando se da una alta densidad de hembras, los machos de los antílopes cobo de Uganda forman manadas y se exhiben ante las hembras, pero defienden los harenes (territorios basados en recursos) con baja densidad de hembras cuando la defensa es supuestamente factible y más económica.

—Kimberly S. Orrell y Thomas H. Kunz[92]

♊

Sombra de Marte en Géminis
El bocazas

Marte de nacimiento: Sagitario ♐
Ambición: A voz en grito para que todo el mundo se entere

La libido en la sombra de Géminis intenta hacer oír su voz en el colectivo, algo que podemos ver a través de escritos, de la palabra hablada, de canciones y otras formas de arte, y lo vemos también en los políticos, oradores públicos, etc. De un modo u otro, este Marte quiere ser escuchado. El Marte natal en Sagitario es la libido de los filósofos, que toma normalmente la forma de un líder religioso, un guerrero espiritual o un mártir santificado. El foco aquí se pone en la expresión de la

---

92. «Energy costs of reproduction». *Encyclopedia of Energy*, pp. 423-442 (2004).

palabra, en hablar más que en hacer. El peligro de esta sombra de Marte es que lo que se diga carezca de sentido. Con esta ubicación de la sombra, la persona tiene que asegurarse de que lo que dice proviene de una sólida integridad y veracidad, pues sólo entonces podrá alcanzar la verdadera naturaleza de Marte en Sagitario, que está profundamente conectado con las más elevadas verdades. La libido de Marte en la sombra de Géminis puede tanto perpetuar como ser blanco de chismorreos, rumores y calumnias. La cautela ante los plagios y posibles responsabilidades son de la mayor importancia en este Marte, para no frustrar los deseos más profundos.

Oscar Wilde tenía esta sombra, y expresó su voz de múltiples maneras, como escritor, como crítico social y como defensor de los derechos de los homosexuales, pronunciándose sin reparos, fueran cuales fueran las consecuencias. De hecho, Wilde fue víctima de chismorreos y calumnias en lo relativo a su sexualidad, y fue juzgado por ultraje a la moral pública, siendo uno de los primeros juicios sufridos por una celebridad en estos temas. Sin embargo, el rey Jacobo también padeció de juicios inadecuados por homosexualidad y podría decirse que comparte el mismo estatus que Wilde a este respecto. Wilde fue encarcelado, cosa que muchos creen que tuvo graves efectos en su salud, y terminaría muriendo de una infección en el oído, aunque existe cierta controversia sobre si la causa de su muerte fue la sífilis.

Sólo existe una cosa en el mundo que sea peor que el hecho de que hablen de ti, y es que no hablen de ti.

Oscar Wilde

La clave para tratar con esta sombra libidinosa de Marte estriba en prestar atención a tus palabras. Convendrá que seas veraz en tu discurso y que digas lo que tu corazón necesita escuchar; sin embargo, hay palabras que nos exigen ser cuidadosos y estratégicos. Tener un claro sentido de la oportunidad y de lo que te rodea será de gran ayuda para recorrer esa distancia, en vez de recurrir a la gratificación instantánea del que arroja flechas con la lengua.

En 2011, dos investigadores de la Universidad de Washington, portando ambos una máscara «inquietante» idéntica, atraparon, reunieron y liberaron entre siete y quince cuervos en cinco lugares diferentes cerca de Seattle. Para determinar el impacto que las capturas habían tenido en la población de cuervos, se hicieron observaciones del comportamiento de las aves a lo largo de los siguientes cinco años, observaciones que realizaron distintas personas caminando a lo largo de una ruta prefijada en la que se incluían los lugares donde las aves habían sido capturadas. Los observadores podían llevar dos tipos de máscaras, una «neutral» o una de aquellas máscaras «inquietantes» que habían llevado los experimentadores durante las capturas de las aves. En el plazo de las dos semanas siguientes tras la captura, un promedio del 26 por ciento de los cuervos con los que se encontraron regañó con graznidos a las personas que llevaban la máscara inquietante. En torno a 15 meses después, esa cifra se elevó hasta el 30,4 por ciento. Tres años más tarde, sin haber capturado a ningún ave más en todo ese tiempo, el número de cuervos que regañaba con sus graznidos a los observadores con la máscara inquietante ascendía al 66 por ciento. Obviamente, los cuervos «hablaban» entre sí acerca de los humanos, transmitiéndose información sobre la amenaza, no sólo entre sus coetáneos, sino también a través de las generaciones.

—CANDICE GAUKEL ANDREWS

Sombra de Marte en Cáncer
El fantasma del alfa

Marte de nacimiento: Capricornio ♑
Ambición: El que fue y será rey

La sombra de Marte en Cáncer apunta a la intensificación de los instintos, y la necesidad natural de sobrevivir y de propagarse se pone en primer plano. El Marte natal en Capricornio tiene su enfoque en la ambición, pero la sombra de Marte en Cáncer le forzará a intentar dejar un legado que perdure en la Tierra durante generaciones.

Se trata de un fantasma de la naturaleza que busca que la especie persista en el tiempo. La necesidad aquí es instintiva, es una necesidad arquetípica de éxito que trasciende al individuo. Pero lo diré de nuevo: el éxito aquí no es un deseo; es una necesidad. Las personas con esta posición mendigarán, pedirán prestado o robarán y lo destruirán todo para alcanzar su objetivo. Cuando la fuerza del instinto se revela, lo que emerge es la necesidad de ser el único que sobrevive sobre todos los demás, dejando tu impronta en el mundo para volverte inmortal y que tu nombre se recuerde por siempre, porque esta sombra de Marte busca la inmortalidad. Una forma de vencer a la muerte consiste en tener éxito y legar tu nombre a tus descendientes; éste es el objetivo de esta sombra de Marte.

La persona que alcanza el éxito se oculta dentro de la sombra, de manera que el problema de esta posición estriba en que, normalmente, el éxito elude a la persona hasta que ésta es capaz de transmutarla. Para ello, el Marte natal en Capricornio deberá poner su atención en lo que ama, en lugar de en sus logros, pues, obteniendo la satisfacción emocional y la plenitud, alcanzará el éxito, y no al revés.

Albert Einstein tenía esta sombra de Marte y se sabe que terminó quemando a todos sus seres queridos para hacer realidad sus ambiciones. Las acusaciones de que había plagiado a su mujer, la cual había estudiado con Nikola Tesla, quedaron de algún modo confirmadas cuando Einstein dirigió a ella todo el dinero que había ganado con el Premio Nobel. También pronunció controvertidos comentarios racistas contra los asiáticos, y casi todas las personas de su vida terminaron dejándolo, salvo su hermana Maja, todo lo cual demuestra que Einstein podría haber buscado un mayor equilibrio a la hora de abordar sus ambiciones. Estaba tan empeñado en salvaguardar el legado de sus teorías de la relatividad que desestimó la importancia de la física cuántica y se empeñó en refutarla porque contradecía algunos de sus descubrimientos.

Encontrar pareja puede ser agotador, tan agotador que algunos animales mueren después de encontrar, por fin, a alguien tan especial...

Hemos estado observando de cerca la estrategia reproductiva denominada semelparidad, o reproducción suicida, en la cual los animales concentran todas sus energías reproductivas en un único apareamiento antes de morir. El mejor ejemplo de este fenómeno es el macho del antequino pardo, un minúsculo mamífero australiano de breve existencia. El animalito se vuelve loco en la parranda del apareamiento (que, a veces, puede durar hasta 14 horas), tras lo cual sufre un colapso del sistema inmunológico y muere hecho un guiñapo. Se podría decir que es un sacrificio parental: los antequinos machos mueren sabiendo que su esperma se difundirá y perdurará. «La contrapartida de todo esto es que las especies semélparas tienen más descendencia», dice Jeyaraney Kathirithamby, entomóloga de la Universidad de Oxford.

—Liz Langley[93]

♌

Sombra de Marte en Leo
Tu señor y salvador

Marte de nacimiento: Acuario ♒
Ambición: Deja que te guíe

La sombra de Marte en Leo quiere ser tu héroe, tanto si te gusta como si no. Aquí, la libido será el héroe de la historia, sea cual sea. Las personas con esta sombra pueden servir a la sociedad, pero también pueden llevarse a engaño negándose a verse a sí mismas de otro modo que como salvadoras. El Marte natal en Acuario desea servir a la sociedad, pero su sombra quiere salvarla y ser recordada para siempre por sus

---

93. «5 animals that mate themselves to death». *National Geographic*, 25 Febrero 2017.

hazañas. Las personas con esta posición de su Marte natal se sienten muy incómodas con esta libido sombría e, irónicamente, terminarán forzando la situación hasta el punto de que su sombra adopte el papel de villana. Pues la sombra que tanto se empeña en ser la heroína terminará convirtiéndose en la villana por su mal comportamiento. La infamia, más que la fama, será lo que quede cuando esta sombra asuma el control.

Aunque pueda parecer romántico que aparezca un caballero andante (del género de tu preferencia) de brillante armadura y te salve, que es lo que la sombra libidinosa en Leo quiere y desea más que ninguna otra cosa, lo que se va a generar es una relación de codependencia. Esto no quiere decir que no nos necesitemos unos a otros y que no necesitemos ayuda; es bueno que te presten ayuda y prestar un servicio a otra persona siempre hace que nos sintamos bien. Pero las personas con esta sombra puede que ayuden a la gente de un modo tal que los receptores de su ayuda queden subordinados y sean dependientes de ellas, en lugar de considerarlos en un plano de igualdad.

Esta sombra puede tomar la forma de grandilocuencia moral o exhortación a la virtud, cosa que se ha convertido en un problema en la era de las redes sociales, y es un ejemplo perfecto de esta sombra de Marte. El deseo de hacer el bien y de ser virtuoso es loable, pero la clave en esta sombra estriba en no utilizar eso para sustentar determinada percepción de tu identidad egoica; eso es todo.

Elon Musk tiene esta ubicación de la libido y, ciertamente, hace mucho por la humanidad. Dio un paso al frente para ayudar en la crisis del agua limpia en Michigan, por ejemplo, que fue ciertamente una acción heroica. Quizás incluir a otras personas en el papel de heroínas y apoyarlas podría equilibrar los platillos de la balanza y transmutar esta sombra. En febrero de 2022, Musk hizo una donación de casi 6000 millones de dólares; inicialmente, la persona receptora fue un misterio, pero no tardó en revelarse que todo el dinero había ido a su propia organización benéfica, la Fundación Musk.

Ejemplo en la naturaleza

Los delfines intentaron «empujar» a un surfista australiano hasta la orilla cuando estaba siendo acechado por un tiburón de seis metros de envergadura. Bill Ballard estaba surfeando en la Playa de Wallagoot, en la costa de Nueva Gales del Sur, el 25 de septiembre, cuando se percató de que los delfines –que estaban alimentándose de un banco de salmones en la zona– comenzaron a comportarse de un modo distinto al habitual, informó *The Courier*. Ballard ya se había encontrado previamente con delfines en la zona, de modo que estaba familiarizado con su comportamiento habitual. «Me resulta difícil de explicar, pero no hacían más que salir a la superficie para mirarme, y comenzaron a ir de aquí para allá, acercándose e intentando empujarme hacia la orilla», dijo al periódico australiano. Poco después, un avión –que había estado observando desde arriba a los delfines mientras se alimentaban frenéticos– descendió para advertirle de que un tiburón de seis metros estaba acechándole en las cercanías, informó *The Courier*. Los dos pasajeros del avión, en vuelo rasante, se asomaron para gritarle a Ballard, «¡Tiburón, tiburón!», mientras le señalaban a una gran sombra que nadaba en las inmediaciones.

—ROBYN WHITE[94]

♍

Sombra de Marte en Virgo
El perfeccionista

Marte de nacimiento: Piscis ♓
Ambición: La inmaculada concepción

La libido en la sombra de Virgo busca una especie de perfección inalcanzable, pues su voluntad siente esta inclinación. Existe un alto grado de conciencia de sí mismo centrada en la interpretación que entra con esta sombra. La libido juzga y critica su propia capacidad de ejecución y se repliega sobre sí misma, quedándose corta frecuentemente en la

---

94. «Dolphins tried to "push" surfer being stalked by 20-foot shark to shore». *Newsweek* (4 Octubre 2022).

consecución de sus objetivos. El Marte natal en Piscis es ambiguo y está desenfocado; es fluido y busca la expansión y el flujo. La sombra de Virgo siente esta incapacidad para articular un fin como un fracaso vergonzoso, en lugar de como un horizonte expandido.

Marte en Piscis no tiene límites y no respeta los límites de un modo empático, de ahí que la sombra de Marte en Virgo busque rebeldemente un lugar por donde cruzar la línea de meta y crea límites. La crítica al fracaso se ve realzada con esta libido, que con frecuencia arrojará su sombra sobre aquellas personas que sienta que no dan la talla o no están a la par. Éste puede ser un superpoder muy beneficioso si se sitúa en la carta natal de un entrenador o un maestro, pero puede ser perjudicial cuando no se ha solicitado o es autodestructivo.

Vincent van Gogh tenía esta sombra de Marte y murió pensando que su obra era un fracaso. La imperfección y la incompletitud jugaron un importante papel en su psicología, según los trabajos relativos a sus sentimientos personales. Y sus críticas se tornaron destructivas en la medida en que van Gogh buscaba algo que pudiera equipararse a la falta de límites y a la fluidez de su ideal pisciano. Terminó dudando de sí mismo y de sus empeños, pero todo el mundo le está agradecido por los frutos de sus esfuerzos, con una sombra de Marte por siempre insatisfecha. La causa de su muerte sigue despertando controversias, aunque la mayoría cree que se suicidó.

Ejemplo en la naturaleza

Muchas de las especies de animales mueren tras la reproducción. Pero tal declive es especialmente alarmante en el caso de las hembras de pulpo: en la mayoría de las especies de pulpos, la madre pulpo deja de comer a medida que los huevos se acercan al momento de la eclosión. Finalmente, deja de abrazar a su prole protectoramente y emprende una senda de autodestrucción, bien golpeándose contra una roca, arrancándose la piel o incluso devorando sus propias patas. Ahora, los investigadores han descubierto las sustancias químicas que parecen desencadenar este fatídico frenesí. Después de poner los huevos, la hembra del pulpo pasa por una serie de cambios en la producción y utilización del colesterol en su organismo, lo cual a su vez incrementa la producción de hormonas esteroideas –un cambio bioquímico que la condena a muerte. Algunos de los cambios parecen apuntar a procesos que explicarían la longevidad en los invertebrados en general, dice Z. Yan Wang, profesora ayudante de psicología y biología en la Universidad de Washington.

—STEPHANIE PAPPAS[95]

♎

Sombra de Marte en Libra
Cómplice de delito

Marte de nacimiento: Aries ♈
Ambición: Cabalga o muere

Una persona con esta libido desea unir fuerzas con otra que coincida en sus objetivos y ambiciones para enfrentarse a un enemigo común. Aunque el Marte natal en Aries busque poner al yo en primer plano, la persona se da cuenta de que la única manera en que puede hacerlo es uniéndose a otra persona o buscando su compañía. Este impulso por formar equipo no precisa de especificidad de género, y surge del hecho de que la persona se da cuenta de que, si quiere avanzar, va a necesitar a alguien más. La sombra de Marte en Libra garantiza que aquellas personas con su Marte natal en Aries no buscan sólo su propio beneficio personal.

Sin embargo, el verdadero peligro de esta sombra de Marte estriba en que la persona crea que no tiene necesidad de buscar el consentimiento del otro para asociarse con él, que es la perspectiva de la sombra a nivel mental de la persona que posee esta libido. La combinación del Marte natal en Aries con la sombra en Libra, que pide justicia y reciprocidad, significa que estas personas pueden verse implicadas en casos judiciales en los que se les acuse de no haber tenido en cuenta los

---

95. «Octopuses torture and eat themselves after mating. Science finally knows why». *Live Science* (18 Mayo 2022).

deseos de la otra persona. Si no son capaces de elevar su conciencia y de cambiar su comportamiento, la sombra les obligará a tomar en consideración a los demás a través de las consecuencias legales en los tribunales. Esta sombra tirará también de los demás para que participen en las maquinaciones e ideas de su propietario, llevándole a buscar personas influenciables y seguidores.

Cristiano Ronaldo, un jugador de fútbol portugués, tiene esta sombra de Marte. Como deportista en un deporte de equipo, Ronaldo debe tomar en consideración a los demás y, en tanto que personaje público, tiene que asumir la responsabilidad de sus actos. Ronaldo tiene familia y está casado con Georgina Rodríguez, que ha estado a su lado en los problemas que se le han planteado debido a su fama y a los juicios en los que ha estado envuelto. Una mujer acusó a Ronaldo de haberla violado, pero el juez desestimó el caso porque el abogado del demandante fue declarado culpable de comportamiento indebido, sentenciando al abogado a pagar a Ronaldo más de 300 000 dólares. Este caso terminó bien para Ronaldo, pero ilustra de qué modo esta sombra de Marte puede terminar con su poseedor en los juzgados. En 2005, otras dos mujeres acusaron a Ronaldo de violación. No hubo forma de saber si las acusaciones fueron veraces, pero la propia naturaleza del caso es un reflejo de esta sombra de Marte. A pesar de que todo terminó bien para Cristiano Ronaldo, el calvario judicial es un reflejo de esta sombra, así como la insana vinculación forzosa de la que se le acusaba.

Ronaldo es la persona que ostenta el título de celebridad con más seguidores en las redes sociales y, al estilo del ego, tiene la posición de nacimiento de Marte en Aries, la libido del ego. Ciertamente, ha salido victorioso en el juego del ego, al menos en términos numéricos. Esperemos que, sea cual sea la verdad, debido al inmenso número de personas que le observan, tome conciencia de esta sombra de Marte, y ojalá aprendamos que forzar a otra persona a establecer un vínculo contigo no es la forma correcta de hacer las cosas. Bien podría ser que el hecho de lograr tanta atención pública haga que esta sombra libidinosa termine atrayendo falsas acusaciones y libelos, pero sigue habiendo una relación forzada aquí, a través de los tribunales que le obligan a comprometerse.

Para transmutar esta sombra de Marte, debes estar seguro de que todos tus socios y parejas están dispuestos a servir y sirven a algo más que tus propias querencias y necesidades, lo cual será evidente mediante el consentimiento y la amistad, la confianza y el compromiso, no mediante la participación forzosa.

Ejemplo en la naturaleza

Los lobos forman parejas monógamas de cría y permanecen unidos durante toda su vida. Juntos, lobo y loba mantendrán su territorio, buscarán presas y, sobre todo, mantendrán su lealtad entre sí y con su unidad familiar. Parecería que es algo natural que los lobos simbolicen unas relaciones fuertes y amorosas.

—WOLF CONSERVATION CENTER[96]

♏

Sombra de Marte en Escorpio
La muerte súbita

Marte de nacimiento: Tauro ♉
Ambición: El bombardero furtivo

Esta posición de la sombra de Marte lleva al individuo a ser un destructor furtivo de aquellos obstáculos que se interponen en el camino de su libido. La libido en esta posición disfruta saboteando a los demás sin que se den cuenta, y no necesita reivindicar sus logros. Se trata de una posición fascinante, porque sus nativos no sienten necesidad de anunciar ni acreditar el hecho de que han puesto a alguien bajo los cascos de los caballos. Conseguir lo que buscan es suficiente para ellos, no tiene por qué saberlo nadie más. Y no sienten culpabilidad ni vergüenza alguna porque, para ellos, el simple hecho de que alguien amenace la consecución de sus deseos es suficiente para justificarlo todo; el dolor de los demás no es más que una consecuencia

---

96. «Wildly romantic wolves symbolize love and loyalty». (14 Febrero 2020)

de la guerra. Después de todo, en el amor y en la guerra, todo vale, piensan.

La libido puede entonces ir en pos de sus deseos, una vez eliminados todos los obstáculos. El peligro evidente de la ubicación de esta sombra estriba en que, si la persona ve a otro como un obstáculo en su camino, actuará contra él a sus espaldas, bien mediante una campaña de desprestigio o, simplemente, rayando el auto de su rival con una llave. Sus acometidas pueden adoptar las más diversas formas, como redirigir intencionadamente la competencia de tal forma que su competidor se aleje de sus objetivos, dando lugar así a una deuda kármica que tendrá que abordar más pronto o más tarde.

Bram Stoker, el autor de *Drácula,* tenía esta posición natal. Stoker centró sus empeños en ocultar su orientación sexual, y tuvo razones para ello, como la muerte de su amigo y posible amante, Oscar Wilde, que fue perseguido y llevado a los tribunales por su homosexualidad. Además de a Wilde, a Stoker se le ha vinculado con otros homosexuales, aunque nunca de manera pública; entre ellos, con el poeta Walt Whitman, y también con un tal Peter Doyle, con el cual mantuvo una relación de décadas. Sin embargo, Stoker ocultó sus tendencias y llegó incluso a casarse. Por otra parte, los celos constituyen un tema central en su clásico, *Drácula,* y cabe la posibilidad de que se consintiera esta emoción de forma vicaria en sus escritos a través de sus personajes, si bien en secreto, y no a la luz del día.

La transmutación de esta libido sombría se dará cuando hagamos las cosas abiertamente y a la vista de todos. Podremos sentirnos liberados si expresamos nuestras necesidades y buscamos satisfacerlas activamente, en lugar de darle vueltas a lo que otros puedan estar haciendo. No tenemos por qué ocultar nada; podemos ser quienes somos. La sociedad suele poner obstáculos ante la honestidad y la sinceridad, mediante leyes injustas o a través de la condena social, que obligan a la persona a adoptar actitudes y conductas para encubrir sus actos. Si tal es tu situación, encontrar una salida creativa puede ser muy útil para procesar las emociones que surjan como resultado.

No está claro hasta qué punto puede ser eficaz una persecución cuando un depredador no es sigiloso y, además, es más lento que la presa [...] Sin embargo, nos propusimos analizar, en laboratorio, la estrategia del pez león colorado cuando persigue a una presa más rápida que él. Y, a pesar de nadar a la mitad de la velocidad que el *C. viridis*, el pez león consiguió capturar a su presa en el 61% de nuestros experimentos. Tal comportamiento de caza se caracterizó por tres aspectos cruciales. En primer lugar, el pez león apuntaba al *C. viridis* ajustando la dirección sobre la posición de la presa, y no sobre el punto anticipado de intercepción. En segundo lugar, el pez león perseguía a su presa con un movimiento ininterrumpido [...] Tales períodos permitían al pez león recortar la distancia hasta la presa y asestar un golpe de succión a una distancia cercana [...] Finalmente, el pez león exhibía un alto grado de eficacia en sus golpes de succión, capturando a sus presas en un 74% de las ocasiones. Estas características se engloban en un comportamiento al que denominamos como «estrategia de depredación persistente», que pueden exhibir una amplia diversidad de depredadores caracterizados por tener una locomoción relativamente lenta.

—Ashley N. Peterson y Matthew J. McHenry[97]

Sombra de Marte en Sagitario
El influencer

Marte de nacimiento: Géminis ♊
Ambición: El amo del mundo (o de Internet)

Esta posición de la sombra de Marte llevará al nativo a lo más alto, pero eso tendrá un coste. La combinación de la sombra de Sagitario y

---

97. «The persistent-predation strategy of the red lionfish *(Pterois volitans)*». *Proceedings of the Royal Society of Biological Sciences*, vol. 289, n.º 1980 (3 Agosto 2022).

Marte genera una energía de expansión constante, que intenta llegar siempre aún más allá. Una libido ambiciosa como ésta lleva al individuo a querer ser un conquistador mundial, y normalmente lo consigue. Pero expandir la propia influencia a todo el mundo es algo que no se puede mantener por mucho tiempo, y el problema con expandirse hasta más allá de lo que permite el contenedor es que éste se rompa. Existe un motivo para que las personas formen comunidades en las zonas donde residen, y es que, una vez que las cosas quedan demasiado lejos de casa, dejan de formar parte de lo cotidiano. Cualquiera que haya intentado dirigir un grupo de personas, por pequeño que sea, habrá visto cómo todo se desvanece a medida que se aleja del centro; ésta es una triste realidad.

> *La Torre de Babel es una de esas narraciones mitológicas que, en palabras del filósofo del siglo IV Salustio, «nunca ocurrió, pero está ocurriendo constantemente». El hombre, en su arrogancia, lucha siempre contra su propia naturaleza y sus circunstancias para reunir a las distintas naciones del mundo y establecer un orden que permita alcanzar un ideal elevado, y siempre fracasa. La torre de Nimrod cayó, y lo mismo ocurrió con la de Alejandro, la de Ciro, la de Atila y la de Napoleón. Esta especie de proyecto geopolítico —aunque se fundamente en los mejores motivos y los más nobles objetivos— nunca tiene éxito.*

> MICHAEL SHINDLER

La ambición que lleva a intentar dominar el mundo puede satisfacerse merced al impulso de un unificador. Pero puede ser difícil encontrar tal unificador, a menos que estemos versados en los arquetipos. Si conoces los denominadores comunes de las personas y sus necesidades, puedes lanzar una campaña por la unidad que juegue con esto, y hasta puedes conseguirlo. La sombra de Marte en Sagitario es capaz de encontrar una filosofía básica que congregue a mucha gente, como un eslogan, un símbolo o una reclamación u objetivo común. El verdadero regalo de la sombra de Marte en Sagitario estriba en que estos nativos pueden encontrar una filosofía común que resulte atractiva para la mayoría de las personas, para formar entonces su gobierno y llevar a cabo su ambición. Soñar a lo grande es el regalo de esta sombra.

A la persona con Marte natal en Géminis se le da muy bien hablar, es una comunicadora nata, con gran capacidad para expresarse a través de los medios de comunicación. Sin embargo, esta capacidad se puede ver socavada por la sombra en Sagitario, que obliga a Marte en Géminis a tener que soportar chismorreos y rumores. El chismorreo –el que la gente hable de lo que se habla– destruye esa filosofía común, y cualquier unificador o líder potencial se derrumbará bajo el peso de las difamaciones. La expansión sin fin hará caer de rodillas a la libido, y no hay nadie que pueda seguir avanzando de forma indefinida. Para tratar con esta sombra libidinosa convendrá que conozcas tus límites, que mantengas las cosas dentro de unos márgenes manejables y que te des por contento con una serie de metas y logros pequeños en distintos lugares, dado que el Marte natal en Géminis disfruta de la diversidad.

Alejandro Magno tenía esta sombra de la libido, la cual le llevó a ser uno de los más famosos conquistadores de la historia. Conocido por ser uno de los mejores oradores de todos los tiempos, podemos apreciar de qué modo representó las cualidades de Marte en Géminis. Su influencia se difundió ampliamente y de forma rápida, pero falleció a temprana edad, a los treinta y dos años, y su imperio macedonio se derrumbó poco después de su muerte. Se creía que había muerto de unas fiebres tifoideas, pero unas investigaciones recientes de los Institutos Nacionales de Salud indican que el virus del Nilo Occidental, que contrajo en uno de sus viajes, le causó una grave encefalitis. Llegar demasiado alto y demasiado pronto es la receta segura para un desastre, y bien pudiera ser que su cerebro se hiciera demasiado grande para su cráneo en una extraña ocurrencia kármica. Resulta curioso que Alejandro Magno, el Grande, fuera vencido por algo tan pequeño como un mosquito.

Para controlar esta libido en la sombra, debemos tomar conciencia del influjo que ejercemos sobre los demás, y no dedicarnos simplemente a acrecentar nuestro círculo de influencia. Unas pocas conexiones profundas pueden valer más que miles de conexiones superficiales, y las redes sociales permiten que determinadas personas consigan una audiencia global de forma fácil, haciendo que su influencia llegue a todo el mundo. Haz una pausa y piensa de qué modo quieres influir en la gente. ¿Cuál es tu mensaje y tu filosofía, y al servicio de quién está? Hasta los *influencers* deberían ser conscientes de aquello que les influencia a ellos, no vaya a ser que extravíen a su rebaño.

Ejemplo en la naturaleza

Se ha descubierto que los renos realizan las migraciones más largas de todos los animales del mundo, con distancias de más de 1 200 kilómetros entre la ida y la vuelta. Pero, a pesar de ser quienes realizan las migraciones más largas, existen unas cuantas especies que, en el plazo de un año, recorren más kilómetros que los renos. Tanto el lobo gris como el kulan (asno salvaje mongol) recorren mayores distancias que los renos, si tenemos en cuenta las distancias anuales totales medidas a través de GPS. El lobo gris de Mongolia tiene el título de mayor viajero terrestre, pues es capaz de recorrer 7 247 km al año. Por ponerlo en perspectiva, sería como si usted caminara desde Washington DC hasta Los Ángeles… y regresara… en el transcurso de un año.

—KYLE JOLY[98]

♑
Sombra de Marte en Capricornio
El monstruo de la ambición

Marte de nacimiento: Cáncer ♋
Ambición: Sube a lo más alto

La persona con la libido en la sombra de Capricornio desea que los demás la amen y quiere provocar una respuesta emocional en ellos; quiere que sientas y quiere observar lo que sientes. El Marte natal en

---

98. «Confirmed! Caribou have the longest land migration in the world». National Park Service (12 Noviembre 2019).

Cáncer se centra normalmente en la ambición y el éxito, y la sombra de oposición en Capricornio hace que la libido se centre en las sensaciones y los sentimientos que pueda generar tal éxito. Se podría decir que el único motivo para el logro y el éxito estriba en tener esa sensación de plenitud que normalmente acompaña al éxito, la plenitud del ser y la satisfacción del potencial realizado. Pero la persona con la sombra de Capricornio quiere sentir esto tanto a través de sí misma como de los demás. Más que un sentimiento de celebración, se convierte en el sentimiento de culminación de un objetivo. Culminar trae la paz.

El peligro de la ubicación de esta sombra es que el nativo no va tanto en pos de una meta como en pos de un sentimiento, de un verano interminable. Se convierte en una especie de monstruo de la ambición, sin un objetivo o propósito real, sino que simplemente busca. Cuando la libido se centra en este tipo de sombra, el riesgo del exceso y la pérdida de enfoque llegan a abrumar a la persona, y la mantienen en una búsqueda constante de gratificaciones instantáneas, en modo alguno relacionadas con su verdadero propósito, por lo que nunca alcanza su meta. Es como la liebre que se echa a dormir antes de completar su viaje y pierde la carrera con la tortuga.

Sir Edmund Hillary tenía esta sombra de Marte, y resulta curioso que él recibiera tanta atención cuando el *sherpa* que le acompañó a la cima del Everest, Tenzing Norgay, es escasamente recordado. Hillary dedicó la mayor parte de su tiempo tras su ascenso a ayudar al pueblo nepalés con donativos y ayudando a desarrollar sus comunidades. Y siguió buscando emociones fuertes tras su ascenso al Everest, realizando expediciones al Polo Norte y al Polo Sur, incluyendo una expedición con el astronauta Neil Armstrong. Esto le convirtió no sólo en el alpinista que había llegado más alto, sino también en la única persona que había alcanzado los dos polos, entre otros muchos logros, cosa que encaja con esta sombra de Marte.

Ejemplo en la naturaleza

El pasado verano, la comunidad científica informó del hallazgo del mamífero que vive a mayor altitud en el mundo, un ratón orejudo de rabadilla amarilla, que fue visto correteando por la parte alta del Llullaillaco, el volcán históricamente activo más alto del mundo, a caballo entre Argentina y Chile. Es increíble que ningún animal pueda vivir a tan gran altura, a 6 200 metros de altitud, pues no hay vegetación y, aparentemente, no hay nada que comer. Aquí, en los límites del Desierto de Atacama, llueve muy poco, y las temperaturas caen a veces por debajo de los 59 grados bajo cero. «No se puede exagerar cuán hostil es este entorno», dice Jay Storz, biólogo de la Universidad de Nebraska y explorador de National Geographic. Intrigado por el descubrimiento, Storz organizó una expedición a este volcán en febrero, para buscar específicamente roedores. Y encontró roedores.

—Douglas Main[99]

♒

Sombra de Marte en Acuario
El cornudo

Marte de nacimiento: Leo ♌
Ambición: El mirón

Marte en Leo quiere estar en escena; de hecho, la mayoría de las personas que conozco con esta posición son intérpretes, actores y actrices. De modo que lo que suele ocurrir con la libido de la sombra en Acuario es que siente entre el público para ver la función. Estos nativos oscilarán entre ocupar el centro del escenario y observar la interpretación de los demás, al tiempo que contemplan cómo éstos realizan sus sueños. Esta sombra obligará a quien la posea a mirar lo que quiere conseguir, hasta el día en que encuentre el coraje suficiente como para ponerse en pie, dejar de mirar a los demás y hacer eso por sí mismo. La adicción al porno puede ser un problema para esta sombra de Marte, y también el participar en juegos de rol sexuales con profesionales,

---

99. «Mouse found atop a 22,000-foot volcano, breaking world record». *National Geographic* (23 Marzo 2020).

buscando sólo relaciones sexuales libres de todo tipo de vínculo, evitando así la intimidad.

Hay personas que prefieren expresar su libido de forma impersonal e indirecta. El cortejo y las confrontaciones que trae consigo la intimidad sexual no son para todo el mundo, y pueden terminar siendo extenuantes para algunas personas, por no mencionar los riesgos que suponen las enfermedades de transmisión sexual o un embarazo no deseado. Es difícil juzgar a una persona que intenta protegerse no interactuando, si tenemos en cuenta los riesgos que comportan las interacciones sexuales. Se podría decir que Acuario representa el amor libre y la expresión singular, la necesidad de experimentar, de mantener la fluidez en cuestiones de identidad sexual y de género, por lo que esta posición se rebela contra toda norma sexual. Desde esta posición nos podemos liberar de la opresión sexual, por lo que estará al servicio de una libido sexualmente creativa. El peligro de tal libido es, sin embargo, que sus nativos pueden llegar a deshumanizar la sexualidad, o bien encontrar parejas que no compartan sus puntos de vista. El consentimiento y la comunicación son imprescindibles para que este tipo de libido se evada de expectativas y suposiciones por parte de los demás, así como de las innecesarias proyecciones de la sombra que otras personas puedan depositar sobre estas personas de espíritu libre.

Fyodor Dostoyevsky tenía esta sombra libidinosa de Marte e intentó expresarla en gran medida a través de sus obras. También buscó la compañía de prostitutas para evitar toda intimidad. Y, aunque todos estamos agradecidos por su obra visionaria, Dostoyevsky representa la tendencia de esta sombra a disociar la sexualidad y lanzarse a una aventura experimental en la que satisfacer sus necesidades y hacer que otros lo vieran todo o leyeran sus peripecias.

Ejemplo en la naturaleza

El nombre de «piojo come-lenguas», por horrible que suene, apenas le hace justicia a la *Cymothoa exigua*. Este parásito marino no tiene bastante con comerse la lengua de sus huéspedes, sino que, además, la reemplaza. Y esto tras un cambio de sexo durante el proceso. Pero vayamos por partes. En primer lugar, un grupo de piojos juveniles se infiltrará en las branquias de un desventurado pez y madurarán hasta convertirse en machos. A llegar a la fase adulta, al menos uno de ellos se transformará en hembra, aparentemente para igualar los sexos. La nueva damita pioja se introducirá en la garganta del pez, se anclará a la lengua de su anfitrión y empezará a drenar lentamente la sangre del órgano. Así, la lengua del pobre pez se agostará hasta convertirse en un nódulo inútil, dejando la boca vacía para que la pioja ocupe físicamente su lugar, ayudando a su huésped a mover la comida por la boca y a triturar los bocados grandes. Durante sus horas de descanso, el bicho se relaja, come y se pelea con los machos que viven en las branquias.

—KATHERINE J. WU y RACHAEL LALLENSACK[100]

♓
Sombra de Marte en Piscis
El mortificador

Marte de nacimiento: Virgo ♍
Ambición: Superar la vergüenza

La libido en la sombra de Piscis es difícil porque Marte desea emprender la acción y Piscis anhela la tranquilidad y el olvido. Es ésta una receta idónea donde las haya para una sombra de oposición. El Marte natal en Virgo busca una ejecución perfecta, pero la sombra de Marte en Piscis es incapaz de terminar las cosas. Piscis no ve el final, y Virgo quiere culminarlo todo y enjuiciará cuanto esté sin terminar, de modo que ¿cómo llegar a un acuerdo? A medida que se precipitan los acontecimientos, o el éxito se aleja, se hace evidente la incapacidad para llevar las cosas a buen término. Una buena manera de transmutar esta posición de la sombra es con la sexualidad tántrica. La necesidad de llegar al final se puede sublimar mediante el tantra, que alarga los procesos intencionadamente, sin permitirse la gratificación. Cuando

---

100. «Fourteen fun facts about love and sex in the animal kingdom». *Smithsonian Magazine* (14 Febrero 2020).

el propósito se transforma en no propósito, o la actividad es un fin en sí mismo, el aparente fracaso de Marte y la incapacidad para lograr lo que ambiciona tiene un impacto menor y se convierte en una experiencia de aprendizaje.

Debido a que la sombra de Marte en Piscis suele no terminar lo que empieza, la posición de Marte en Virgo mostrará la tendencia a disfrutar humillando o siendo humillado. El mero hecho de fracasar se convierte en el foco de esta libido, y la persona que tiene esta posición de sombra puede terminar lidiando con el fracaso, avergonzando a los demás. Existe la tentación de tocarle las narices al otro con su fracaso, por decirlo así; de este modo, el nativo intenta sublimar de forma vicaria sus propios fracasos mediante la sombra de la humillación. El Marte natal en Virgo anhela la perfección, desea el éxito, de manera que, bajo la sombra, la persona disfruta viendo a los demás humillados, y con frecuencia participarán de tal humillación avergonzando al otro. En ocasiones, estas personas se avergüenzan a sí mismas, otras veces proyectan la vergüenza sobre los demás y a veces se ponen en situaciones en las que los demás puedan avergonzarles. El peligro de esta sombra es que se llegue a abusar de uno mismo y de los demás, algo que habrá que corregir y expresar creativamente, en vez de subconscientemente. La mejor expresión creativa de esto es el sadomasoquismo o el servilismo, donde se puede explorar la humillación de forma segura y consensuada, de manera compasiva y comprensiva, y no expresándola de un modo destructivo en la esfera de la sombra.

Charles Manson tenía esta sombra de libido, la cual manifestaba obviamente avergonzando violentamente a los demás por sus transgresiones, convirtiéndolos en chivos expiatorios con el fin de seguir su propia agenda, por cuanto él no se veía capaz de alcanzar el ideal de perfección que anhelaba. Cualquiera que intente castigar arbitrariamente a otra persona de forma violenta debido a sus propios ideales estará funcionando de forma clara con algún tipo de proyección de la sombra. Quizás, si hubiera tenido una salida adecuada para el sentimiento de vergüenza con el que se acosaba a sí mismo, podría haber evitado proyectar su culpabilidad sobre los demás. De Manson disponemos de gran cantidad de datos, obviamente, así como de las conspiraciones más profundas. El libro *CHAOS: Charles Manson, the CIA, and the Secret History of the Sixties (CAOS: Charles Manson, la CIA y la historia secreta de los años sesenta),*[101] de Tom O'Neill, parece apuntar a que esta sombra es capaz de traer consigo una búsqueda profunda de chivos expiatorios, algo que pudo ir más allá de Manson como individuo.[102]

Ejemplo en la naturaleza

Hauser (2000b) observó lo que podríamos denominar como vergüenza en un macho de mono Rhesus. Tras la cópula, el macho se alejó pavoneándose y, accidentalmente, cayó en una zanja. Se levantó y, rápidamente, miró a su alrededor y, tras comprobar que ningún otro mono le había visto caer, se marchó bien erguido, con la cabeza y la cola altas, como si nada hubiera pasado. Convendrá repetir que son necesarias investigaciones comparativas en neurobiología, endocrinología y ciencias conductuales para saber más acerca de la naturaleza subjetiva de la vergüenza.

—MARC BEKOFF[103]

---

101. Publicado en castellano bajo el título *Manson, la historia real,* en Roca Editorial, Barcelona, 2019.
102. Gracias a mi amiga Jodi Wille, por hablarme de este libro.
103. «Animal emotions: Exploring passionate natures». *BioScience,* vol. 50, n.º 10 (Octubre 2000).

Las sombras de Júpiter

Indulgencia desmedida

Algunos de los dioses vitorearon a Júpiter en su cólera, aprobando a gritos sus palabras, en tanto que otros consentían en silencio. Sin embargo, a todos entristecía la destrucción de la especie humana, y se preguntaban por el futuro de un mundo en el que no hubiese seres humanos. ¿Quién honraría sus altares con incienso? ¿Sometería Júpiter al mundo a los estragos de las criaturas salvajes? En respuesta a sus dudas, el rey de los dioses calmó su ansiedad, el resto era asunto suyo, y les prometió unas gentes distintas de las primeras, les prometió una maravillosa creación. Estaba listo ya para arrojar sus rayos por todo el mundo, pero temía que los cielos sagrados pudieran arder en llamas merced a los fuegos de abajo, y que ardiera hasta el polo más lejano: y recordó haber oído que llegaría un tiempo en que arderían el mar y la Tierra, así como las intactas cortes celestiales, y que la masa atribulada del mundo sería asediada por el fuego. De modo que dejó a un lado las armas que los Cíclopes habían forjado y decidió castigarlos de un modo diferente, enviando una incesante lluvia que ahogara a la humanidad bajo las olas.

Ovidio, en *Las metamorfosis*

No hay nada que pueda crecer eternamente; toda burbuja tendrá que estallar en algún momento. A Júpiter no le gustan los engorrosos límites ni las fronteras, y disfruta reventando las burbujas de la gente. Júpiter tiene la energía de Shiva, el dios supremo que crea, destruye y transforma. Júpiter es la flecha que nunca se detiene, que nunca descansa y no conoce límites. Júpiter tiene una energía positiva y genera optimismo. Se dice del propio planeta Júpiter que genera más energía de la que toma del Sol, una hazaña aparentemente imposible, pues parecería disponer de su propia fuente de energía independiente. Pero todas las monedas tienen su cruz: la sombra de Júpiter quiere tenerlo todo, caer en excesos, festejar a lo grande y forzar el crecimiento allá donde percibe un estancamiento. La sombra de Saturno quiere ser la única, en tanto que la sombra de Júpiter quiere serlo todo y todos.

Un crecimiento sin fin en las formas de vida individuales y de las especies es destructivo. Ejemplos de ello son el cáncer o las especies invasoras que saturan los ecosistemas. La sombra de Júpiter es la tormenta incesante, como el relámpago perpetuo del propio planeta. Es el fuego que lo abrasa todo, implacablemente. Todos necesitamos hasta cierto punto la sombra de Júpiter para dejar de crecer. De forma parecida a la sombra libidinosa de Marte, la sombra de Júpiter seguirá empujando y, sin ella, nos estancaríamos o no podríamos alcanzar la realización ni ser productivos. Si la humanidad no dispusiera de la ominosa expansión de Júpiter, seguiríamos viviendo en las cavernas, temerosos de salir al mundo exterior para explorarlo. Júpiter seguirá empujándonos para que nos aventuremos a salir al mundo, para que salgamos al espacio exterior, para que exploremos las profundidades abisales de los mares; y no lo hará por una cuestión de ego o de yo, como la sombra de Marte, sino por el mero placer de la aventura, por la propia expansión, por engrandecerse.

En ocasiones, seguir creciendo es una estrategia que utiliza la naturaleza con éxito, dado que el mero número y la expansión pueden garantizar la supervivencia. Es ésta una defensa natural de la sombra de Júpiter. Una colonia de hormigas perdurará más que una hormiga sola. El tamaño importa, por mucho que desearíamos que no importara. Cuando una corporación se hace global, es menos probable que fracase, hasta que, claro está, se hace demasiado grande para sus propios calzones y se sobrepasa a sí misma. Las personas o las entidades que quieren gobernar el mundo a menudo se dispersan demasiado, y la sombra de Júpiter, que busca territorios siempre en expansión, falla o flaquea cuando no puede contener sus propios límites.

Ɣ

Sombra de Júpiter en Aries
Lleno de mí mismo

Júpiter de nacimiento: Libra ♎
Límite aconsejado: Controla las autojustificaciones

La indulgencia de esta sombra de Júpiter se halla en su propio ego. En la antigüedad se decía del gallo que estaba henchido de sí mismo, que creía que el Sol salía porque escuchaba su canto. De hecho, decimos de las personas engreídas que son «gallitos» porque creen que el Sol sale y se pone gracias a ellos. Aquí, el ego se ha expandido de un modo exagerado e insostenible hasta más allá de su propia realidad. El problema de la sombra de Júpiter en Aries es que da lugar a una personalidad que satura gran parte de su pensamiento y le hace perder de vista a los demás y perder el sentido de reciprocidad. Carl Jung tenía a Júpiter en Libra en su carta natal, de modo que tenía esta sombra de Júpiter, y podemos ver cómo recurrió a ella para estudiar el ego y llevarlo hasta más allá de lo que lo había llevado su maestro, Sigmund Freud. Ciertamente, esta posición de la sombra, a través de la obra de Jung, forzó literalmente al ego en la conciencia de todo el mundo a expandirse hasta más allá de cualquier idea previa que se pudiera tener. Incapaz de dejar de contemplarlo, fascinado con él en su intento por comprenderlo, el ego se convirtió para Jung en el centro de gran parte de su obra, mientras en sus pesquisas ese mismo ego se manifestaba en todo su esplendor.

El peligro de esta sombra egoica es que la persona no tenga en cuenta las ideas de los demás y caiga cautivo de su propia capacidad mental, dando lugar a un sesgo egoico que lleve a la persona a pensar que siempre tiene razón, sea cual sea el tema, generando dificultades en su entorno debido a su resistencia a dejar entrar a los demás. La persona forcejeará por preservar su opinión personal frente al mundo, cuando quizás haya personas que estén ofreciendo visiones alternativas válidas. Otros quizás se beneficien de esto, al compartir ideas y pensamientos singulares que pueden diferir de los demás, pero que pueden llegar a ser automasturbatorios cuando se traspasan determinados umbrales.

Para transmutar esta sombra, tendrás que debatir con los demás y no sentirte amenazado ni sentir la necesidad de mantener tus posiciones en lo relativo a tu idea del ego. Por ejemplo, en este libro, quizás tengas ideas diferentes acerca de lo que es el ego y acerca de cómo lo abordo yo o lo presento a través de los signos zodiacales. ¿Cabe la posibilidad de que no estés de acuerdo? Si yo me aferrara a mis propias ideas y excluyera las tuyas, estaría aferrándome a esta sombra, porque los conceptos del ego en la astrología son mucho más grandes que mis propias ideas, que tienen sus límites. Sería necio por mi parte pensar de otra manera. Jung trató con los conceptos del ego que él sustentaba a través del mito y la historia, conceptos que difícilmente le pertenecían y que no por ello deja de merecer el mismo mérito y alabanza.[104]

Ejemplo en la naturaleza

El simbolismo del gallo de pelea, que refleja una fiera independencia, se puede observar fácilmente en los textos y el arte de los inicios de los Estados Unidos y el Sur del siglo XIX. El periodista James Agee nos recordaba en 1934 que «se eligió el águila como símbolo de los Estados Unidos por sólo dos votos de diferencia con respecto al gallo» [...].

[De hecho,] Los confederados pusieron imágenes del gallo en sus monedas [...].

Los espíritus creativos han recurrido a la pelea de gallos como símbolo en sus poemas, en sus cuadros y relatos cortos [...].

---

104. Debo decir que no estoy de acuerdo con las sombras personales de Jung sobre el potencial abuso de sus clientes y estudiantes hasta el punto de las controvertidas acusaciones de violación, concretamente de Sabina Spielrein.

En los Estados Unidos, la oposición institucionalizada a las peleas de gallos, y a otras formas de supuestos abusos de los animales, se remonta a 1866 [...].

La Asociación Humanitaria Americana vio la luz una década más tarde, y estas dos organizaciones han liderado la lucha contra las peleas de gallos y otros muchos temas de finales del siglo xx. Curiosamente, son mujeres –y no hombres– quienes han formado la espina dorsal de esta oposición. Las mujeres constituyen el núcleo del activismo, y siguen alimentando argumentos críticos. Un historiador señaló que, «Si el apoyo de las mujeres estadounidenses se retirara súbitamente, la gran mayoría de las asociaciones para la prevención de la crueldad con los niños y los animales dejarían de existir». Otro historiador citaba las quejas de un aficionado a las peleas de gallos en 1979:

«La Liga de Damas entró, y cuando las mujeres toman el control, se acabó».

—Lynn Morrow[105]

♉ Sombra de Júpiter en Tauro
El mundo a tus pies

Júpiter de nacimiento: Escorpio ♏
Límite aconsejado: Sé parte de un ecosistema

La sombra de Júpiter en Tauro lleva a la indulgencia y a una falta de contención con respecto a la Tierra, a sus recursos y al territorio. Son muchas las causas que pueden llevar a los imperios a su caída. Uno es una expansión desmedida que lleve a ocupar un territorio demasiado grande. Otra es la escasez de alimentos y recursos debido a una expansión excesiva del ejército, o a que se ha introducido en lugares donde

---

105. «History they don't teach you: A tradition of cockfighting». *White River Valley Historical Quarterly*, vol. 35, n.º 2 (Otoño 1995).

no encuentran suficiente alimento para sustentar a las tropas. Las hambrunas son reales, y siguen ocurriendo. La supervivencia en la Tierra es real y merece respeto.

La persona que tiene esta sombra de Júpiter da por hecho que puede ocupar tierras y tomar alimentos donde le venga en gana sin sufrir las consecuencias. Pero el equilibrio de la naturaleza y las necesidades básicas de la posición natal de Júpiter en Escorpio te van a enseñar algunas cosas que necesitas saber, si te adentras demasiado en la locura de esta sombra de Júpiter. Normalmente, el mayor peligro para la persona que tiene esta sombra será un exceso de indulgencia en la alimentación y en la adquisición de propiedades, que puede llegar a un punto que la persona se vea incapaz de manejar. Cuando estos abusos se vuelven demasiado notorios, la sociedad frena el exceso, exigiendo reformas en la legislación inmobiliaria en favor de los arrendatarios, con restricciones que prevengan los abusos.

Esta sombra es particularmente repudiable debido a que la persona cree que toda la Tierra le pertenece, y que puede utilizar su propiedad a su antojo, sin tener en cuenta a las personas que puedan estar viviendo allí. La necesidad por garantizar los recursos terrestres se impone a todo lo demás y termina careciendo de toda proporción, orientándose exclusivamente al lucro personal. La institución que posee más propiedades en todo el mundo es la familia real británica, seguida por la Iglesia católica. Presentarse en otros países reclamando tierras y arrebatándoselas a la gente, mientras se infiltran en sus culturas, es un abuso intolerable de recursos y ecosistemas. La mejor manera de transmutar esta sombra es redistribuir la riqueza y devolver lo robado a los pueblos y las culturas, y una gran parte de lo que debe devolverse es la propia tierra y los recursos que hay en ella.

Ejemplo en la naturaleza

Desde hace décadas, se sabe que las invasiones de elefantes están relacionadas con graves consecuencias medioambientales que llevan a un creciente agotamiento de recursos ambientales (plantas, agua, vida salvaje y suelo). Este artículo examina los efectos que las actividades de los elefantes tienen sobre los recursos medioambientales en las áreas de los Gobiernos Locales de Hong y Gombi, en el Estado de Adamawa, tomando en consideración los daños que los elefantes causan habitualmente [...] Los resultados mostraron que la extensión de los daños fue altamente significativa en todas las cosechas, específicamente en las de mangos, guayabas y naranjas, en tanto que los daños provocados a las plantas, el agua, la vida salvaje y el suelo... [fueron] la contaminación del agua, la erosión del suelo, los efectos dañinos sobre animales salvajes más pequeños, el incremento de la desertización, la emigración de animales salvajes, el bloqueo de corrientes de agua y la extinción de algunas especies de plantas menos resistentes. Investigaciones ulteriores revelaron que se perdieron grandes cantidades de dinero debido a las actividades de los elefantes sobre cosechas hortofrutícolas como las del mango, la naranja y la guayaba.

—MICHAEL AWI[106]

♊
Sombra de Júpiter en Géminis
El fanfarrón

Júpiter de nacimiento: Sagitario ♐
Límite aconsejado: Cállate de vez en cuando

La sombra de Júpiter en Géminis es inequívoca. Vas a detectar fácilmente a aquellas personas que se hallan bajo la influencia de esta sombra porque no paran de hablar. Busca simplemente una boca abierta si quieres detectar esta sombra. Aunque la libertad de expresión es maravillosa, y una comunicación abierta y hablar libremente son ciertamente virtudes muy necesarias, llega un momento en que hay que callar para equilibrar la balanza. Una boca que no deja de hablar no se escucha a sí misma, y esto puede causar problemas, aun en el caso de que lo que se diga sea magnífico.

---

106. «Elephant invasión and escalated depletion of environmental resources in a semi arid tropical ecosystem». *Animal Research International,* vol. 4, n.º 3, pp. 758-761 (2007).

La expansión excesiva de la boca llevará invariablemente al chismorreo y a discursos grandilocuentes, incluidas las hipérboles, y con ello llegará una pérdida general de efecto debido al uso excesivo. Con esta sombra, se pueden decir muchas palabras, pero sin gran significado también. Júpiter en Sagitario pensará a lo grande y conseguirá cosas grandes, pero la sombra en Géminis hablará acerca de ello, y mucho. Hay una gran sabiduría en el consejo de no alardear de los propios logros. Es conveniente difundir las cosas, pero el exceso invita a que se asocien sombras negativas aquí. Las costumbres de los estoicos griegos, que practicaban la templanza y vivían de acuerdo con la naturaleza, pueden equilibrar y transmutar esta sombra de Júpiter. Comunica de forma específica y sucinta, en lugar de poner el volumen al máximo.

El *coach* Tony Robbins tiene esta sombra de Júpiter y, sin pretender minusvalorar sus logros, quizás ha hablado demasiado y muy a la ligera, excediéndose en ello y ejemplificando bien la necedad de esta sombra de Júpiter. Para transmutar de forma eficaz esta posición, céntrate en qué palabras conviene decir y cuándo decirlas. Por otra parte, deja también que otras personas hablen acerca de ti y de lo que tienes que hacer, pues esto inspirará a los demás y les dará la oportunidad de participar de tus logros, en vez de pronunciarte siempre desde tu propia sabiduría y gloria. Una persona verdaderamente sabia habla más de la sabiduría de los demás que de la suya propia, ejercitando así la humildad y la mesura en la palabra hablada, consiguiendo más con menos palabras.

Ejemplo en la naturaleza

Los leones marinos generan sonidos tanto por encima como por debajo de la superficie del mar. Los leones marinos de California están entre los mamíferos más vocales del mundo. Entre sus vocalizaciones se incluyen ladridos, gruñidos y rugidos. Durante la temporada de apareamiento, los machos de leones marinos de California ladran incesantemente a la hora de marcar su territorio; y, una vez establecido, los machos ladran exclusivamente para mantenerlo y defenderlo. Durante las épocas en que no se aparean, los machos sumisos se hacen más vocales que los machos dominantes. Las hembras recurren a una vocalización específica durante la secuencia de reconocimiento madre-cría, secuencia que tiene lugar cuando una hembra regresa a la colonia después de alimentarse con el fin de localizar a su cría. La hembra emite una sonora vocalización parecida al sonido de una trompeta, que genera en la cría una respuesta parecida a un balido [...] Las hembras se vuelven muy agresivas justo antes y después de dar a luz, momentos en los cuales sus «voces amenazadoras» van desde un ladrido a un chillido intenso, para pasar después a un eructo contundente y finalmente a un gruñido irregular. Las crías hacen una llamada de reconocimiento madre-cría similar a un balido y un grito de alarma muy agudo.[107]

♋

Sombra de Júpiter en Cáncer
El melodrama

Júpiter de nacimiento: Capricornio ♑
Límite aconsejado: Un poco da mucho de sí

El Júpiter natal en Capricornio está constreñido, al igual que en el mito, donde Saturno (regente de Capricornio) intenta eliminar a su hijo, Júpiter. El Saturno tóxico, patriarca de Júpiter, intenta eliminar los sentimientos intensos de Júpiter hasta que esta posición encuentra la libertad sin límites de su sombra en Cáncer. Las personas que tienen la sombra de Júpiter en Cáncer se consienten descargar todos los sentimientos que albergan en su interior, a menudo con la ayuda del alcohol o cualquier otra sustancia, y puede que sean indulgentes con su cólera o su desdicha, que, aunque justificadas, pueden parecer desproporcionadas para la situación desencadenante. Lo importante será darse cuenta de que las personas con esta sombra están intentando expresar libremente sus emociones, están necesitando hacerlo, lo cual puede no reflejar la realidad y llevarles a caer en la hipérbole. En algún punto, la expresión emocional fue minimizada, y de ahí que la sombra actúe

---

107. «Communication: Sound production». SeaWorld Parks & Entertainment, seaworld.org

para contrarrestar o compensar las restricciones y las coacciones que los nativos puedan haber experimentado, desahogándose y descargando sus emociones en los demás. El que llega a casa y le da una patada al perro es quien se ha enfurecido por algo que ocurrió en el trabajo.

El antídoto consiste en aprender a expresar de forma segura la cólera y a comunicarse directamente con las personas que desestiman y no tienen consideración con tus sentimientos. Si alguna persona no valora tu capacidad para sentir profundamente, o tú mismo dejaste de reconocer tus sentimientos, asegúrate de no hacer lo mismo con los demás. Probablemente, no te haya gustado que alguien haya descargado sus emociones contra ti con el fin de vengarse, en una represalia subconsciente. El peligro de la posición de esta sombra radica en que la reacción no es equiparable a la ofensa, y en que la persona que tiene esta sombra puede intentar aniquilar emocionalmente a alguien por el desliz más insignificante. Si alguna vez te ha quedado un residuo emocional tóxico sin motivo aparente, es muy posible que haya sido de alguien que tiene esta sombra.

La *drag queen* y presentadora de *reality shows* RuPaul Charles tiene esta sombra de Júpiter y fue capaz de dominarla recurriendo a su tendencia al dramatismo en los programas de entretenimiento. En su capacidad para combinar el drama con la estética es donde RuPaul encontró su vía, para deleite de todos.

Ejemplo en la naturaleza

A primera vista, el pez bruja o mixino… se parece mucho a una anguila. Los naturalistas pueden diferenciarlo porque el pez bruja, a diferencia de otros peces, carece de espina dorsal (y también de mandíbulas) […].

El pez bruja produce babas del mismo modo que los seres humanos producen opiniones —de forma fácil, rápida, defensiva y prodigiosa. Los peces bruja babean cuando son atacados o, simplemente, cuando están bajo estrés. El 14 de julio de 2017, un camión cargado con peces bruja volcó en una autopista de Oregón. Los animales estaban siendo enviados a Corea del Sur, donde se consumen como un manjar, pero, en cambio, terminaron esparcidos por un tramo de la Autopista 101, cubriendo el asfalto (y, al menos, un desgraciado auto) de babas. Lo habitual es que un pez bruja libere menos de una cucharadita de té de mucosidad de las alrededor de 100 glándulas de baba que se alinean en sus flancos. Y en menos de medio segundo, esa pequeña cantidad se expandirá en torno a 10000 veces, lo suficiente como para llenar un pozal. Si acercas la mano, cada movimiento que hagas arrastrará el agua con ella.

—ED YONG[108]

♌ Sombra de Júpiter en Leo
Optimismo tóxico

Júpiter de nacimiento: Acuario ♒
Límite aconsejado: Conviene ver la energía negativa

Ser positivo es importante, y no hay duda de que tener una buena actitud puede hacer que las cosas mejoren; sin embargo, bajo la sombra de Júpiter en Leo, la positividad no conoce límites y se convierte en tóxica. Alguien que ignora las dificultades y los peligros potenciales, y embiste de forma entusiasta, puede causar más problemas e, irónicamente, más negatividad que los que hubiera causado un cínico chapado a la antigua. Por nuestra propia seguridad y supervivencia, tenemos que equilibrar nuestro entusiasmo. Cuando exageramos los resultados positivos o los tergiversamos, podemos hacer un gran daño, pues podemos crear falsas esperanzas y expectativas en los demás, que pueden sentirse después decepcionados o pueden incluso arruinar su vida si, por ejemplo, ponen su tiempo, su energía y su dinero en un proyecto que no funcionó. Obcecándonos en una actitud positiva y negando las potenciales consecuencias negativas, ponemos en peligro a los demás. Hay cosas que no están bien; y, si tú te dices que están bien cuando no lo están, vas a causar problemas. Cuando alguien te dice que todo está bien, y tú sabes que no es así y estás intentando alertarle del peligro,

---

108. «No one is prepared for hagfish slime». *Atlantic* (23 Enero 2019).

convendrá que veas que quizás esta persona está cayendo bajo la sombra de una positividad tóxica. Y también convendrá que diferencies entre aquel que intenta manipularte y aquel que está alimentando una actitud inadecuada y engañosamente positiva.

Marie Curie, una pionera de la física y la química, tenía esta posición. Se entusiasmó tanto con sus investigaciones y sus descubrimientos que ignoró el peligro en el que se estaba poniendo, no sólo ella, sino también su marido, Pierre. En su entusiasmo por los descubrimientos, se expuso a sí misma y a su marido a potentes radiaciones —aquello mismo que investigaba e intentaba demostrar—, las cuales llevaron a ambos a la tumba antes de tiempo. Incluso algunas de sus libretas de notas, en las que Marie Curie reflejaba su optimismo en las investigaciones, estaban tan contaminadas que siguen selladas por seguridad.

Ejemplo en la naturaleza

Unos elefantes ebrios, que se emborracharon al beber un licor artesano, han matado a tres personas y destruido 60 hogares en el desenfreno de su ebriedad de cuatro días al este de la India.

Ayer, las autoridades locales informaron de que los elefantes estaban durmiendo la resaca, mientras las conmocionadas comunidades intentaban limpiar los restos dejados por una manada de 70 elefantes en aldeas remotas situadas en la frontera de los estados de Orissa y Bengala Occidental.

Con la llegada de las festividades en la región, las gentes de la zona habían acumulado un buen número de vasijas de barro llenas con la bebida tradicional de la zona, una bebida hecha con arroz fermentado, y, según Bijay Kumar Panda, un administrador local, los elefantes encontraron las vasijas y se bebieron su contenido.

Posteriormente, los elefantes asolaron los alrededores para terminar «quedándose dormidos aquí y allí, tras sembrar el caos en la región».

—Jason Burke[109]

---

109. «Elephants on drunken rampage kill three people». *Guardian* (Manchester, UK) (3 Diciembre 2010),

Sombra de Júpiter en Virgo
El árbol de los regalos se echó a perder

Júpiter de nacimiento: Piscis ♓︎
Límite aconsejado: Si esperas algo a cambio, no des nada

Gautama Buda, conocido también como el Buda, tenía la sombra de su Júpiter en esta posición. El Júpiter natal en Piscis tiene la sombra en Virgo. Ciertamente, su filosofía se ha difundido por todo el mundo, y se podría decir que es el gurú de más éxito de todos los tiempos, si no contamos a los mesías.

Gautama Buda viajó mucho y probó con distintas tradiciones espirituales, sometiéndose a distintas prácticas. Su Júpiter en Piscis le exigía una muerte del ego y hasta casi la muerte física, como se puede ver en las estatuas en las que se le representa visiblemente demacrado bajo el árbol Bodhi. Tras la muerte del ego pisciano, la sombra de Júpiter en Virgo llevó a Buda a articular, regular y clasificar su experiencia en una serie de leyes. El Júpiter natal en Piscis puede expandirse lo suficiente como para ver el espíritu desde la totalidad, más allá de las religiones; y es que, simplemente, la naturaleza de Júpiter no puede contener la energía pisciana porque terminaría brotando por sus resquicios. En la medida en que la sombra de Júpiter en Virgo se fue introduciendo, el análisis paralizó la liberación y lo devolvió todo a su tamaño original.

Existen muchos puntos oscuros en torno al sendero de la iluminación. El peligro de esta sombra de Júpiter es que la contracción que tiene lugar tras la expansión de la muerte del ego puede ser tan severa que aniquile todo lo conseguido. Piensa en esos mundos por un instante: si es posible expandirse hasta más allá del ego para llegar a un estado de dicha y liberación, ¿cuál será el siguiente curso de acción? ¿Decretar una serie de normas morales para que las sigan los demás, o enseñarles a alcanzar el mismo estado del ser? Existe una enorme diferencia entre escuchar las palabras de alguien que ha alcanzado la muerte del ego y tener realmente una muerte del ego. Y ésta es una sombra de la cual es crucial tomar conciencia: no te lleves a engaño conformándote con las palabras de alguien que está iluminado en lugar de iluminarte tú mismo. Si estás buscando la iluminación y escuchas las palabras de los iluminados en vez de hacer el trabajo por ti mismo, se te relegará y se te pondrá en las gradas, como a un espectador observando un espectáculo deportivo.

Esto lo aprendí del hombre medicina Kelvin deWolfe, DAOM, cuando conversábamos acerca de Gautama el Buda. Él decía que, a pesar de todo lo que consiguió, fue un «mal padre» que abandonó a su mujer y a su hijo. Según la mayoría de los registros históricos, Gautama ya no regresó con su familia y no le preocupó que su reino sufriera invasiones, en las cuales su familia podría haber resultado muerta sin él enterarse. Y, aunque hubiera regresado con su familia tras la iluminación, lo cierto es que, en un principio, la abandonó por completo. La esposa de Gautama era prima hermana suya, por lo que también pudo haber una sombra de incesto; no obstante, aquéllos eran otros tiempos, pues su madre también se había casado con un primo suyo.

Buda terminaría muriendo por una intoxicación alimentaria, bien por haber ingerido hongos venenosos o bien por carne en mal estado. No permitas que las palabras de los iluminados te detengan; emprende la acción por ti mismo. Recorre el sendero con tus propios pies.

Ejemplo en la naturaleza

Los loris de la Sonda o loris perezosos –un pequeño grupo de primates nocturnos de grandes ojos que habitan los bosques del sur y el sureste de Asia– puede que parezcan adorables, pero convendrá que, si quieres abrazarte a uno, te lo pienses dos veces. Quizás parezcan inofensivos, pero la mordedura de un loris perezoso está cargada con un veneno capaz de pudrir la carne [...].

«Si hubiera un animal real tras los conejitos asesinos de la película de Monty Python, ése habría sido el loris perezoso... con la diferencia de que se habrían atacado entre ellos».

La mordedura de un loris no es una broma. Los loris tienen unas glándulas en las axilas que rezuman una especie de aceite tóxico; y, cuando se lamen esas glándulas, la saliva, combinada con el aceite, se convierte en un potente veneno. Éste se acumula en la canaladura de los caninos, con los que infligen una espeluznante mordedura capaz de atravesar el hueso. El veneno que transmiten con tales mordeduras es capaz de pudrir la carne de la víctima, al punto que se han visto loris con la mitad del rostro fundido, cuenta Nekaris al *Times*.

—RASHA ARIDI[110]

♎︎

Sombra de Júpiter en Libra
Ojo por ojo

Júpiter de nacimiento: Aries ♈︎
Límite aconsejado: Justicia, no justificación

Por lo que sabemos, las primeras lenguas escritas (más allá de los petroglifos) fueron el proto- o pre-sumerio, escrito en tablillas de arcilla descubiertas en lo que actualmente es Irak, tablillas en las que se registraron anotaciones económicas, normativas, regulaciones y leyes. No existe acuerdo sobre si la más antigua de estas tablillas es la tablilla de Kish, y tampoco existe acuerdo en lo que esta tablilla dice. El Código de Hammurabi, inscrito en piedra en torno al 1780 a. e. c., es uno de los primeros códigos legales escritos. En este código aparece la famosa ley del ojo por ojo. Bajo la sombra de Júpiter en Libra, se da un exceso de regulaciones y una preponderancia de normas que se supone deben proteger, pero que terminan sofocándolo todo debido a su severidad o a los malentendidos que provoca. El efecto de la sombra de Libra sobre Júpiter lo lleva a regularse hasta la muerte.

Incluso la muerte está regulada bajo esta sombra de Júpiter, que no hace otra cosa que establecer normas hasta mucho más allá de lo que se necesita para que una sociedad funcione. Los trámites burocráticos lo atascan y lo paralizan todo, y los conflictos se prolongan en los tribunales, cuando una simple conversación podría haber bastado. El Júpiter natal en Aries buscará la contienda, de manera que regateará y

---

110. «The cute-but-deadly slow loris reserves its flesh-rotting venom for its peers». *Smithsonian Magazine* (22 Octubre 2020).

se negará a ceder o a llegar a un acuerdo, lo cual llevará a que se tengan que inventar nuevas reglas. Con el tiempo, se hará imposible conseguir nada fuera de los tribunales. Y esto no siempre será beneficioso, dado que multitud de asuntos no precisan de regulaciones tan severas, y muchas personas no podrán someterse al sistema judicial por falta de recursos económicos, de manera que nunca se hará justicia para ellas.

La conducta defensiva es natural, pero ponerse excesivamente a la defensiva se transforma en una actitud agresiva. A todos se nos debe justicia, que haya un equilibrio en la balanza; eso es lo justo. Pero intentando equilibrar la balanza nos podemos ir al extremo, alejándonos de la justicia en busca del castigo por el castigo en sí. Si existe una pena para los morosos, por ejemplo, y enviamos a alguien a prisión durante nueve años por no haber pagado un tique de 60 dólares por el estacionamiento del auto, la supuesta justicia se convierte en algo perjudicial y agresivo, un exceso de regulación que genera daños. Esta sombra, que no diferencia bien entre justicia y castigo, es un grave problema en nuestra sociedad actual. Es un error asumir que los castigos estrictos son la mejor solución para limitar los delitos. El viejo adagio de arrojar al bebé por el desagüe con el agua del baño debería hacernos reflexionar, pues unas leyes extremas pueden sacar a demasiada gente de la legalidad, incluidas muchas personas aún valiosas y maravillosas, que quizás cometieron un pequeño error o dieron un paso en falso. El valor total de la vida de una persona es mucho mayor que los errores que pueda haber cometido, y no siempre servirá al bien común el aplicar un castigo devastador sobre aquellas personas que puedan haber cometido un delito, sobre todo si existen matices para el descargo. La justicia es maravillosa, y todos tenemos una necesidad innata de justicia. Sin embargo, si estrangulamos la libertad con reglas de seguridad, la vida se agostará y se impondrá la desdicha. El castigo y la destrucción son las indulgencias de los excesos de Júpiter.

Ejemplo en la naturaleza

Aunque la reciprocidad positiva (el altruismo recíproco) ha sido objeto de interés en la biología evolutiva, la reciprocidad negativa (la reducción de la aptitud por represalias) se ha ignorado en gran medida. Las agresiones por represalias son habituales en los animales sociales; hay individuos que suelen castigar a otros miembros del grupo por infringir sus intereses, y el castigo puede hacer que los subordinados desistan en comportamientos que probablemente reducirían la aptitud de los individuos dominantes. Las estrategias de castigo se utilizan para establecer y mantener las relaciones de dominancia, para disuadir a parásitos y tramposos, para disciplinar a las crías o a posibles parejas sexuales, y para mantener una conducta cooperativa.

—T. H. CLUTTON-BROCK y G. A. PARKER[111]

♏︎
Sombra de Júpiter en Escorpio
Exterminio

Júpiter de nacimiento: Tauro ♉︎
Límite aconsejado: Más vale prevenir que curar

La sombra de Júpiter en Escorpio llevará sus necesidades de supervivencia hasta el extremo y perderá de vista los límites existentes entre el yo y los demás durante el proceso. Para esta sombra de Júpiter, la seguridad se halla en exterminar las amenazas, en vez de en formas más racionales de gestionar las cosas. La persona que tiene esta sombra protegerá sus recursos y reaccionará de forma excesiva ante cualquier amenaza, empleando para ello una fuerza inapropiada.

La mejor manera de transmutar esta potente y peligrosa sombra consiste en obtener cierta seguridad mediante la constatación de la confianza en tus seres queridos a lo largo del tiempo. Si eres bastante autosuficiente como para incluir a otras personas, no por necesidad sino por disfrute, será menos probable que intentes tomar el poder y que te pelees por los recursos. No tienes por qué vivir con el temor a la pérdida cuando te respetas a ti mismo y sabes que todo y todos son libres de ir y venir sin que tengas que ejercer control alguno.

---

111. «Punishment in animal societies». *Nature*, vol. 373, pp. 209-216 (19 Enero 1995).

Julio César nació con esta sombra de Júpiter y, bajo el influjo de esta sombra, que le llevaba a proteger sus recursos y a enfrentarse a cualquier amenaza, dirigió sus energías a la expansión de su imperio. César fue un genio en la protección y defensa de sus territorios, hasta el punto que pensó que podría reemplazar la república democrática de Roma con sus propias formas de gobernanza. Este movimiento de tan cortas miras desembocó en la rebelión del senado y en una grave represalia; entre 50 y 60 senadores lo apuñalaron en veintitrés ocasiones, una y otra vez, con más puñaladas de las necesarias para acabar con su vida, convirtiendo el cuerpo de César en un despojo sangriento en las escalinatas del pórtico de la Curia de Pompeyo.

Ejemplo en la naturaleza

Un cocinero mató a una serpiente, pero la serpiente aún tuvo tiempo de matarlo a él.

El chef Peng Fan, de la provincia de Guangdong, en China, le cortó la cabeza a una cobra cuando iba a trocear su cuerpo para una sopa, informa el *Daily Mail*.

Pero 20 minutos más tarde, cuando Peng estaba a punto de arrojar la cabeza de la cobra a la basura, ésta seguía operativa. La venenosa criatura mordió al cocinero, que falleció antes de que pudieran administrarle un antídoto. «Pudimos oír gritos procedentes de la cocina», dice un cliente del restaurante.

La mordedura le generó la parálisis y la asfixia, señala el *Daily Mirror* [...].

Los reptiles pueden seguir siendo peligrosos hasta una hora después de haber sido decapitados. «Cuando una serpiente pierde la cabeza, está efectivamente muerta, dado que las funciones corporales básicas cesan, pero siguen pudiendo darse actos reflejos. Esto significa que las serpientes disponen de la capacidad de morder e inyectar su veneno incluso después de haber sido decapitadas».

—Matt Cantor[112]

---

112. «Cobra's severed head bites, kills chef». *USA Today* (26 Agosto 2014).

Sombra de Júpiter en Sagitario
El encantador de serpientes

Júpiter de nacimiento: Géminis Ⅱ
Límite aconsejado: Todo tiene su momento, gira, gira, gira[113]

El hecho de que Júpiter rija Sagitario hace que la sombra en este signo nos haga ver los peores excesos de la naturaleza de Júpiter, como el exceso de comida, de bebida, de sexo y fiestas, y de fanfarronadas. Hay un punto que, si se sobrepasa, nos hace entrar en zona de desastre, y ese punto está aquí. El Júpiter natal en Géminis hace que sus nativos tiendan a vivir en la esfera social y que desarrollen en gran medida sus habilidades de comunicación. Y claro está que, si la persona no está alerta ante los riesgos que comporta, Júpiter en Géminis ofrecerá el escenario perfecto para que su sombra entre y se haga con el control. El problema de esta sombra y su confusión con el poder estriba en que el hedonismo es una práctica religiosa y espiritual profunda, eficaz y beneficiosa. Por favor, entiéndase bien lo que pretendo decir: no estoy en contra del hedonismo y, como Sagitario que soy, he investigado mucho en esta área. Pero el exceso de algo bueno no deja de ser un exceso.

El peligro de esta sombra se halla en pasarse de hedonista en detrimento de la mente, el cuerpo y el espíritu, y habrá que prestar atención a los límites si la mente o el cuerpo enferman. De tanto socializar podemos acabar perdiéndonos a nosotros mismos. Los períodos de descanso son necesarios, no sólo en el trabajo, sino también en la diversión. Esto no significa que no podamos divertirnos, pero los poseedores de esta sombra están especialmente dotados para la diversión y para caer bien, cosa que les dificultará el control de esta sombra. Para

---

113. La autora utiliza aquí un verso de la canción *Turn, Turn, Turn (To Everything There is a Season)* de Pete Seeger (1959), que utilizó una cita bíblica, del Eclesiastés 3, que dice: «Todo tiene su momento, y cada cosa su tiempo bajo el cielo: su tiempo el nacer, y su tiempo el morir; su tiempo el plantar, y su tiempo el arrancar lo plantado».

transmutarla, convendrá hacer retiros periódicos con el fin de desconectar de los demás y de sintonizar con el cuerpo y la mente, con los sentimientos e ideas, lejos de toda influencia de los demás o de cualquier sustancia. Si no puedes hacer esto, te arriesgas a ser víctima de tu indulgencia.

Charlie Sheen tiene esta sombra de Júpiter y se ha visto inmerso en situaciones de grave riesgo debido al abuso de sustancias e, incluso, en una ocasión, con una sobredosis. Cuando alcanzamos nuestros límites conviene prestar atención a nuestro corazón, que puede verse incapaz de funcionar, y convendrá dar un paso atrás para ver cómo podemos estar afectando a los demás; cómo, abusando de nosotros mismos, podemos terminar abusando también de nuestros seres queridos.

Ejemplo en la naturaleza

El hecho de que estos peces [los engullidores negros] se traguen enteras a sus presas hace que, en muchas ocasiones, no puedan digerirlas adecuadamente, por lo que es posible que comiencen a descomponerse en su estómago. Y, por si esto no resulta suficiente, los gases de la descomposición de la víctima en su estómago pueden empujar a los engullidores negros hasta la superficie del océano, una situación que puede costarles la vida. De hecho, en el año 2007, se encontró a un engullidor negro de 19 centímetros en una de las playas de la Isla Gran Caimán. En su estómago se encontró una caballa serpiente *(Gempylus serpens)* de 86 centímetros, que había sido víctima de este depredador. Esto resultó fatal para el engullidor, pues los gases de la putrefacción le empujaron hasta la superficie, ¡muriendo de este modo por su glotonería, por querer comerse a una criatura cuatro veces más grande que él!

—Jody McCallum[114]

---

114. En «12 incredible Black swallower facts». *Animal Stratosphere* (4 Diciembre 2020).

♑

Sombra de Júpiter en Capricornio
El mal perdedor

Júpiter de nacimiento: Cáncer ♋
Límite aconsejado: Respeta las consideraciones éticas

Júpiter está muy incómodo en una sombra capricorniana debido a la presencia e influencia de Saturno, que intentó devorar a Júpiter siendo un bebé. Capricornio es restrictivo y represor, en tanto que Júpiter intenta expandirse, hacer las cosas grandes y empujarlo todo siempre más allá. Lo que vemos con esta sombra es un exceso de control. El Júpiter natal en Cáncer tiene intensos sentimientos y emociones, además de potentes instintos; pero su lado sombrío es el temor a sentir pesar, a las pérdidas, debido a la enormidad y la profundidad de las emociones. La sombra de Júpiter en esta posición intentará asegurarse la victoria, aun a costa de hacer trampas. Vemos aquí al director ejecutivo que falsifica los libros de cuentas para hacer creer que es una persona de éxito, y vemos también a aquellas empresas que se expanden con el fin de obtener más de lo que una única persona podría conseguir, situando al ego en una posición de crecimiento perpetuo, incluso a través de las generaciones, mediante una marca de éxito empresarial al servicio de más de una persona. Estos individuos están dispuestos a pagar multas y sufrir penalizaciones por delitos que consideran que tienen que perpetrar con el fin de situarse en cabeza. Una falta de moral y de ética suele acompañar a esta sombra de Júpiter debido a que el exceso y la indulgencia son la clave del éxito, y estas personas piensan no importan los medios siempre y cuando se consigan los fines.

George W. Bush tiene esta sombra de Júpiter. Bush ganó las elecciones presidenciales a Al Gore tras una gran polémica. Bush perdió el voto popular, lo cual llevó a pensar que había logrado la presidencia haciendo trampas, asegurándose inadecuadamente los votos electorales que necesitaba. Tras la orden del Tribunal Supremo de Florida de recontar los votos de aquel estado, el equipo de campaña de Bush recurrió la decisión ante el Tribunal Supremo de los Estados Unidos, pidiendo que se detuviera el recuento. Este tribunal, dada su mayor autoridad sobre el tribunal de Florida, decidió detener el recuento, permitiendo así que Bush ganará las elecciones en Florida y, por tanto, la presidencia. Algunos acusaron al Tribunal Supremo de dejarse influir indebidamente por el equipo de campaña de Bush y, aunque no es fácil saber la verdad en este caso, lo bien cierto es que tal situación fue un producto directo de la sombra de Júpiter en la carta natal de Bush.

Ejemplo en la naturaleza

Sin orden ni concierto, los individuos de base se extienden instintivamente a través de la brecha, sujetándose unos a otros mientras sus camaradas se arremolinan sobre sus cuerpos. Pero no se trata de una fuerza sobrehumana. Son las hormigas del ejército de la especie *Eciton hamatum*, que forman puentes «vivos» sobre brechas y abismos en el suelo de la selva, lo cual permite a sus famosos enjambres hacer eficientes incursiones por el terreno […] Según los investigadores, las hormigas exhiben un nivel tan elevado de inteligencia colectiva que podrían proporcionarnos importantes descubrimientos sobre el comportamiento animal e incluso ayudarnos a desarrollar robots intuitivos capaces de comportarse colectivamente. Las hormigas *E. hamatum* crean de forma automática puentes vivos sin la supervisión de ninguna hormiga «líder», dicen los investigadores […] Las hormigas crearán un sendero sobre un espacio abierto, aunque para la recolección de alimentos y presas haya que recurrir a una gran multitud de obreras. «No hay ninguna hormiga que supervise la decisión, pues hacen los cálculos y toman las decisiones como colonia», comentó Lutz.

—Morgan Kelly[115]

---

115. En «Ants build "living" bridges with their bodies, speak volumes about group intelligence». Princeton University (30 Noviembre 2015).

〰

Sombra de Júpiter en Acuario
El infinito es demasiado pequeño

Júpiter de nacimiento: Leo ♌

Límite aconsejado: Hasta los alienígenas necesitan amigos

La sombra de Júpiter en Acuario anhela experiencias extrañas, pues es algo así como una exploradora del espacio exterior. Júpiter se encuentra con la imaginación en esta ubicación de la sombra, algo que puede resultar hermoso, pero que también entraña el riesgo de desconectarse fácilmente de la realidad. La ubicación de esta sombra llevará a su poseedor mucho más lejos de los límites previamente establecidos; de hecho, lo llevará hasta lugares inconcebibles. Lo bueno de esto es que puede llevar a descubrir nuevos pensamientos, nuevas ideas e invenciones revolucionarias. La propia oscuridad ignota del espacio exterior es la sustancia que da forma a esta posición, y no pasará mucho tiempo antes de que la contemplación fija del abismo nos lleve a flotar en él, aislándonos del resto de la humanidad, convirtiéndonos en un alienígena.

Tropezar o divagar de vez en cuando es maravilloso; pero, si no regresamos hasta situarnos de nuevo en nuestros zapatos podríamos perder la vida. Podríamos desconectarnos de las alegrías y los placeres más básicos, desquiciar nuestros sentidos, sumergiéndonos en las esferas imaginativas. A mí me encanta expandir la consciencia mediante la meditación, y me encanta explorar la conciencia, pero tengo que estar en casa a las seis de la tarde para hacerles la cena a mis hijos, y doy gracias por ello.

Para que te hagas una idea del aspecto que tiene Júpiter en Acuario cuando no está en la sombra, el primer vuelo espacial tripulado de Virgin Galactic tuvo lugar en julio de 2021, con Júpiter en Acuario, que es la misma ubicación que había en el cielo cuando el *Challenger* estalló en 1986. Será interesante ver qué pasa con esta sombra cuando nos venga de vuelta en 2026, pues puede que veamos una expansión sin precedentes de la aventura espacial. Dado que el Júpiter natal estará en Leo bajo esta sombra, convendrá que sus poseedores intenten hacer comunidad cuando decidan partir a explorar, que pongan los pies en el suelo y estén con otras personas o familiares, y que no se aventuren demasiado lejos. Yo recomendaría que escuchen la canción «100 Tampons», de Marcia Belsky, para darnos cuenta desde un punto de vista cómico de que hasta los científicos de la NASA pueden no tener los pies en el suelo, dejando que su imaginación les gane la partida de cuando en cuando.

Ejemplo en la naturaleza

Los tardígrados son unas de las criaturas más fascinantes de la Tierra –y de la Luna. En 2019, la nave espacial israelí Beresheet se estrelló en la Luna, esparciendo miles de tardígrados deshidratados que el equipo científico había cargado en el módulo de aterrizaje (junto con muestras de ADN humano). Los tardígrados estaban en «forma tun», un estado de letargo en el que se pliegan como en una bola, expelen la mayor parte del agua de su cuerpo y reducen su metabolismo mediante criptobiosis, hasta que entran en un entorno más adecuado para sustentar la vida. Pueden subsistir en este estado durante décadas. Por otra parte, son muy duros, y pueden soportar entornos sumamente hostiles, inclusive temperaturas bajo cero... y, claro está, también pueden sobrevivir a un accidente en la Luna.

—William Herkewitz[116]

---

116. En «7 fascinating facts about the tardigrade, the only animal that can survive in space». *Popular Mechanics* (21 Octubre 2022).

⯓

Sombra de Júpiter en Piscis
El profeta

Júpiter de nacimiento: Virgo ♍
Límite aconsejado: No puedes controlar al espíritu

Tenemos aquí al líder de culto o gurú que destruye los egos de todos sus seguidores. La sombra de Júpiter en Piscis es el aniquilador de egos que predica una expansión infinita. Aquí, la sombra de Júpiter ofrece la promesa del cielo al tiempo que lidera toda una iglesia y descompone el poder del individuo en una espesa mezcolanza pisciana, en tanto que el Júpiter natal en Virgo toma el control total, dirige y lidera todas sus acciones sobre la base de una serie de normas y disciplinas. El control mental constituye una buena parte de esta sombra de Júpiter. La dificultad para discernir la diferencia entre esta sombra de Júpiter y un sano y necesario componente de avance espiritual, es decir, la muerte del ego, estriba en que la persona que posee esta sombra no sólo quebrará el ego de los demás, sino que también lo reemplazará con propaganda de su elección.

En casi todas las tradiciones espirituales y disciplinas físicas, el ego es sometido, como un caballo al que hay que domesticar, pero la firma de la sombra de Júpiter en Piscis es que las personas se convierten posteriormente en zombis, que son utilizados para cualquier propósito que la mente maestra profética pueda vislumbrar. Obviamente, esto resulta peligroso, y puede perdurar durante generaciones si no se pone bajo control. Millones de personas puede ser víctimas de esta sombra de Júpiter, oculta dentro de sus creencias religiosas y su espiritualidad. Las personas se muestran dispuestas a someter su ego a la causa, pensando que están acumulando tesoros en el cielo, que se convertirán en santos siendo serviles y virtuosas. Pero, tras esto, suelen haber todo tipo de abusos —sexuales, físicos, emocionales y espirituales.

Los casos más dramáticos de cambio inducido de conducta y de «control mental» no son consecuencia de exóticas formas de influencia, como la hipnosis, las drogas psicotrópicas o el «la-

vado de cerebro», sino de una manipulación sistemática de los aspectos más mundanos de la naturaleza humana a lo largo del tiempo y en entornos de confinamiento.

PHILIP G. ZIMBARDO[117]

El delincuente sexual Warren Jeffs, el profeta de la Iglesia Fundamentalista de Jesucristo de los Santos de los Últimos Días, tiene esta sombra de Júpiter. Jeffs asumió el pleno control de esta iglesia tras la muerte de su padre y tras forzar a todas las viudas de su padre a casarse con él. Este hombre asigna esposas a discreción, casando incluso a hombres maduros con chicas menores de edad, mientras él se casa con jóvenes de hasta doce años de edad. Ha sido condenado por múltiples casos de violación y abuso sexual, y está condenado a cadena perpetua. Unas cuantas religiones y culturas casan a chicas jóvenes con hombres mayores de edad, de modo que esta práctica no es exclusiva de esta iglesia, pero sí que ha abusado de esta práctica su carismático gurú, que tiene la sombra de Júpiter en Piscis.

Ejemplo en la naturaleza

Las avispas son unas criaturas horribles, terribles y absurdas, y resultan detestables. ... Pero hay algunas avispas que son inexplicablemente peores que las demás: las *Glyptapanteles*. No contentas con aguijonear y dar muerte con el tiempo a su presa (en este caso, la oruga de la polilla lagarta peluda), inyectan sus huevos en el interior del cuerpo de la víctima. De este modo, sus presas no sólo terminan siendo devoradas, sino que primero son inseminadas a través de una violación interespecies. Y, efectivamente, no hace falta que lo preguntes, pues las crías de las avispas devoran a las orugas desde el interior.

Con todo, las orugas no mueren. ... Algunas de las larvas de avispa eclosionan y se abren paso a través de la piel de la oruga, y

---

117. En *The Lucifer Effect: Understanding How Good People Turn Evil* (trad. cast.: *El efecto Lucifer: El porqué de la maldad.* Paidós, Barcelona, 2008).

249

eso es horrible, claro, pero las que se quedan atrás... toman el control de su cerebro. La crisálida controladora de mentes manipula a la oruga para que monte guardia y proteja a sus vulnerables hermanas del exterior, forzándola de vez en cuando a que las envuelva en una seda protectora. Así, la oruga no sólo es aguijoneada, violada y devorada por dentro, sino que, además, tiene que hacer guardia para proteger a sus atacantes de los depredadores.

—LUKE TAYLOR[118]

---

118. En «The 5 creepiest ways animals have mastered mind control». *Cracked* (24 Agosto 2011).

Las sombras de Saturno

El señor de las bestias

Saturno ha caído, ¿he de caer también yo?
¿Debo abandonar este refugio de mi reposo,
esta cuna de mi gloria, este suave clima,
esta serena exuberancia de luz bienaventurada,
estos pabellones cristalinos y frondas puras
de mi esplendoroso imperio?
Queda desierta, vacía, sin ningún lugar de mi agrado.
El resplandor, el esplendor y la simetría,
no puedo ver… salvo la oscuridad… la muerte y la
oscuridad.
Incluso aquí, en el núcleo de mi reposo,
las visiones sombrías llegan para dominar,
insultar y cegar, y sofocar mi pompa.
¡Cae! —No, ¡por Tellus y sus vestiduras salobres!
Sobre la ardiente frontera de mis reinos
levantaré mi terrible brazo derecho.
Espantaré a ese infante atronador, al rebelde Júpiter,
y le rogaré al viejo Saturno que vuelva a ocupar su trono.

JOHN KEATS, en *Hyperion*

LA SOMBRA DE SATURNO ES CIERTAMENTE OSCURA, probablemente
porque Saturno es, básicamente, el segador de la guadaña, la muerte.
Poetas y músicos pueden hacerte creer que la Luna es la culpable de

nuestro subconsciente sombrío, pero ellos no saben nada de los fríos asuntos saturninos que se apoderan de todo ser humano con el paso del tiempo. En los miles de cartas natales que he visto como astróloga, si hay algo de lo que puedo dar fe es de que el regreso de Saturno es una realidad. Saturno porta la guadaña para recoger la cosecha de cereales cuando éstos han madurado, lo cual sitúa a Saturno entre los dioses de los cereales. Saturno anhelaba tanto el control y el dominio del mundo que se comía a sus propios hijos para impedir que ninguno de ellos pudiera compartir su gloria. Ningún rey nació de sí mismo; para poder existir, los soberanos se deben a la Tierra y al Cielo, a los Titanes. Saturno contiene la energía del patriarcado, la cual, en vez de limitarse al «padre», es la expresión tóxica de la energía masculina. La energía masculina se mueve, protege y vincula, en tanto que la sombra de la masculinidad controla, posee y encarcela. El error esencial de los patriarcas estriba en ignorar cómo llegaron a ser e intentar controlar a las mujeres, creando un mundo falso en el cual pueden fingir que existen independientemente y que no le deben nada a nadie. Pregúntale a cualquier banco cuál es la deuda que tienen con la tierra por el mero hecho de existir y verás que no son capaces de dar con un número en sus calculadoras.

La sombra de nuestro Saturno es aquel lugar en el que sentimos la necesidad de dejar nuestra huella en el mundo físico, como si de un soberano o rey se tratara. Y, si se nos presenta la ocasión, asesinaremos a todos los demás competidores con el fin de convertirnos en el faraón eterno. Saturno tiene que ser el jefe. Lo que casi cualquier ser humano no entiende toda vez que intentan vencer y gobernar, toda vez que intenta poner su nombre sobre algo, es que no son ni siquiera ellos quienes anhelan eso; lo que ocurre es que albergan a un arconte que busca la dominación, que los utiliza como marionetas. Ser el único que queda en pie es, ciertamente, una especie de energía, y es Saturno quien ejerce su influencia en este comportamiento sombrío. Esta energía alcanza su cúspide cuando Saturno regresa, entre los 27 y los 30 años, y entre los 57 y los 60, con toda exactitud, como las agujas de un reloj. Julio César y Alejandro Magno tenían la sombra de Saturno en lo más extremo. Y este arquetipo no sólo se expresa en los seres humanos, sino también en la naturaleza. El león macho alfa, por ejemplo, devorará a las crías de otros machos para que su linaje genético prevalezca, y normalmente expulsará a sus propios hijos machos de la manada para mantener su predominio. Los osos polares y los osos grizzli exhiben también este comportamiento. Innumerables machos adultos, incluso en los primates, destierran a los hijos varones o cometen infanticidios como estrategia de reproducción: matan a los cachorros nacidos de otros machos y fecundan a la madre de los cachorros muertos. Este comportamiento, tan común y natural, es una sombra jerárquica en el reino animal que encontramos también en nuestra propia biología al servicio de propósitos diversos de supervivencia y competencia. Aquí, aprendemos que la necesidad de dominar no proviene de nuestro verdadero yo, sino que es una consecuencia de la vida en cualquier sistema natural del planeta Tierra y una especie de entidad cósmica que cristaliza en ese ser conocido como Saturno. En tanto no lo veamos de este modo, en su sentido más amplio, jamás llegaremos a dominar y transmutar esta sombra.

Todos los secretos están en Saturno.

Pitágoras

La sombra de Saturno nos muestra en qué lugar tenemos dificultades evolutivas, dónde nos cuesta crecer o alcanzar nuestra naturaleza más elevada, dónde seguimos atrapados en nuestro niño o niña interior. Conviene observar las lecciones de la sombra de Saturno, dado que interpreta un papel crucial para que podamos dominar el retorno de Saturno en nuestra carta natal cada treinta años, más o menos. Dominar la sombra de Saturno es ciertamente difícil y rara vez se consigue, de modo que convendrá que comprendas que, cuando te adentras en este territorio, estás entrando en los dominios de la soberanía. Saturno no es para los débiles de corazón, pero gobierna tu carne a pesar de todo. La sombra de Saturno está aquí para recordarnos nuestros antecedentes biológicos y lo que dejamos como legado. Para vencer esta influencia, vas a necesitar tiempo, humildad y paciencia, y vas a tener que liberarte del deseo de dominar. La *devoción* es el antídoto para la sombra de Saturno en la astrología védica, que es el dominio de

Hánuman, el ardiente devoto de Rama, y *bhakti* o culto devocional. Afiánzate en tu compromiso. Saturno es el señor del karma, que no es castigo, sino consecuencia cíclica.

Tal como afirmaba Helena Blavatsky,

> Hay teósofos que, con el fin de hacer el karma más comprensible para la mente occidental, y estando más familiarizados con la filosofía griega que con la filosofía ariana, lo han traducido como *Némesis* [...] Con los griegos primitivos, «desde Homero hasta Herodoto, Némesis no fue una diosa, sino más bien un *sentimiento moral*», dice Decharme; la barrera ante el mal y la inmoralidad. Aquel que lo transgreda, cometerá un sacrilegio ante los ojos de los dioses, y será perseguido por Némesis. Pero, con el tiempo, tal «sentimiento» terminó siendo deificado, y su personificación se convirtió en una diosa fatídica y castigadora [...] «Lo inevitable» representa a Némesis como el efecto inmutable de las causas creadas por el propio hombre. Némesis, como hija de *Dice*, es la diosa equitativa que reserva su cólera sólo para aquellos que han enloquecido de orgullo, de egoísmo o de irreverencia [...] En resumen, en tanto que Némesis es una diosa o Poder mitológico y exotérico, personificado y antropomorfizado en sus diversos aspectos, *Karma* es una verdad altamente filosófica, la expresión más noble y divina de la intuición primitiva del hombre en lo concerniente a la Divinidad. Es una doctrina que explica el origen del Mal y que ennoblece nuestros conceptos de lo que debería ser la inmutable justicia divina, en vez de degradar a la desconocida e incognoscible Deidad convirtiéndola en ese cruel y caprichoso tirano al que llamamos providencia.[119]

---

119. Helena Blavatsky, *The Synthesis of Science, Religion, and Philosophy*, volume 2, en *The Secret Doctrine*. Sociedad Teosófica, Londres, 1888, p. 305 (trad. cast.: *La doctrina secreta*. Editorial Sirio, Málaga, 1988).

Y dado que estamos en deuda eternamente con nuestra madre, Gaia, la Tierra que nos da sustento, la única manera de equilibrar la balanza estriba en dar de comer a los que no pueden sustentarse por sí mismos. Y cuanto más capaz seas de dar sustento, más señor serás, el que tiene el pan, el que distribuye el pan. Ésta es la clave del relato bíblico de Jesús dando de comer a los hambrientos con hogazas de pan. Él se convierte en su señor, al dominar su propia sombra de Saturno, que de otro modo les habría arrebatado el pan para asegurar su propia super-vivencia. La soberanía es algo que se gana mediante el mérito, que no se puede forzar mediante la dominación; ésta es la lección del karma de Saturno. El verdadero liderazgo llega cuando el poder se comparte con todos, no sea que se vuelvan las tornas y aquellos a quienes les quitaste busquen la revancha. La influencia de Saturno es visible en todos aquellos líderes que lo toman todo para enriquecer su propio imperio. El karma es el señor de la influencia de Saturno y te conviertes en el señor de Saturno en cuanto tomas conciencia de, y reconoces, cómo tus actos van a afectar a las generaciones futuras, y tomas las decisiones pensando en el bien de la mayoría.

> *El elemento trágico en la poesía es como Saturno en la alqui-mia: el Malévolo, el Destructor de la Naturaleza; pero sin él no se puede hacer el verdadero* Aurum Potabile *ni el Elixir de la Vida.*
>
> HENRY WADSWORTH LONGFELLOW, en *Prose Works*

♈ Sombra de Saturno en Aries
El que será rey

Saturno de nacimiento: Libra ♎
Clave maestra: Unifícalo todo bajo el espíritu, no bajo el yo

No tenemos que mirar muy lejos para encontrar una explicación de la sombra de Saturno en Aries. Basta con mirar a Gengis Kan. Gengis

Kan nació con Saturno en Libra, lo cual le dio la sombra de Saturno en Aries. Esta sombra de Saturno le llevó a asegurarse que su huella y sus genes sobrepasaran a los de cualquier otro hombre antes o después de él. La sombra de Saturno en Aries usará la fuerza contra viento y marea para asegurarse de que su poseedor reine supremo sobre todos los demás. No es una casualidad que, con esta posición, Gengis Kan sea considerado un «super Y» –por el cromosoma Y de los varones–; es decir, uno de los hombres que más descendientes ha tenido en la historia. El título de soberano supremo se lo ganó con sus logros. Su Saturno natal en Libra apunta a una persona que gobierna por el imperio de la ley, y Gengis Kan es ciertamente uno de los primeros reyes de las muchas naciones tribales que conquistó, que impuso una serie de leyes justas y coherentes para el gobierno del pueblo. Fiel a la naturaleza de su Saturno natal en Libra, la ley era un aspecto muy importante de su identidad, tal como la expresaba hacia el mundo exterior.

Pero la sombra de Saturno en Aries pondrá al ego o al individuo por delante como un líder, en lugar de poner, por ejemplo, a su nación o a toda la humanidad. Saturno en Aries quiere ser el único rey, y no parte de un tribunal o una democracia, sino un ejecutivo único, por encima del resto. Esta posición de la sombra de Saturno es ciertamente ventajosa en los modelos de negocio, como los mercados de competencia, o en el caso de inventores, directores ejecutivos o líderes de equipo. La gente nacida bajo esta sombra de Saturno crea enormes empresas, y no dudes de que su nombre figurará en esas empresas hasta mucho después de su muerte. Lo más probable es que el nativo de esta sombra se cerciore de que sus hijos hereden el negocio, no tanto por respeto a sus hijos como por cimentar el apellido familiar, su apellido, a largo plazo tras abandonar el cuerpo.

Para dominar la sombra de Saturno en Aries es de todo punto crucial respetar, antes que nada, el linaje. Los sacrificios ante la matriarca constituyen la mejor manera de superar esta influencia. Los intentos por subvertir lo que vino antes o lo que vendrá después tendrán un desastroso efecto kármico para estas personas, llevándolas al ostracismo para terminar preguntándose qué pudo ir mal. El actor que recibe un Óscar y que da las gracias a su madre antes que nada ha conquistado la influencia de Saturno. Si intentas ser el padre o la madre al tiempo que ignoras a tus propios progenitores, no llegarás muy lejos, y podrías dejar un legado poco agradable. Muchos pueblos indígenas y nativos americanos recomiendan que tengamos en cuenta a las siete generaciones anteriores y a las siete generaciones futuras, y ésta puede ser una sabia postura cuando se tiene la sombra de Saturno en Aries. Y en cualquier momento en que el arquetipo del padre se haga demasiado fuerte, el antídoto opositor es sencillo: la madre. El trabajo de la madre supone alimentar a los demás, así como otras actividades maternales de nutrición.

Así pues, no te preocupes si te hallas en esta situación; pon tu mirada en la Madre Naturaleza para que tu sombra alcance su verdadero poder honrando a los que vinieron antes de ti y a los que vendrán después. La cruda verdad es que todo ser humano es una multitud. Si quieres dominar y gobernar, no olvides que estás pisando todo aquello que creó un espíritu mucho más grande que tú, la Tierra. Honra y reconoce esta aportación a tu existencia, y encontrarás un punto de apoyo firme para superar esta posición de la sombra. Cuando se domina la sombra de Saturno en Aries, la persona se convierte en un líder de la humanidad, dando servicio, protección y justicia para todos. El destino de esta sombra es dirigir mediante el ejemplo y ser recordado a través del servicio y la justicia, no de la dominación. Que tu objetivo sea el omega, no el alfa, y tendrás la victoria asegurada.

Ejemplo en la naturaleza

En las duras tierras del Oeste americano, la sangre es derramada por un forajido de aspecto sumamente inocente: el perrito de la pradera de cola blanca. Este roedor social, nativo de Colorado, Wyoming, Utah y Montana, muerde sin piedad y golpea hasta la muerte a las ardillas de Wyoming, dejando pudrirse sus ensangrentados cuerpos al Sol, según un reciente estudio. De este modo, los descendientes del asesino viven unas vidas más largas y saludables, probablemente porque sus progenitores se encargan de hacer desaparecer toda competencia por los alimentos. Es la primera vez que se constata que un mamífero herbívoro mata a sus competidores sin devorarlos, sugiriendo así que una dieta basada en plantas no impide que un mamífero desarrolle cierto gusto por los deportes sangrientos. En mis 43 años de investigación, éste es quizás el descubrimiento más provocativo, desconcertante y de largo alcance que haya podido realizar.

—MICHAEL GRESHKO[120]

♉ Sombra de Saturno en Tauro
Deporte sangriento

Saturno de nacimiento: Escorpio ♏
Clave maestra: Hermanos de sangre

La sombra de Saturno en Tauro es el señor de la sangre. Todos damos por sentada nuestra propia sangre, pero ésta nos mantiene con vida con cada latido de nuestro corazón. Convendrá tomar conciencia de la historia de nuestra sangre, de dónde viene y el papel que la naturaleza juega en este fluido vital. Los animales más antiguos conocidos que tuvieron sangre fueron los artrópodos, y forman parte de nuestro linaje, pues son nuestros antepasados. Sólo podemos dar por cierto lo que se ha descubierto, y convendrá comprender que puede haber más cosas ocultas tras los fósiles de la Tierra, pero el antepasado con sangre más antiguo se ha encontrado —en el emplazamiento fósil de Chengjiang, en el sudoeste de China, que es el yacimiento más antiguo de fósiles del Cámbrico que se haya descubierto— es el artrópodo *F. protensa,* que muestra evidencias de haber tenido sangre, además de un sistema circulatorio. Convendrá no olvidar a aquellos que vinieron antes que nosotros, así como a los gigantes sobre cuyos hombros nos hemos subido. Entre los artrópodos se incluyen los miriápodos, los arácnidos, los crustáceos y los insectos, como las abejas.

---

120. En «Prairie dogs are serial killers that murder their competition». *National Geographic* (22 Marzo 2016).

La sombra de Saturno en Tauro se halla en Escorpio, y los escorpiones son artrópodos que comparten estos antepasados y sangre. Por perturbador que pueda parecer, convendrá que no perdamos de vista esto. Las personas que disfrutan viendo películas violentas y sangrientas desde la distancia de una butaca convendrá que se pregunten sobre el origen de la sangre y su naturaleza. Los artrópodos tienen un duro caparazón que les protege de todo accidente que pueda suponer una pérdida de sangre. El cuerpo protege a la sangre, y la sangre protege al cuerpo a través del sistema inmunológico; es decir, tu sangre lucha por ti. El sistema inmune es donde tienen lugar todas nuestras batallas internas; científicamente, tus mecanismos de defensa se hallan en la propia sangre.

Tauro controla la vida animal y la vida vegetal en la Tierra, y la invención de la sangre fue un valiosísimo desarrollo de la vida en la Tierra. Los elementos terrestres están en la sangre, entre ellos metales como el hierro, el cadmio, el cromo, el magnesio, el cobre, el mercurio, el zinc y el sodio, la sal de la Tierra. Y, entre los tipos de sangre, existe debate sobre si el más antiguo es el tipo A y el tipo 0, siendo los demás posibles mutaciones de éstos. Pero no está del todo claro, pues esto es lo que indican los datos disponibles actualmente. ¿Y quieres saber dónde radican todas las defensas emocionales? Te lo diré con letras grandes: EN LA SANGRE.

Cuando la sangre inunda mi cara, me pongo rojo y obsceno. Al mismo tiempo, me traiciona con sus reflejos mórbidos, con

una erección de sangre y con una apremiante sed de indecen-
cia y desenfreno criminal.

Georges Bataille, en *The Solar Anus*[121]

Georges Bataille tenía esta sombra de Saturno. Para quienes no estén familiarizados con él, Bataille fue un escritor tristemente célebre por su obscenidad, pero lo más importante es que sometió a examen los tabúes y la naturaleza humana en su sombra y en sus formas instintivas. Este examen del papel del instinto, la sangre y el bajo vientre muestra que hizo un gran trabajo con su sombra, mientras intentaba comprender el papel físico de sus raíces de un modo visceral, primordial.

Ejemplo en la naturaleza

Las morenas, así como otros muchos peces similares a las anguilas, peces del orden de los Anguilliformes, tienen proteínas tóxicas en la sangre. Normalmente, se las denomina ictiotoxinas, lo que significa simplemente «venenos de peces». Estas proteínas se encuentran entre las sustancias tóxicas más antiguas de las criaturas marinas conocidas por la humanidad. Los pescadores en general son conscientes del hecho de que determinados peces tienen que calentarse por encima de los 75°C para que tales toxinas dejen de ser perjudiciales. Esto significa que hacer *sushi* con carne de morena no es precisamente una buena idea. El envenenamiento por ictiotoxinas puede generar espasmos y problemas respiratorios. Estas sustancias son también hemolíticas y no deberían entrar en contacto con los ojos, la boca o heridas abiertas. Hay que tratar con mucho cuidado una morena que esté sangrando.

—Marco Lichtenberger[122]

---

121. Trad. cast: *El ojo pineal: precedido de El ano solar y Sacrificios.* 2ª edición. Pre-textos, Valencia, 1997.
122. En «Moray eels bite –but are they poisonous?» *Tropical Fish Hobbyist* (Septiembre 2007).

♊
Sombra de Saturno en Géminis
La propaganda

Saturno de nacimiento: Sagitario ♐
Clave maestra: El lenguaje es poderoso

El control de la información entusiasma a quien tiene la sombra de Saturno en Géminis. En su polaridad positiva, Saturno natal en Sagitario valora la educación, la religión, la filosofía y el aprendizaje. Pero la sombra de estas cualidades en Géminis lleva a la manipulación de la información, a la desinformación y al control de la prensa. Tenemos aquí al conspirador, al difamador, al que difunde un rumor con el propósito de controlar a los que tiene por enemigos. Una cosa es hablar mal de un conocido, otra muy distinta es iniciar una campaña de propaganda contra una persona notable, buscando su caída, o contra toda una nación o una raza.

Con la influencia de Saturno aquí, las palabras pierden toda proporción, y se dedican grandes discursos con el fin de ejercer el control. Eliminar a los competidores es el objetivo de esta sombra a través del control de la narrativa. En la cultura popular y los medios de comunicación se nos ofrecen múltiples narrativas, pero me llaman la atención aquellas narrativas dominantes que excluyen a todas las demás. Dondequiera que encontremos una narrativa dominante, convendrá mirar de cerca qué influjos hay detrás de ella y qué datos permite pasar a través del cuello de botella de la censura con el fin de llegar a la conciencia de las masas.

Cualquier persona que disemine propaganda entre las masas terminará siendo desenmascarado más pronto o más tarde como un hipócrita, y la gente sólo se acordará del propagandista, del ego representativo en primera línea, y querrá saber quiénes le financiaron y quiénes fueron los energúmenos de Saturno que se beneficiaron de su propaganda. Las grandes corporaciones no tienen más que distanciarse del individuo que ha hecho de cabeza de turco; sólo tienen que cambiar de forma para pasar un día más y seguir haciendo funcionar sus narrativas.

La principal transmutación de esta sombra de Saturno exige que aquellas personas que promueven determinado mensaje, sea de propaganda o en un programa de TV, sean coherentes con la imagen que ofrecen, o tendrán que enfrentarse a la humillación pública de las masas, que les reprocharán sus incoherencias, aunque los propios acusadores tengan mucho que callar. No llevar una vida acorde con la propaganda que lanzamos es, de hecho, un gran delito; y, si no somos capaces de cumplir con lo que denunciamos, la propaganda se volverá contra nosotros de un modo atroz.

El Che Guevara tenía esta sombra de Saturno, y su rostro se sigue utilizando como propaganda en la cultura popular. Y se me ocurre pensar que, siendo alguien tan apasionado por liberar a América Latina de la opresión de los Estados Unidos y Occidente, supongo que no le habría gustado nada ver su imagen reproducida con fines lucrativos en camisetas de todo el mundo. Haciendo equipo con Fidel Castro, el Che Guevara consiguió liberar a muchas personas, pero para imponer un gobierno muy desagradable en su lugar, cosa que muchos han criticado, acusándole de no haber sido coherente con sus propagandísticas promesas.

No debería sorprendernos que el antídoto de esta sombra de Saturno sea la integridad que supone decir lo que hacemos y hacer los que decimos, una fórmula sencilla que a la humanidad le resulta difícil de seguir.

Ejemplo en la naturaleza

Polillas doblemente cruzadas: una polilla de la yuca deposita sus huevos en el interior de la flor de la yuca. Normalmente, las polillas polinizan las plantas al tiempo que ponen sus huevos. Una vez eclosionan, las larvas se alimentan del producto de la polinización: de las semillas de la yuca.

—GERRY ALLEN[123]

---

123. En «Natural-born cheaters: A look at double-dealing animals». *Scientific American* (2023).

Sombra de Saturno en Cáncer
En el nombre del Señor

Saturno de nacimiento: Capricornio ♑
Clave maestra: No poseemos a la gente

Una de las deidades asociadas a Saturno en la historia del paganismo ha sido Ba'al. Y, aunque hay algunos desacuerdos en el mundo académico sobre los orígenes de esta deidad, todos coinciden en afirmar que la palabra *Ba'al* significa «señor», «propietario», «dueño» o «marido». La propiedad que se le adscribe a Ba'al es la de la posesión, ser poseído o adueñarse y poseer algo. La palabra *Ba'al* se utilizó también como título honorífico vinculado al apellido, dando a entender que esa persona posee el apellido de sus antepasados. Un padre posee a sus hijos a través del linaje patrilineal, que viene determinado por el apellido del padre, lo cual es propio de Saturno: el patriarca ve a sus descendientes como una propiedad a su servicio. Un apellido se puede utilizar para reivindicar o establecer una marca en una empresa. Y, en un mundo saturado de marcas de todos los tipos, se nos hará evidente que esta sombra gobierna a muchas personas, aunque no sean conscientes de ello. En resumen, esta sombra de Saturno gobierna todo nombre de marca. Tu nombre puede poseerte a ti, dependiendo de quiénes fueran tus antepasados, y puede dar color a todo el que se acerque a ti, como a aquel que llevara grabada la señal de Caín. También se le pone una marca al ganado para que quede claro a quién pertenece.

Esta sombra de Saturno rige también todo lo relacionado con la usura, en la que el banco siempre gana y se queda con todo. De aquí vienen esos grandes intereses que hacen que el prestatario quede endeudado con el prestamista a perpetuidad; el prestatario adquiere una gran deuda, una deuda gravada financieramente, y nunca se libera de ella.

Lutero dio elocuente expresión a la indignación y la cólera de los pequeños mercaderes contra los monopolios en su panfleto «Sobre el comercio y la usura», impreso en 1524. «Tienen todas las mercancías en sus manos y cometen bajezas según su parecer y oprimen y arruinan a todos los pequeños comerciantes como el lucio a los pequeños peces en el agua, como si fuesen los señores sobre las criaturas de Dios y estuviesen libres de todas las leyes de la fe y del amor».

Erich Fromm, en *Escape from Freedom*[124]

Ésta es la sombra por la cual fue crucificado Jesús cuando volcó las mesas de los cambistas en el Templo. Millones de personas están actualmente presas de esta sombra. Y ni siquiera la muerte les permite escapar, en la medida en que los embargos e incautaciones de bancos y servicios privados de salud aseguran que la inversión del prestamista salga rentable, aunque la mercancía sea tu propio cuerpo.

Esta sombra de Saturno se ha venido utilizando para justificar el comercio de esclavos, tanto si se trata de una esclavitud pura como si es económica. De hecho, la humanidad se ha encontrado bajo la sombra de la esclavitud durante toda su historia conocida. Si tú que lees esto puedes aportar algo para dar fin a toda forma de esclavitud, el cielo reconocerá tu trabajo por transmutar esta persistente y horrorosa sombra. Pero conviene darse cuenta de que la esclavitud está también presente en la naturaleza, pues hay muchos animales que se aprovechan de otros, especialmente entre los insectos. Y, por el número de especies de insectos que recurren a la esclavitud, da la impresión de que esta sombra de Saturno se siente especialmente atraída por esa forma de vida, y quizás los seres humanos porten el recuerdo de esto y por ello sientan la necesidad de esclavizar a los demás. Quizás observando a nuestros familiares los insectos empecemos a transmutar esta sombra.

Ejemplo en la naturaleza

El ataque comienza cuando una avispa hembra aguijonea y paraliza temporalmente a una de las arañas. A continuación, pega sus huevos en el abdomen del incapacitado arácnido y sale volando

---

124. Trad. cast.: *El miedo a la libertad.* Paidós, Barcelona, 2018.

[...] Tras la eclosión de los huevos, los parásitos se enganchan a la piel de la araña para alimentarse de su sangre. Conforme pasa el tiempo, la larva de la avispa consigue también el control del sistema nervioso de la araña, convirtiendo a este insecto en un zombi esclavo que obedece sus órdenes. En este caso, eso supone que la araña abandone su rutina diaria y se pase horas tejiendo una red protectora; red que las larvas de avispa utilizarán eventualmente para convertirse en pupas [...].

[E]stos astutos insectos se las han ingeniado para esclavizar a las pobres arañas y forzarlas a hacer el trabajo. ... En cuanto la araña termina la red, la larva se transforma, mata a la araña y la engulle. Después, hila la telaraña de seda en un capullo y se acurruca en ella durante diez días para completar su metamorfosis y convertirse en otra fastidiosa avispa. Lo único que sigue siendo un misterio es qué inyectan las avispas en las arañas para activar la construcción del capullo.

—SHARIQUA AHMED[125]

♌
Sombra de Saturno en Leo
Hacer tratos con el demonio

Saturno de nacimiento: Acuario ♒
Clave maestra: Posee tu arte

Esta sombra de Saturno intenta ser el Sol. Ser la única luz que atrae a los demás y les da órdenes es el sueño de esta sombra, y hará cuanto haga falta para convencerte de que sigas su luz y no la luz del Sol. De este modo, se convertirá en un simulacro de Sol.

---

125. En «The crafty wasps that turn spiders into web-weaving zombie slaves». *Dogo News* (24 Septiembre 2015).

Vemos aquí una usurpación de la luz creadora del ego, así como a Prometeo robando el fuego a los dioses. En principio, puede que haya una historia más profunda que la de Prometeo robando el fuego, pero no sería otra cosa que la sombra ante la cual nos encontramos aquí, la de la falsa luz. Según la literatura oculta y los mitos antiguos, Saturno emitía grandes dosis de luz, concretamente luz ultravioleta y rayos X, y el psicoanalista Immanuel Velikovsky llegó a sugerir extensamente que la Tierra fue una vez un satélite de Saturno. Velikovsky propuso multitud de teorías controvertidas, que terminarían siendo desprestigiadas como pseudociencia, pero que no obstante ofrecían imágenes fascinantes. En Saturno es posible percibir un aura ultravioleta, y una fotografía del telescopio espacial Hubble captó un extraño vórtice hexagonal en el polo norte del planeta.

El Sol representa al ego solar y creativo de la persona, y Saturno, en tanto que doble del Sol, lleva a la gente a caer en el engaño de que precisan de un jefe o líder para obtener ingresos de sus creaciones. Ésta es la empresa que termina siendo la propietaria de las obras artísticas de otros y que pone todos los obstáculos posibles para que el artista o creador prospere en la sociedad; de este modo, la empresa dispone de talentos que le permiten alcanzar las visiones del poseedor de la sombra.

Ten cuidado de no construir tu estructura creativa bajo un esquema piramidal, en el cual firmas contratos para poner tu energía creadora a las órdenes de un jefe supremo que te va a sangrar hasta dejar-

---

126. Greenberg, L. M. y Sizemore, W. B.: «Saturn and Genesis». *Kronos,* volume 1, n.º 3 (Otoño 1975), p. 46.

te seco. En realidad, es un estafador, y el Saturno natal en Acuario es un activo para la astuta inteligencia inventiva de aquellos que buscan la propiedad intelectual de otros para beneficio personal, sin honrar a los creadores. Para transmutar esta sombra saturnal y no dejarse manipular, los creadores no deberían trabajar con la idea establecida de que se exhiba su obra y se les valide. Los artistas que trabajan de forma independiente y acumulan valor en sí mismos por sus capacidades creativas son una amenaza para esta sombra. En tanto no se supere ese obstáculo, muchos intermediarios se abalanzarán sobre el trabajo de los creadores independientes e intentarán sacarles el dinero, ya sea en forma de impuestos excesivos, comisiones por el cobro de productos y bienes, o normativas empresariales. Si prestamos atención al intermediario que saca partido del creador, terminaremos asumiendo teorías de la conspiración, pensando que los que detentan el poder están conspirando activamente por aprovecharse de las personas creativas. Pero puede ser que alguien esté ofreciendo simplemente una oportunidad, o que todo sea una consecuencia más del sistema de libre mercado.

Yo estoy tremendamente agradecida a un amigo que me recomendó una novela gráfica de 1929, *God's Man: A Novel in Woodcuts (El hombre de Dios: Una novela en grabados de madera)*, de Lynd Ward. Este relato sin texto cuenta la historia de un artista que vende su alma por un pincel mágico y la fama. Mi amigo era un productor de Hollywood que intentaba ayudar a los creadores a mantener su propio valor y no dejarse parasitar. Ten cuidado y no firmes contratos que se lo ceden todo al contratista, que se queda con los derechos de tu obra a perpetuidad. Todo creador debería contar con los servicios de un abogado para establecer líneas rojas en aquellos contratos que intentan quedarse codiciosamente con los derechos de propiedad.

Ejemplo en la naturaleza

Recientes investigaciones indican que las hembras de mangosta meten a sus manadas en sangrientas peleas e intentan aparearse con los machos enemigos en el caos de la batalla. Mientras tanto, los machos de su propia manada sufren las consecuencias de estos combates, pues es habitual que haya heridos e incluso muertos.

El equipo de investigación, liderado por la Universidad de Cambridge y la Universidad de Exeter, dice que este «liderazgo explotador», algo que también puede verse en las guerras de los seres humanos, lleva a conflictos frecuentes y dañinos.

«Las hembras de mangosta inician las peleas entre bandas para obtener beneficios genéticos mediante el emparejamiento con machos forasteros, en tanto que los machos de su propia banda –y la banda en su totalidad– pagan el precio de la contienda», dice el profesor Michael Cant.

Este profesor añade, «Una explicación clásica de la guerra en las sociedades humanas se remite al liderazgo de individuos explotadores, que obtienen beneficios del conflicto al tiempo que evitan los costes.

»En este estudio hemos demostrado que tal tipo de liderazgos puede explicar también la evolución de una violencia colectiva severa en ciertas sociedades animales».

Estos hallazgos sugieren que desvincular a los dirigentes de los costes de sus decisiones amplifica en gran manera el carácter destructivo de los conflictos entre colectivos [...].

«Los costes en mortandad que esto supone son similares a lo que se pueden ver en un puñado de los mamíferos más belicosos, incluidos los leones, los chimpancés y los seres humanos», [dice el profesor Rufus Johnstone].

—UNIVERSIDAD DE CAMBRIDGE[127]

---

127. En «Female mongooses start violent fights to mate with unrelated males» (10 Noviembre 2020).

♍︎
Sombra de Saturno en Virgo
El santo

Saturno de nacimiento: Piscis ♓

Clave maestra: Lo hice todo por ti

La sombra de Saturno en Virgo se presenta como virtuosa y merecedora de tu confianza y tus alabanzas. Así, las personas que poseen esa sombra de Saturno pueden convertirse en señores y líderes de grandes rebaños de ovejas, que también quieren ser virtuosas o, al menos, quieren que se las vea de este modo merced a su conexión con tan santo individuo. Los hay que son verdaderos santos que mueren en el martirio y los hay quienes les gusta jugar a ser víctimas y culparte de sus sacrificios, sacrificios que nunca les pediste que hicieran por ti, pero que ellos sostienen haberlos hecho por tu bien. Esta sombra de Saturno afirma hacer sacrificios que nadie les pidió, en tanto que evitan reconocer los errores que hayan podido cometer. La sombra de Saturno en Virgo desea que se la vea como una encarnación de la pureza, incapaz de hacer mal alguno, aunque no se haya ganado tal consideración. Estas personas te perdonarán la vida por el mal que ellas mismas han provocado, y montarán todo un espectáculo para ello.

Pero la sombra de Saturno en Virgo adopta esta postura no sólo a nivel personal, sino que lo hace también en empresas y grandes entidades, que te mostrarán su rostro más agradable para que te apiades de ellos y perdones sus gigantescas fechorías. En estos casos, el Saturno natal en Piscis buscará la expansión carente de egos de una institución de carácter espiritual, e intentará alcanzar un elevado nivel de desarrollo para la entidad en su conjunto, y no sólo para sí mismo. Pero el hecho de que se haga algo grande no significa que eso se haya hecho por el bien de los demás. En situaciones problemáticas, esta sombra suele elegir cuidadosamente a un representante tras el cual esconderse. Pongamos por caso que ocultamos nuestra conducta tras una identidad astrológica; ¿habría alguna diferencia?

El papa Francisco tiene esta posición de Saturno y tiene ciertamente el papel de representante de una gran organización religiosa, que no tiene nada que ver con la identidad personal, egoica, de Francisco en sí. Éste es un ejemplo de cómo se pone a un ego individual, un rostro amable, frente a las masas, mientras una enorme corporación sigue yendo en pos de sus objetivos tras las bambalinas. El Vaticano, en vez de pedir perdón simplemente a través de Francisco, podría haber ofrecido compensaciones y recursos a las víctimas de las atrocidades cometidas por sus sacerdotes. Con esto se podría transmutar esta sombra de Saturno. De todos modos, no culpo a Francisco, pues esto no sería más que otro comportamiento de la sombra, el de la búsqueda de un chivo expiatorio.

Ejemplo en la naturaleza

Si el depredador aprende que determinada señal está relacionada con una presa que no le resulta atractiva y, de este modo, deja de atacar a individuos que llevan esta señal, aquellas especies incapaces de defenderse que porten también tal señal lograrían protegerse de estos depredadores. A este fenómeno se le denomina mimetismo batesiano. En este caso, existe una asimetría en la relación entre las dos especies que portan la misma señal: la especie capaz de defenderse (es decir, la no atractiva para el depredador) recibe el nombre de modelo, y su señal la copia una especie incapaz de defenderse, a la que se denomina imitadora [...]. Es posible también un mimetismo imperfecto cuando el modelo es particularmente desagradable para los depredadores, haciendo menos probable que éstos experimenten con algo que podría ser un modelo.

—Eben Goodale y Graeme D. Ruxton[128]

---

128. En «Antipredator benefits from heterospecifices», en Choe, J. C. (ed.), *Encyclopedia of Animal Behavior,* 2ª ed, pp. 298-303. Academic Press, Cambridge, Mass., 2019.

♎︎

Sombra de Saturno en Libra
El tribunal supremo

Saturno de nacimiento: Aries ♈︎
Clave maestra: Y justicia para todos

Esta sombra intenta crear un sistema de justicia que sirva a sus intereses. El Saturno natal en Aries hará lo que es correcto, pero para su ego. La sombra que arroja en Libra enredará a los demás en sus autojustificaciones, en vez de en una verdadera justicia. Y dado que la sombra lo distorsiona todo activamente, el sistema de justicia será la idea inspiradora que se oculte tras ella. En vez de servir al bien común, la justicia aquí estará mancillada con reivindicaciones interesadas, venganzas y revanchas. En vez de basarse en la misericordia, el crecimiento y la reciprocidad, la norma de la sombra de Saturno en Libra será desquitarse mientras, injustificadamente, declara ser una víctima.

Bajo esta sombra asoma la corrupción de los tribunales mediante sobornos y comisiones de grandes corporaciones. Aquí, las grandes empresas y otras entidades abdican de sus responsabilidades porque han crecido tanto que ya no se las puede hacer responsables a nivel comunitario. Es un fracaso total del sistema judicial, dado el tamaño de las corporaciones y del sistema judicial en sí, y dado el número de personas que pagarían las consecuencias si hay un error judicial. Las víctimas de esta corrupción son personas normales y corrientes, y son mucho más pequeñas que los perpetradores del delito, que tienen el tamaño de Saturno, y entre los que se incluye a los que dirigen los tribunales –tribunales estatales, jueces del Tribunal Supremo y políticos, tribunales internacionales–, ninguno de los cuales se verá personalmente afectado. Las personas que verán su vida arruinada por estos casos de corrupción serán algo así como víctimas de guerra de la sombra de Saturno en Libra. El Saturno natal en Aries del nativo se ve totalmente absorbido por esta sombra de Saturno; y, si tienes alguna relación con esta posición, bien puedes haber sido una de sus víctimas o haber participado en una entidad que trabajó con estas energías en un nivel u otro.

Si eres abogado, te verás expuesto a esta sombra de Saturno, y la clave para tratar con ella consistirá en formar colectivos, buscar a otros y hacer equipo. Enfrentarse a este dragón de forma individual puede parecer romántico, pero lo más probable es que precises de recursos, tiempo y paciencia para poder digerir esta sombra. Una de las mayores dificultades a la hora de enfrentarse a esta sombra estriba en que, sea cual sea la entidad o el sistema que está provocando el daño, gritará que es la única que merece compasión. Los autores del delito se acogerán a la clemencia de los tribunales, suplicando ser perdonados mientras les sobornan y les llenan los bolsillos. Mientras tanto, ninguno de los seres humanos afectados verá atendida su reclamación ni recibirá compensaciones. No sólo tendrán que enfrentarse al delito en sí, sino que encima tendrán que soportar la corrupción y la exhibición de sus falsas lágrimas. Saddam Hussein tenía esta sombra de Saturno, firmando penas de muerte y gobernando su país con puño de hierro. Pero, en un curioso giro del destino, terminaría siendo sentenciado a muerte y ejecutado, la misma pena que a tantos otros había impuesto. Y terminó derramando algunas lágrimas de cocodrilo, mientras rogaba a los tribunales la misericordia que había negado a otros.

Esta sombra de Saturno aplastará el alma de todos aquellos implicados y hará que desees renunciar por completo al sistema judicial si tienes la mala fortuna de encontrarte con ella. Pero, a pesar de todo, existen personas que consagran su vida a enfrentarla y hacerle pagar sus delitos. Gracias al cielo, existen instituciones que se ocupan de remediar esta sombra, y el sufrimiento de algunas personas ha propiciado un buen número de reformas. Cualquier ayuda que podamos prestar para transmutar esta sombra de Saturno será de gran beneficio para la humanidad y para hacer que la justicia no esté al servicio de agendas interesadas.

Ejemplo en la naturaleza

En la mitología, las lágrimas de cocodrilo se asocian con un pesar fingido [...]. De hecho, el supuesto remordimiento del cocodrilo se tiene por falso debido a que este animal sigue tragándose a su presa a pesar de las lágrimas [...].

George Johnson sometió a examen todo este asunto recientemente (Johnson, 1927). Tras aplicar una mezcla de cebolla y sal directamente en los ojos secos de cuatro especies, llegó a la conclusión de que «la idea popular de las lágrimas de cocodrilo es falsa» [...].

El 22 de marzo de 2006, filmamos digitalmente a siete especímenes –dos caimanes comunes *(Caiman crocodilus)*, dos caimanes yacaré *(Caiman yacaré)* y tres aligátores americanos *(Alligator mississippiensis)*– mientras comían. Otras especies del orden de los *Crocodilia*, como los cocodrilos y los gaviales, no fueron sometidos a examen. Cinco de los siete animales mostraron señales de humedad en los ojos, burbujas o burbujas de desbordamiento minutos antes, durante y después de comer.

—D. Malcolm Shaner y Kent A. Vliet[129]

♏

Sombra de Saturno en Escorpio
El Señor de las Moscas

Saturno de nacimiento: Tauro ♉
Clave maestra: Ataque y defensa son dos cosas muy diferentes

La territorialidad se convierte en dominio y la necesidad de defender el territorio da lugar al desarrollo de armas y ejércitos. La manifestación definitiva de esta sombra de Saturno es el control total a través de la ley marcial, que permite al poseedor de esta sombra de Saturno ejercer la potestad total de su territorio mediante la fuerza. ¿De qué otro modo puede un amo y señor poseer un territorio si no puede protegerlo y conservarlo? Antiguamente, el propósito de la realeza consistía en proteger sus territorios y a sus habitantes.

En última instancia, habrá que recurrir a la fuerza para que se te respete, piensa el poseedor de esta sombra; pues, si no se recurre a la fuerza, esta sombra se convertiría en un *bluff* al que se podría desafiar impunemente, dado que sus amenazas no serían otra cosa que una línea en la

---

129. En «Crocodile tears: And thei eten hem wepynge». *BioScience,* volume 57, n.º 7 (Julio 2007), pp. 615-617.

arena, algo que podría traspasarse sin consecuencias. Sin embargo, si esa línea es un arma nuclear, uno se lo pensará dos veces antes de traspasarla. El Saturno natal en Tauro lleva al nativo a la adquisición obsesiva de tierras y posesiones. Y, si no puedes defender todo esto, cualquiera con un poco de poder podría arrebatártelas. Ésta es una triste realidad, y la brutalidad de esta sombra ha provocado mucho sufrimiento, si bien también ha dado lugar a grandes innovaciones. Los seres humanos nos entregamos de forma maníaca al diseño de formas cada vez más ingeniosas de mantener a los demás a raya, lejos de nuestro botín, ideando y aplicando algunas de las más avanzadas tecnologías.

Paradójicamente, las armas que se diseñan y fabrican para proteger el territorio se elaboran con los recursos que se le arrebatan a ese mismo territorio que uno intenta proteger. Pero, además, los recursos no son infinitos, de modo que, una vez alcanzado el límite, harán falta más recursos para fabricar más armas con el fin de proteger el territorio. Y así, una nación con esta sombra de Saturno en Escorpio, traspasará las fronteras del territorio del supuesto enemigo y le robará sus recursos para fabricar más armas con las cuales proteger sus propios recursos y que el enemigo no se los robe. Y si el país enemigo le hace esto —invadirle y robarle, posiblemente como venganza— descargará sus armas sobre él, perdiendo de vista por completo el motivo y el origen de todo lo que los ha llevado hasta ese punto. Y a medida que nos vamos deslizando por la pendiente del incremento en gasto militar y en expolios para sostener el gasto militar, robando al enemigo porque es lo más fácil de justificar ante uno mismo y ante los demás, nos convertimos en aquello de lo que intentábamos defendernos, dentro del círculo serpentino del *samsara*.

Lanzar, proyectar armas sobre el territorio de otros es un ejemplo perfecto de proyección de la sombra. Hacer daño a un enemigo lejano con unos proyectiles o misiles que lanzas a salvo desde casa, esa destrucción y muerte que no ves ni sientes, es una forma geográfica de evitar la culpabilidad, al menos para la ciudadanía patria; la sombra se proyecta o, mejor dicho, se lanza literalmente sobre aquel que percibimos como enemigo. Hay algo singularmente psicótico y cargado de sombra en el hecho de combatir a distancia. La intimidad del combate cuerpo a cuerpo es mucho más noble. La sucia estratagema de enviar una bomba a cientos o miles de kilómetros de distancia para aniquilar una ciudad es ciertamente sociopático. Destruir una ciudad entera es una locura de tal calibre que sólo la sombra puede concebir. Contempla todo esto y sus implicaciones sin escudarte en justificaciones, pues esta sombra puede llevarnos al abismo. Las armas nucleares se desarrollaron en 1939 con Saturno en Tauro, con su consiguiente sombra en Escorpio. El Proyecto Manhattan se puso en marcha bajo su influencia también, evocando la naturaleza de este inframundo.

Ejemplo en la naturaleza

Muchos insectos utilizan como arma su veneno, un veneno que pueden inyectar en sus enemigos a través de su picadura. Y la hormiga africana *Crematogaster striatula* no es una excepción; es más, en su arsenal dispone de una artimaña ciertamente definitiva, y es que es capaz de lanzar su veneno a distancia. Esta hormiga es capaz de levantar su aguijón y de liberar sus toxinas como si se tratara de un espray aerosol. Sus víctimas son las termitas, cuyos nidos arrasa. Sin siquiera establecer contacto, las hormigas son capaces de provocar convulsiones en las termitas, hasta dejarlas finalmente paralizadas. Las hormigas *Crematogaster* tienen un aguijón móvil, situado en el extremo del abdomen, y conectado a su torso mediante un tallo flexible. Esto hace que la hormiga pueda apuntar su aguijón en casi cualquier dirección [...].

Cuando una hormiga se encuentra con una termita, levanta el aguijón y libera unas sustancias químicas con las cuales convocan a las compañeras de nido más cercanas. Si la termita es un soldado, que va armado con unas poderosas mandíbulas, hasta 15 hormigas se pueden congregar a su alrededor. Todas ellas se mantienen a un centímetro de distancia de la termita, mientras apuntan sus aguijones hacia ella como espadachines en guardia.

—ED YONG[130]

---

130. En «Look, no hands: Ants kill termites with airborne chemical weapons». *National Geographic* (15 Diciembre 2011).

↗

Sombra de Saturno en Sagitario
Hacerse responsable

Saturno de nacimiento: Géminis ♊
Clave maestra: La pluma es más poderosa que la espada

En el principio fue la palabra. Eso dicen. De modo que convendrá que vigilemos bien lo que sale por nuestra boca. Las palabras, pronunciadas o escritas, no deben ser subestimadas, ya que pueden ejercer un dominio férreo sobre las personas. Así, toda vez que escribamos o digamos algo, deberíamos tener mucho cuidado con cualquier posible acusación dirigida a otra persona o colectivo, y con las implicaciones y consecuencias que nuestras palabras puedan tener. Puede que algunas de las personas a las que he puesto como ejemplo en este libro digan que yo debería aplicarme este mismo cuento, por lo que tendré que estar abierta a correcciones, críticas y rectificaciones en todo lo que escribo y digo, porque podría ser incorrecto, o podría suceder que mis fuentes fueran erróneas. Mis ejemplos no pretenden otra cosa que servir de muestra y unificar criterios, pero yo también tengo sombras y puede haber personas a quienes mis ejemplos les parezcan insultantes o falaces.

Un simple cotilleo puede convertirse en algo de lo cual tendríamos que responsabilizarnos en el caso de empresas o corporaciones, donde las consecuencias pueden ir más allá de lo individual, pues, por ejemplo, hablar mal de una persona podría llegar a poner en peligro los beneficios de una empresa. Las palabras que podrías decir despreocupadamente de tu vecino que vive dos casas más allá se pueden convertir en semilla de la discordia si afectan a su capacidad para ganarse la vida. El cotilleo puede convertirse también en una amenaza para la reputación de algunas personas en determinados niveles, que pueden verse afectadas a título lucrativo, de ahí que existan leyes contra las difamaciones que puedan afectar a corporaciones, empresas o incluso países. Responsabilizar a alguien por sus declaraciones perjudiciales puede ser positivo, pero tendrás que demostrar el posible daño perpetrado o la amenaza que haya podido suponer. La historia nos muestra

277

que hay países que se declaran la guerra por una simple cuestión de reputación, lo cual es un reflejo a gran escala de esas situaciones en las que dos hermanos se pelean y se insultan, intentando dejar al otro como el peor de los villanos. Se dicen palabras muy duras con el fin de llevar el ascua a su sardina, sólo que estas palabras se califican como de «difamación» o «calumnia», en vez de insulto, cuando se alcanzan las proporciones saturninas de las grandes corporaciones, las naciones o de colectivos aún más grandes, que tienen amos y líderes que los protegen.

Por otra parte, hay insultos que no son dañinos y que son más normales, y todos, en alguna ocasión, hemos desaprobado la conducta de alguien y se lo hemos mencionado confidencialmente desde la amistad, o nos hemos llamado la atención unos a otros. Pero si difundimos patrañas acerca de los demás sin corroborar la información, bien puede suceder que descubramos por las malas que eso no está bien. Las palabras van y vienen, y pueden volver como un bumerang. Alex Jones, el personaje mediático, tiene esta posición de Saturno, y se ha tenido que enfrentar a las consecuencias de sus mentiras. Hay palabras que hacen daño; los discursos de odio y las acusaciones selectivas, como el libelo de sangre, que acusaba a los judíos de utilizar la sangre de niños no judíos en rituales, puede acarrear terribles consecuencias para todos los implicados. Para transmutar esta sombra, si alguien se queja por algo que hayas podido decir, reflexiona sobre si es cierto o es justo, y pide disculpas por los sentimientos heridos si no tenías razón. Un poco de atención puede prevenir una escalada; intenta hablar con la persona primero, antes de hablar de ella. En ocasiones es imposible, pero será mejor pecar por precavido.

Ejemplo en la naturaleza

El rugido es un componente esencial de la ecología del león africano *(Panthera leo)*, pues facilita la cohesión social y la defensa territorial. Pero, a pesar de su importancia, no se conoce muy bien la configuración del rugido en las dimensiones espacio-temporales. Aquí cartografiamos la configuración de los rugidos de los leones a escala doméstica y cuantificamos los cambios temporales en la frecuencia de los rugidos. Pusimos a prueba si los patrones espacio-temporales de los rugidos varían con la posición dentro de la jerarquía de dominio del león utilizando un cambio de dominancia que se produjo en una manada de leones reintroducida [...]. Aunque nuestros hallazgos se basaron en una muestra limitada, nuestro estudio sugiere que la estrategia espacial y la frecuencia de los rugidos varían en función del rango social y de los patrones en el uso del espacio de las coaliciones rivales.

—STEVE M. GRAY *et al.*[131]

♑

Sombra de Saturno en Capricornio
Los pecados del padre

Saturno de nacimiento: Cáncer ♋
Clave maestra: Los antepasados son una bendición y una maldición

Los peores aspectos de Saturno se hallan en esta posición de la sombra. Temeroso de perder su poder, Saturno devoraba a sus hijos en el relato mitológico para que no pudieran reemplazarle. En vez de verlos como una bendición que le permitiría dar continuidad a su legado, los veía como competidores al trono. De forma muy parecida a la huella de la sombra de Saturno en Cáncer, vemos aquí un legado más grande, un legado que exige protección, que podría incluso tener varias entidades y extenderse en un imperio global que deje fuera a los hijos para seguir ampliando el imperio. La moraleja de este relato se nos presenta una y otra vez a los seres humanos a través de multitud de casos históricos en los que un rey asesinaba a algún miembro de su familia, recapitulando así esta sombra, pero también lo podemos ver en la naturaleza, en muchas especies que exhiben este comportamiento sombrío.

---

131. En «Spatiotemporal variation in African lion roaring in relation to a dominance shift». *Journal of Mammalogy*, vol. 98, n.º 4, pp. 1088-1095 (1 Agosto 2017).

Saturno en Cáncer en la carta natal es una posición relacionada con los antepasados y conectada con los instintos, que se combinan con la ambición a través de la sombra de Capricornio. En esta posición, la actual generación recoge y hereda los dones de los antepasados, pero los utiliza para adquirir bienes materiales. Ésta también es una conducta sombría, porque los antepasados aprendieron que la propiedad es una ilusión y que la muerte nos lo arrebata todo, de modo que normalmente trae consigo un drama familiar, que termina con la disolución de los imperios que construyeron grandes seres humanos a manos de los demonios de la herencia. Esta sombra se recrea con las políticas familiares, las herencias y las traiciones. Aquí el éxito se construye sobre el apellido de la familia, pero junto con este éxito llegan también los fantasmas del pasado. Esta sombra nos narra el relato clásico del hombre que construye un imperio, sólo para ver cómo su hijo lo hereda y lo pierde en un breve período de tiempo. La mayoría de las personas conocen el dicho de «los hijos heredan los pecados de los padres», pero en este caso deberíamos hablar de los pecados de los hijos. El delito de sucesión va más allá del dinero y se extiende también a extraños enredos familiares.

Angelina Jolie tiene esta sombra de Saturno. Aunque fue abandonada por su padre, el actor Jon Voight, cuando era un bebé, ella no permitió que el abandono paterno le impidiera alcanzar el éxito en el mismo campo profesional. Además, a diferencia de su padre, ella ha sido muy generosa con sus seis hijos, tres de los cuales son adoptados, lo cual demuestra el magisterio total que ha alcanzado sobre esta sombra.

Ejemplo en la naturaleza

Se ha informado de un tipo novedoso de canibalismo filial en los peces aguja, en los cuales el macho absorbe los huevos a través del epitelio de la bolsa reproductora. En el presente estudio se exploró la aplicabilidad del análisis de isótopos estables para la detección del canibalismo de las crías en el pez aguja *Syngnathus schlegeli* [...].Este hallazgo indica que los machos ocupan una posición trófica más elevada que las hembras sólo durante la temporada de cría, y es probable que esta diferencia sea resultado de la absorción por parte del macho de los nutrientes de los embriones de la bolsa reproductora.

—Atsushi Sogabe et al.[132]

♒︎

Sombra de Saturno en Acuario
La sociedad secreta

Saturno de nacimiento: Leo ♌

Clave maestra: Que la rebeldía no oculte el mimetismo

Una persona con su Saturno natal en Leo desea tener una identidad única, singular, pero la sombra de Acuario la obligará a formar parte de un grupo. La sombra de Saturno en Acuario necesita de una identidad colectiva, pero una identidad singular, que pocos más tengan. Ser parte de un colectivo singular y secreto es lo que más le encaja a esta sombra. Pero para que el colectivo siga siendo especial, la sombra de Saturno en Acuario querrá controlar no sólo a quién se acepta en el grupo, sino también a quién le corresponde hablar de ello, pues esta sombra quiere tenerlo todo controlado. La selección cuidadosa de los miembros y el establecimiento de una jerarquía son signos habituales en estos grupos, junto con las promesas vinculantes de lealtad.

La mezcla de energía creativa de Acuario y de Leo llevará al grupo a crear narrativas especiales, que serán novedosas y ligeramente diferentes de otros grupos, y estarán subrayadas por justificaciones humanitarias para la existencia del colectivo, de tal manera que el grupo parezca virtuoso y parezca servir a la sociedad de un modo heroico, si bien sirviendo en realidad al propio colectivo de la mejor manera posible. Los miembros de este grupo secreto jurarán protegerse unos a otros, valorarán el honor y castigarán a los desertores o a aquellos que

---

132. En «Application of stable isotope analysis for detecting filial cannibalism». *Behavioural Processes,* vol. 140, pp. 16-18 (Julio 2017).

se atrevan a hablar abiertamente del colectivo ante personas no pertenecientes a él sin el permiso del líder.

Con frecuencia, estos grupos se forman merced a un acto de rebeldía ante un poder dogmático, sea el de una religión o un gobierno, y suele tener lugar bajo la influencia de Urano en Acuario, que detesta todo dogma. Lo que más va a anhelar la energía de la sombra de Acuario en este caso será formar su propio club, porque está cansada de seguir las normas y las directrices de una autoridad superior, y porque anhela la libertad de expresarse libremente. Claro está que, como todo en el mundo, las cosas terminan volviendo a su cauce y estos colectivos disidentes suelen convertirse en la autoridad suprema contra la cual se rebelaron en un principio, ejerciendo un control muy similar a aquel que combatieron.

> *Una estrategia de defensa a la que recurren muchas personas «espirituales» la constituye una elaborada forma de negación, que se basa en la afirmación de que la persona «ha ido más allá» de las cualidades sombrías de la sexualidad, la cólera, la pasión, el deseo y el interés propio. De hecho, muchas religiones alimentan exclusivamente esta estrategia. Sacerdotes, pastores, gurús y «maestros iluminados», que adoptan una postura de trascendente superioridad, resultan muy atractivos para aquellas personas que tienen unos sistemas de defensa similares, que huyen de sus confrontaciones personales identificándose como miembros de un colectivo «iluminado» de élite.*

> STARHAWK, en *The Spiral Dance: A Rebirth of the Ancient Religion of the Great Goddess*[133]

Los Estados Unidos de América se fundaron bajo el influjo de esta sombra de Saturno, cuando la Francmasonería se estableció como una

---

133. Trad. cast.: *La danza en espiral: Un renacimiento de la antigua religión de la Gran Diosa.* Ediciones Obelisco, Barcelona, 2002.

orden fraterna en la América colonial, siendo francmasones varios de los Padres Fundadores del país, entre ellos George Washington y Benjamin Franklin. En torno a la misma época, Adam Weishaupt fundó los Illuminati Bávaros en Alemania, en 1776. Las sociedades secretas que se crean con el fin de rebelarse contra los líderes autoritarios y afirman ser amantes de la libertad suelen convertirse en amos y señores por derecho propio y utilizan su poder e influencia para controlar a los demás, del mismo modo en que, en otro tiempo, ellos fueron controlados.

Ejemplo en la naturaleza

Las profundidades marinas son inmensas y oscuras, y en ellas reina el vacío; no es un lugar ideal para que los animales se comuniquen a través de señales visuales. Sin embargo, el calamar de Humboldt *(Dosidicus gigas)*, una especie social que vive en grupos de cientos de individuos, se puede comunicar visualmente a profundidades cercanas a los 200 metros. Los cefalópodos, entre los cuales se encuentran los calamares, los pulpos y las sepias, son bien conocidos por su sorprendente surtido de exhibiciones visuales. Estas criaturas marinas poseen unas células pigmentarias, denominadas cromatóforos, que están rodeadas por músculos, de tal manera que se expanden y se contraen, permitiéndoles adoptar una amplia variedad de patrones y diseños de distintos colores. Y, aunque los investigadores eran conscientes de estas habilidades, seguían preguntándose cómo podrían los cefalópodos de las profundidades hacer visibles tales exhibiciones en un entorno tan oscuro y profundo [...].

Burford, un importante investigador, descubrió la extrema singularidad del uso de la bioluminiscencia en el calamar de Humboldt.

—HANNAH KNIGHTON[134]

---

134. En «Deep-sea squids glow to communicate in the dark». *Smithsonian Magazine* (6 Abril 2020).

♓

Sombra de Saturno en Piscis
El Antipapa

Saturno de nacimiento: Virgo ♍
Clave maestra: Pues tuya es la gloria, no mía

Piscis está regido por Neptuno, el planeta que representa la religión y la espiritualidad, y en la sombra de Piscis encontraremos los sobretonos y la necesidad de expandirse hasta un estado superior del ser, más allá del ego y más allá del dogma. Saturno busca el control y el dogma, y el Saturno natal en Virgo se centra en seguir las normas y las regulaciones de la religión, dominando y castigando severamente a todos aquellos que no obedecen. La sombra de Saturno en Piscis perderá de vista por completo los objetivos de la religión y la espiritualidad y se obsesionará con las leyes y las normas que la rodean, separando el espíritu de la práctica y centrándose en la disciplina por la disciplina en sí. Aquí nos encontramos a la monja de cualquier escuela católica que golpea con una regla a sus jóvenes estudiantes para instaurar y conservar su poder, no para educar; y, ciertamente, no sigue las enseñanzas de Cristo.

Esta sombra de Saturno se convierte en una dictadora religiosa, alimentada por un excesivo sentido de rectitud y por los fuegos del infierno con el fin de justificar sus innumerables delitos. Sacará con frecuencia de contexto los textos religiosos y los tergiversará para acomodarlos a sus innecesarios castigos, utilizándolos de tal modo que perjudicará a sus seguidores, dándole al líder un control total. La clave para dominar esta sombra estriba en liberarse de las normas, las regulaciones y el dogma, y en tener una experiencia espiritual fuera de estas estructuras. Una cosa son las regulaciones y otra cosa es la religión, que es el lazo que vincula a la gente a través de unas creencias compartidas, no a través del castigo. Virgo es la virgen inocente y libre de dogmas, y no quiere otra cosa que se la valide.

Éste es el Saturno natal de Lana Wachowski, la famosa directora transgénero que, junto con su hermana Lilly Wachowski, dirigió *Matrix,* entre otras películas. Wachowski asistió a una escuela católica en su infancia, contra la cual se rebeló debido a los estrictos dogmas que intentaron imponerle. Da la impresión de que la institución de la Iglesia católica proyectó sobre Wachowski esta sombra de Saturno, sombra que ella logró dominar oponiéndose a ella, para lo cual precisó de mucho coraje y determinación.

Ejemplo en la naturaleza

La postura altiva y los brazos recogidos de la mantis religiosa podrían llevarte a creer que este astuto depredador es un miembro benévolo y destacado del reino de los insectos; pero no te dejes engañar… [pues] una reciente investigación zoológica ha descubierto que las mantis religiosas son capaces de matar pájaros y de devorarles el cerebro a través del globo ocular.

Si esto te lleva a pensar que quizás las mantis han sido infectadas por una especie de contagio zombi que las lleva a dar caza y a devorar a nuestros amigos emplumados, no te preocupes –las cosas no son exactamente así […]. La verdad es que éste no es más que un sorprendente comportamiento natural.

Las mantis cazan raramente pequeños vertebrados –incluidas ranas, lagartijas y serpientes–, además de alimentarse con su habitual dosis de artrópodos, pero los científicos no sabían hasta ahora hasta qué punto era universal el bufé de pájaros.

—Peter Dockrill[135]

---

135. En «Praying mantises are killing birds and devouring their brains all over the world». *Science Alert* (10 Julio 2017).

Las sombras de Urano

Revoluciones universales

No es luz lo que necesitamos, sino fuego; no una suave lluvia, sino truenos. Necesitamos la tormenta, el vendaval y el terremoto.

Frederick Douglass, en su discurso del 5 de julio de1852

Urano es un dios primordial de la cultura griega, uno de los titanes y el soberano del tiempo y el espacio. Muchos atribuyen el tiempo a Saturno (Cronos en la mitología griega), en tanto que otros se lo atribuyen a Urano. Dependiendo de qué fuente utilices, te vas a encontrar con más o menos sincretismo aquí. Yo diría que Urano se relaciona con el tiempo en el sentido en que todo es cíclico, de tal modo que Urano se relaciona estrechamente con las revoluciones y con los actos y maneras de ser revolucionarios. Y, aunque se suele decir que no hay nada nuevo bajo el Sol, sí que existe el renacimiento, la renovación, los nuevos comienzos y el inicio de nuevos ciclos. La energía de Urano nos muestra dónde se hacen necesarias tales revoluciones y cómo revigorizar los sistemas agotados y liberarse de lo que ya no es necesario con el fin de servir a un bien mayor. La autenticidad singular, que es una cualidad de Urano, forma parte de todo lo novedoso, algo que no se ha visto ni experimentado con anterioridad. El hecho de que el universo sea tan antiguo y que, sin embargo, pueda seguir ocurriendo algo inesperado, no es otra cosa que un milagro.

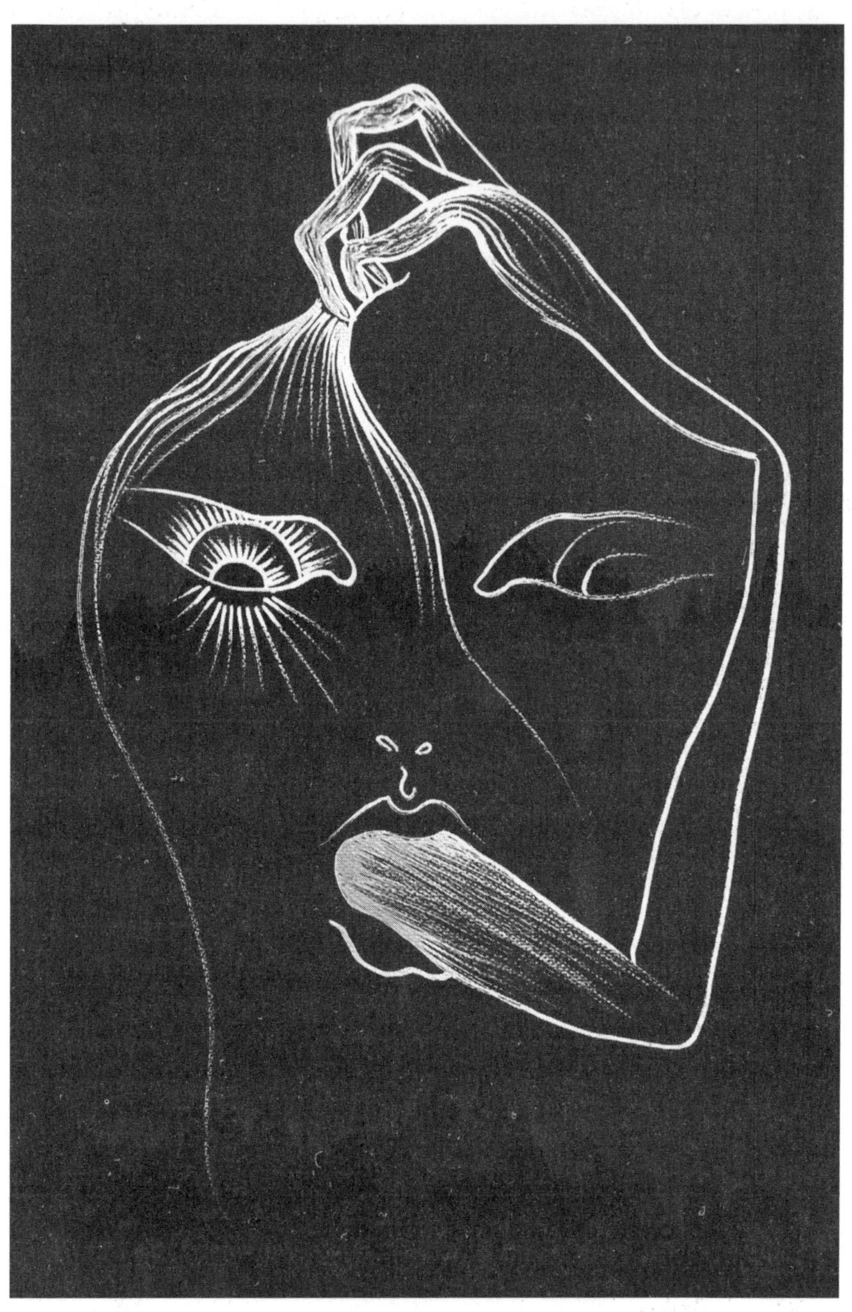

La sombra de Urano supone disgustos, perturbaciones y explosiones, y es cierto que hay nuevos comienzos que son indeseados debido a que llegan a través de la destrucción. La sombra de Urano es el incendio forestal que, posteriormente, estimula un nuevo crecimiento en el bosque, o la revolución que derriba a un gobierno corrupto. Esta sombra es el terremoto, la caída del rayo, la tormenta que obliga a una renovación, tanto si se quiere como si no. En las fuentes tradicionales del mito griego, Crono castra a Urano, que es su padre, para poder tomar su lugar como soberano y asegurarse de que el poder le pertenece sólo a él. Pero Cronos no sabe que el falo seccionado de Urano, al caer en el mar, dará nacimiento a Afrodita (Venus), resplandeciente y hermosa, que traerá oleadas de amor al mundo y rejuvenecerá todo cuanto toque. Renacer de un trauma violento no es algo deseable, pero suele ocurrir en la naturaleza.

Detestamos y amamos al mismo tiempo la sombra de Urano por su caos incontrolable. ¿Qué sería de la vida sin el poder de una destrucción inesperada que nos libere de nuestro letargo? Sin duda, sería bastante aburrido. Nadie busca el nivel demoledor de cambios que Urano trae, pero no cabe duda de que creceremos con la sombra de Urano. Puedes estar seguro de ello.

La revolución no es un acontecimiento aislado.

Audre Lorde, en *Sister Outsider: Essays and Speeches*[136]

---

136. Trad. cast.: *La hermana, la extranjera: Artículos y conferencias.* Horas y horas, Madrid, 2003.

♈

Sombra de Urano en Aries
Las bases

Urano de nacimiento: Libra ♎
Revolución: Justicia sistémica

La sombra de Urano en Aries significa que su lugar natal estaba en Libra, el signo de la justicia y la igualdad. Con la sombra en esta posición te vas a sentir injustamente tratado y vas a tener que demostrar o validar tu valía personal frente a tales injusticias. Vas a tener que autojustificarte, porque no vas a obtener justicia en lo colectivo. Con la sombra en Aries, la persona puede llegar a sentirse perseguida; pero esto la llevará a tomar conciencia de que merece tanta estima y valoración como el resto del colectivo. El *estatus quo* empuja incesantemente en esta dirección y obliga a la persona a adoptar la actitud de una guerrera, teniendo que mantenerse en pie por sí misma y por los demás, teniendo que soportar las persecuciones de la sociedad y que unir a todos en el intento por hacer justicia. La necesidad de agruparse y de apoyarse mutuamente, en vez de abordarlo todo de forma aislada, se destaca mucho con esta sombra. Lo ideal aquí es trabajar en equipo, en vez de soportar la persecución en soledad, en la medida en que los que detentan el poder intentarán mantener a la gente dividida y polarizada. Puede ocurrir que la persecución no se dirija contra ti en concreto y que estés teniendo que llevar la sombra de Urano en Aries por otras personas que buscan justicia y seas tú quien tenga que ayudarles a vencer tal persecución. Convendrá que comprendas esta sombra por lo que es, pues, en vez de ver como «criminales» a estas personas que reivindican sus derechos, deberás identificar las deficiencias del sistema y comprender dónde les ha fallado éste.

El riesgo que se corre con esta posición de la sombra es que la persona termine justificando la violencia contra aquellas otras personas que cree que la han tratado injustamente. Yo no soy nadie para juzgar esto y, personalmente, soy partidaria de la autodefensa. Sin embargo, cuando esto se lleva al extremo, puede traer graves errores. No hay más que mirar a Adolf Hitler, que tenía esta posición en su carta natal. Pero también la tenía Tupac Shakur, que fue una verdadera víctima de injusticias a muchos niveles, aunque algunos puedan señalar que fue justamente asesinado por aquellos que buscaban una retribución. ¿Quién tiene razón? Ten cuidado, no vaya a ser que de tanto justificarte en tu lucha contra la injusticia termines provocando violencia sobre los demás y sobre ti mismo. En determinadas situaciones, en las que la sociedad es opresiva y se han restringido gravemente las libertades, puede ser imposible evitar la violencia. Con todo, sé consciente y reconoce tus sesgos, y busca amigos.

Ejemplo en la naturaleza

La justicia parece formar también parte de la vida social de los primates. Los investigadores Sarah Brosnan, Frans de Waal y Hillary Schiff descubrieron lo que ellos denominan «aversión a las desigualdades» en los monos capuchinos, una especie altamente social y cooperativa en la cual es habitual compartir alimentos. Estos monos, sobre todo las hembras, controlan cuidadosamente el trato igualitario y justo entre pares. De hecho, aquellos sujetos que, en una transacción de trueque, reciben un trato desigual se niegan a cooperar con los investigadores. En resumen, los capuchinos esperan que se les trate justamente.

—MARC BEKOFF Y JESSICA PIERCE[137]

---

137. En *Wild Justice: The Moral Lives of Animals.* University of Chicago Press, Chicago, 2009. (Trad. cast.: *Justicia salvaje: La vida moral de los animales,* Turner, Madrid, 2010.)

♉

Sombra de Urano en Tauro
Dedos verdes

Urano de nacimiento: Escorpio ♏
Revolución: La agricultura

La posición natal de Urano en Escorpio se centra en las necesidades básicas, en nuestra conexión con los antepasados y la cultura y el papel de la supervivencia y la alimentación en la humanidad. Bajo la sombra de Urano en Tauro, hemos visto varias revoluciones en la agricultura, en el crecimiento de las plantas y en la producción de alimentos. Pero, dado que nos encontramos aquí con una sombra, tales revoluciones podrían haberse corrompido y podrían estar necesitando alguna reforma. Aunque las revoluciones relacionadas con las plantas pueden adoptar la forma de un incremento en la producción agrícola y una mejor distribución de los alimentos, también pueden traer consigo la ingestión entre los humanos de un buen número de sustancias químicas a través de las plantas. Bajo la sombra de Tauro, podemos ver la corrupción en el acaparamiento de alimentos, en la práctica de métodos agrícolas insostenibles o en la reclamación ilegítima de territorios. La crisis agrícola de la década de 1980 en los Estados Unidos, así como la que llevó a la hambruna de Etiopía, se dieron bajo esta sombra, siendo ejemplos perfectos de lo que puede suceder cuando esta sombra se hace demasiado grande.

Si la revolución agrícola valora más los beneficios que la producción en sí, nos encontraremos con el toro de la sombra de Tauro, donde la codicia se impone a la provisión de las necesidades básicas. Ésta es una sombra muy importante para todas aquellas personas preocupadas con el presente, dado que Urano se halla en Tauro actualmente, con lo que se opone a su sombra. Puede resultar difícil vislumbrar el futuro si nos alejamos mucho en el tiempo, pero los problemas que están surgiendo actualmente en la agricultura en todo el mundo están sentando las bases de la revolución que traerá consigo el siguiente ciclo de esta sombra de Urano. Por ejemplo, si nos fijamos en quiénes están comprando actualmente tierras de cultivo, quizás establezcamos parecidos con lo que ocurrió con el valor de la tierra durante la crisis agrícola de finales de la década de 1970 y principios de la de 1980 bajo la influencia de esta sombra. Tomando como base esta información, intenta extrapolarla al futuro. El *bum* de los cultivos de hojas de coca, para hacer cocaína, y de plantas de adormidera, para elaborar opio y heroína, tuvieron lugar asimismo en aquella época de la crisis agrícola, por ejemplo, lo cual terminó derivando en la epidemia de crack. Obviamente, son muchos los factores que influyen en todos estos problemas, no siendo el racismo el menor de ellos, pero conviene ver la forma de esta sombra sobre la tierra.

No debería pasarse por alto la actual crisis de agricultores de la India y sus protestas. Las transformaciones agrícolas y el modo en que generamos alimentos están vinculados a los ciclos terrestres y planetarios, y nosotros, como especie, deberíamos aprender todo lo posible sobre estos ciclos. Las semillas que plantamos en la tierra se convierten en cultivos que, posteriormente, cosechamos; de modo que, por favor, tómate unos minutos para estudiar, aunque sea brevemente, esta sombra de Urano.

Ejemplo en la naturaleza

Echemos un vistazo al pergolero moteado oriental, un ave que puede estudiarse en Queensland, Australia, donde investigaciones recientes han descubierto que estos pájaros cultivan la tierra de algún modo. Los machos del pergolero moteado construyen elaborados nidos, o pérgolas, con ramas y los decoran con diversos objetos para atraer a las hembras. Un objeto decorativo que les encanta a las hembras, y de ahí que sea muy buscado por los machos, es la baya amarillo-verdosa, a menudo teñida de púrpura, del arbusto de la patata; de hecho, cuantas más bayas se puedan ver en la pérgola más éxito tendrá el macho para aparearse. Los machos no suelen construir pérgolas en zonas en las que crecen bayas en abundancia; pero, para cuando una pérgola tiene ya un año, normalmente habrá unas decenas de arbustos de la patata creciendo en los alrededores, lo cual le dará al macho mayores oportunidades de decorar el nido con más bayas. Los machos arrojan las bayas marchitas fuera de la pérgola, influyendo así en la distribución del arbusto de la patata. No es exactamente agricultura, tal como la conocemos las hormigas y los humanos, pero no por ello deja de ser una forma de cultivo oportunista. También es el primer ejemplo conocido de cultivo de una planta no alimentaria por parte de una especie no humana.

—Roger Di Silvestro[138]

♊
Sombra de Urano en Géminis
Los datos ardientes

Urano de nacimiento: Sagitario ♐
Revolución: Flujo de datos

La sombra de Urano en Géminis es una revolución en las comunicaciones que lleva a las personas a compartir datos e información entre sí prescindiendo de los medios de comunicación grandes y sus dominios. Nos encontramos aquí con los *zinesters,* los operadores de medios de comunicación independientes que crean revistas autoeditadas. Se trata de personas que se rebelan contra los medios de comunicación masas, aquellos que lanzan al mundo narrativas parciales que pueden ser parciales o inventadas. Las personas con el Urano natal en Sagitario intentan obtener datos para las multitudes a su manera, libres de dogmas. Son editores independientes que abogan por la libertad de expresión. Urano transitó por esta sombra a finales de la década de 1980, cuando se crearon las primeras empresas proveedoras de servicios en Internet. En aquellos momentos se crearon nuevas vías para compartir información en red, en lugar de recibir información dictada desde una única fuente.

Técnicamente, Internet, tal como lo conocemos hoy en día, tuvo sus orígenes en el CERN, la Organización Europea de Investigación Nuclear. Tim Berners-Lee, un científico que trabajaba en el CERN,

---

138. En «Animals that grow gardens». *National Wildlife Federation* (5 Enero 2016).

inventó la *World Wide Web (www)* en 1989 para compartir datos de forma automática entre científicos de universidades e institutos de todo el mundo (todo ello puesto al servicio del proyecto). El CERN es un ejemplo perfecto de cómo los beneficios de tener acceso a datos pueden derivar en algo sombrío cuando entidades o personas con recursos intentan usurpar y controlar el flujo de información para su uso exclusivo, en vez de apoyar la utilización libre de datos para todo el mundo. Aquella temprana oportunidad de compartir información tuvo lugar bajo la influencia de esta sombra de Urano, si bien lograron, mediante una transmutación de esta sombra, poner la tecnología en manos de la población cuatro años más tarde, en lo que se conoce ahora como la *world wide web,* es decir, Internet. El CERN fue capaz de imponerse a esta sombra y de liberar esta herramienta para el bien común.

Durante este período de tiempo también aparecieron los teléfonos móviles o celulares, y tuvo lugar una enorme revolución en los dispositivos de comunicación celular. Resulta fascinante que tanto Internet como los teléfonos móviles aparecieran bajo la influencia de esta sombra de Urano, facilitándonos las conexiones al tiempo que se desarrollaban gigantescas empresas dispuestas a cobrarnos por el acceso a estas herramientas.

La clave para esta sombra de Urano estriba en impulsar el uso de datos de fuente abierta y en restringir la posibilidad de que determinados individuos secuestren y manipulen esta revolucionaria tecnología. Esto no significa que no haya que citar las fuentes de la información o los datos compartidos; significa incrementar el acceso a la información y ser razonables en su acceso sin imponer tarifas exorbitantes.

Ejemplo en la naturaleza

Los elefantes marinos machos reconocen a sus rivales por los patrones rítmicos de su llamada, según un estudio publicado el jueves en *Current Biology* [...].

[L]os elefantes marinos machos luchan por establecer un orden jerárquico y, en ocasiones, tales luchas traen consigo la muerte de alguno de los contendientes. El macho más fuerte será el que controle el harén [...].

«Se trata de un entorno en el que hay mucho en juego», comentó a *NewsHour* Caroline Casey [...] doctoranda en ecología y biología evolutiva [...]. «Queríamos saber qué se estan diciendo entre sí estos animales, qué información se transmite en estas llamadas que utilizan los elefantes marinos para evitar la pelea, y qué componentes de las llamadas son importantes».

Casey había demostrado previamente que los elefantes marinos son capaces de identificar las llamadas de sus rivales. Los machos «alfa» cantan para advertir a los elefantes marinos de rango inferior que no se entrometan o que peleen [...].

Al oír la llamada original, los machos beta de rango inferior se retiraban de forma parecida a cuando evitan una pelea. Pero, cuando los machos beta escuchaban la llamada con un ritmo considerablemente modificado, no se daban por enterados, llevando a las investigadoras a concluir que el ritmo es clave para el reconocimiento.

—Teresa Carey[139]

♋

Sombra de Urano en Cáncer
La generación Beat

Urano de nacimiento: Capricornio ♑
Revolución: Expresión sensual

La sombra de Urano en Cáncer quiere sentir, y se rebelará contra la insensibilidad y la censura de la sensualidad, o bien cuando su territorio emocional se vea amenazado o reprimido. El tradicionalismo acérrimo, que niega los matices y los sentimientos, no dejando espacio para la expresión emocional, no se manifestará a través de esta sombra de Urano. Los *beatniks* aparecieron durante esta sombra, y en su época

---

139. En «Elephant seals recognize vocal rhythms to avoid bullies». *PBS NewsHour* (20 Julio 2017).

se les vio como pervertidos. Los *Beats* forcejearon para que la homosexualidad fuera aceptada y, gracias a ellos, se dieron grandes pasos hacia el reconocimiento de los derechos de gays y lesbianas. Pero todo esto a costa de la censura: el poema de Allen Ginsberg, *Howl (Aullido),* y la novela de William S. Burroughs, *Naked Lunch,*[140] fueron objeto de prolongados juicios por obscenos. Los *Beats* lucharon por la expresión profunda de las emociones y la sensualidad a través de esta influencia de Urano. Otros héroes de esta época fueron Lawrence Ferlinghetti, Jack Kerouac, Gregory Corso, Neal Cassady, Diane di Prima y Audre Lorde.

El trabajo de los *Beats* en esta área sembró el terreno para la llegada de los *hippies* y la revolución de la conciencia de los años sesenta al romper los límites de la tradición acerca de lo que es o no aceptable en lo referente a emociones y sexualidad. Hay quien sitúa la revolución sexual en los años sesenta, pero yo creo que tal revolución hay que atribuírsela a los valientes poetas *beat* que pusieron su sexualidad en primera línea y sentaron las bases de la revolución sexual, haciendo su propia revolución, una revolución totalmente uraniana, una década antes.

La energía de Cáncer, que intenta proteger su vulnerabilidad, en combinación con el hedonismo de Capricornio produjo probablemente una reacción excesiva de la opinión pública contra la expresión libre de esta sombra de Urano. La clave para esta sombra revolucionaria estriba en leer los sentimientos de las masas y entrar en relación en lugar de rebelarse, dejar que la gente te vea como a uno de ellos, no como a un enemigo que supone una amenaza. Las tácticas defensivas de la sombra de Cáncer podrían impedir la unidad que realmente existe entre nosotros. Esta sombra de Urano se rebela contra la represión, pero conviene que se atempere para evitar que la opinión pública se rebele a su vez contra la rebelión y recurra a la censura.

Ejemplo en la naturaleza

En 1910, un equipo de científicos partió en la denominada Expedición Terra Nova con la intención de explorar la Antártida. Entre ellos

---

140. Trad. cast.: *El almuerzo desnudo.* RBA, Barcelona, 2010.

estaba el zoólogo y fotógrafo George Murray Levick, que sería el primer investigador en estudiar la mayor colonia de pingüinos Adelia. En sus libretas de notas, Levick describió el comportamiento sexual de estos pingüinos, incluidas las relaciones sexuales entre machos. Sin embargo, ninguna de estas notas aparecería en los artículos que publicaría posteriormente Levick. Preocupado por el contenido gráfico de sus trabajos, el zoólogo sólo imprimió 100 ejemplares de *Los hábitos sexuales de los pingüinos Adelia* con la intención de hacerlos circular en privado. El último ejemplar existente de esta obra se descubrió recientemente, proporcionando valiosa información sobre la homosexualidad en el reino animal. Sin embargo, hay investigaciones en las que se habla de la homosexualidad animal que son muy anteriores a Levick, pues se dispone de incluso de observaciones fechadas en los siglos XVIII y XIX. Más de 200 años después, la investigación ha ido más allá de algunos de los tabúes que aquellos pioneros de la investigación tuvieron que afrontar, y se ha demostrado que la homosexualidad es mucho más habitual de lo que previamente se pensaba. Se han observado comportamientos entre individuos del mismo sexo que van desde la coparentalidad hasta las relaciones sexuales en más de 1000 especies, aunque probablemente terminarán siendo muchas más, a medida que la investigación se vaya centrando explícitamente en este tipo de comportamientos. La homosexualidad está muy difundida, si bien parece que la bisexualidad está más extendida aún a través de las especies.

—JUANITA BAWAGAN[141]

---

141. En «Scientists explore the evolution of animal homosexuality». Imperial College London (2 Mayo 2019).

♌

Sombra de Urano en Leo
El creador

Urano de nacimiento: Acuario ♒
Revolución: Auto-expresión

Esta expresión de la sombra de Urano guarda relación con los movimientos artísticos y con la creatividad de colectivos de personas que forman un movimiento. El Urano natal en Acuario precisa de la comunidad, en tanto que la sombra exige la auto-expresión por medios artísticos, de modo que ambos se unen aquí en colectivos artísticos revolucionarios. El expresionismo, el cubismo, el futurismo, el *art decó,* el dadaísmo, el surrealismo, el constructivismo, De Stijl, Bauhaus… todo esto tiene lugar dentro del ámbito de Urano en esta posición de la sombra. Podemos vislumbrar el valor de este Urano sombrío simplemente en los nombres de los movimientos relacionados arriba. ¿Puedes imaginarte la historia de la humanidad sin estos movimientos de artistas, que se agruparon y se dieron apoyo mutuo? Yo tampoco.

El peligro de esta sombra de Urano estriba en que la sociedad favorezca al artista individual sobre el movimiento del cual el artista forma parte. Mediante la aceptación social, a tal artista se le sitúa por delante de los demás en el colectivo, y su obra (y casi siempre se trata de un artista varón) se da a conocer y se comercializa, en tanto que el resto permanece en la sombra, aunque todos ellos hayan participado a la hora de conformar las ideas que se hallan tras tal movimiento artístico. La solución a esta sombra de Leo en Acuario estriba en incluir a todos los egos individuales del colectivo y reconocer el modo en que se nutrieron e influyeron unos a otros, resistiéndose a la tentación de singularizar el logro en un individuo solo, cuya obra es posteriormente comercializada e impresa en carteles y tazas para su venta al gran público. Lo que viene a desmontar los movimientos artísticos auto-expresivos es la selección de aquellos egos que puedan aportar más valor monetario. Resístete a esto y no alimentarás la sombra.

La comunidad científica sigue desconcertada ante el motivo que llevó a los elefantes de la Reserva Natural Xishuangbanna, en la frontera con Laos, a abandonar su hogar.

Desde que se marcharon en la primavera del año pasado, estos elefantes han estado perpetrando robos en tiendas y pisoteando cosechas por valor de un millón de dólares, y miles de residentes han tenido que ser evacuados de su camino.

«Por algún motivo, estos elefantes decidieron que su entorno tradicional ya no era adecuado… y se marcharon para buscar otro lugar», comentó a AFP Ahimsa Campos-Arceiz, un especialista en elefantes.

»Pero no tenían un destino en mente. Simplemente, están yendo de aquí para allá intentando encontrar un lugar que les parezca adecuado […].

»Lo que más me ha sorprendido es que estos elefantes están muy sanos y parecen felices a pesar de estar desplazándose por zonas densamente pobladas y poco familiares para ellos –dijo Campos-Arceiz–. Estos elefantes son muy juguetones, lo cual me indica que están bien», añadió.

—POORNIMA WEERASEKARA[142]

♍

Sombra de Urano en Virgo
Purificación

Urano de nacimiento: Piscis ♓
Revolución: Conservadurismo

La sombra de Urano en Virgo valora el perfeccionismo e intentará eliminar toda influencia indeseada en un colectivo con el fin de purifi-

---

142. En «March of the elephants: China's rogue herd spotlights habitat loss», *phys.org* (26 Junio 2021).

carlo. Y, aunque esto pueda parecer un empeño benigno, puro e íntegro, lo cierto es que esta sombra podría ser totalmente la responsable de más violencia y derramamientos de sangre que ninguna otra sombra de Urano. Al someter a juicio a todos aquellos que no se han adherido a un sistema puritano, esta sombra de Urano proporciona a la sociedad una lógica que la lleva a culpabilizar y a eliminar a todos aquellos que no estima dignos.

La prohibición de bebidas alcohólicas en Estados Unidos, que tuvo lugar entre 1920 y 1933, se dio bajo esta sombra de Urano. Esta purificación sombría llevó literalmente la bebida a los sótanos, a bares clandestinos, alimentando así el crimen organizado, y no supuso ningún avance en la erradicación del consumo de alcohol. La punta de lanza de esta rebelión la constituyeron, en este caso, las activistas de los derechos de las mujeres, que estaban horrorizadas ante las consecuencias del abuso de alcohol, que victimizaba sobre todo a las mujeres, que eran las que padecían de abusos domésticos y de la violencia de sus maridos. Estas activistas intentaron apelar a valores más elevados para frenar el libertinaje, pero lo hicieron desde el enjuiciamiento y la virtud. Sin embargo, la sombra de la culpabilidad no resuelve los problemas, porque la culpa no sana. Esta rebelión, esta revolución no tuvo mucho éxito, y quizás incluso trajo aún más violencia.

La culpabilización y la represión de los comportamientos violentos parece tener poco efecto sobre las personas que perpetran actos violentos, pues es evidente que la pena de muerte por asesinato no ha impedido que las personas se sigan matando unas a otras. Obviamente, tenemos que intentar abordar estas sombras y la violencia, pero quizás podamos encontrar alguna otra estrategia, dado que la culpabilización y el castigo no parecen funcionar bien. El final de esta posición de Urano vino seguido abruptamente por la Segunda Guerra Mundial.

Ejemplo en la naturaleza

Quizás viera usted a principios de esta semana la historia de un alce borracho en Suecia, que se quedó atascado en un árbol. «Al principio pensé que alguien había querido gastar una broma, pero luego vi que era un alce atascado en un manzano, con sólo una pata en contacto con el suelo», dijo a *The Local* Per Johansson, que vio al ebrio mamífero en el jardín de la casa de al lado. El alce probablemente se emborrachó comiendo manzanas fermentadas caídas al suelo y se quedó atascado en el árbol mientras intentaba alcanzar las frutas de las ramas. «Los alces borrachos son habituales en Suecia durante el otoño, cuando caen las manzanas al suelo y cuelgan de las ramas de los árboles en jardines y huertos», se afirma en *The Local.*

—SARAH ZIELINSKI[143]

♎

Sombra de Urano en Libra
Los cerdos de la guerra

Urano de nacimiento: Aries ♈
Revolución: Justicia sistémica

La sombra de Urano en Libra genera reglas, normativas y fuerzas de paz con el fin de controlar a autoridades corruptas y llevarlas si es necesario ante la justicia. Da la impresión de que, con frecuencia, los creadores y sustentadores de los sistemas judiciales —es decir, los gobiernos— necesitan también un comité supervisor que vele por la verdad y evite la corrupción en los sistemas que hacen «justicia» a gran nivel. En ocasiones, tienen que unirse las naciones para prestar su ayuda si gobiernos enteros se comportan de manera injusta con su pueblo. Toda vez que valores totalitarios o circunstancias injustas se vuelven dominantes, la necesidad de justicia aparecerá en torno a esta sombra, que dará lugar a una revolución contra aquellas fuerzas que abusan de la justicia diciendo que tienen que derogar el derecho humano a la vida, a la libertad o a la felicidad.

Bajo esta influencia, e intentando asignar responsabilidades por estos delitos durante la Segunda Guerra Mundial, e incluso antes, a principios de los años treinta, tras la Primera Guerra Mundial (hubo

---

143. En «The alcoholics of the animal world». *Smithsonian Magazine* (16 Septiembre 2011).

302

variaciones en las fechas debido a las retrogradaciones de Urano, que extendieron la duración de este tránsito hasta cubrir ambos períodos temporales), la comunidad internacional respondió a los equilibrios de control contra las fuerzas en conflicto, y gracias a Dios que se hizo.

Esta sombra fue predominante durante la Segunda Guerra Mundial, y la sombra del dios de la guerra se manifestó con todo su poder a través de esta revolución de Urano, cuya sombra optó por las justificaciones antes que por la justicia. En vez de una justificación verdadera, esta sombra puede llevar a aquellos que quieren hacer la guerra en falso a justificarse en sus acciones contra los que considera sus enemigos. Caín justificó el asesinato de su hermano Abel diciendo que, desde su punto de vista, éste había roto las normas, pero Dios reprendió a Caín de inmediato, diciéndole que no le correspondía a él hacer justicia. A Caín no se le justificó por haberle arrebatado la vida a Abel, y no se tuvo en cuenta su punto de vista personal de lo que debería ser o no la justicia. Las fuerzas nazis creían tener razón en sus acciones contra otros colectivos, como el pueblo judío, reiterando la narrativa del «apuñalamiento por la espalda»; se creían «justificados» en su decisión de exterminar a toda una raza. Pero esto es obviamente incorrecto, es pura, simple y terriblemente, una enorme sombra. Aunque creas que toda una nación es tu enemiga, erradicar a todo un pueblo de la faz de la Tierra no es la solución; no es justo, no se puede justificar; simplemente, no lo será jamás.

Al proyectarse esta sombra sobre el país, se impuso la retribución en vez de la reciprocidad. La sombra de toda guerra supone una culpabilización y una proyección sobre el otro, con las cuales se pretende justificar la destrucción. Durante la influencia de esta sombra, esto se llevó a cabo a un nivel revolucionario, a un nivel nunca antes visto en la historia, mediante los proyectiles. Curiosamente, esta palabra tiene la misma raíz que «proyección». En la Segunda Guerra Mundial, un bando intentó asesinar a medio mundo, y se encontró con una fuerza que asimismo se entregó al exterminio total mediante bombardeos. Dos errores no hacen un acierto, y ésta es una lección que tenemos que aprender mirando a esta sombra a los ojos, hasta lo más profundo. Además, el nivel de retribución perpetrado sobre ciudadanía japonesa inocente también fue absolutamente injustificado.

Con el fin de transmutar esta sombra, se debe establecer con claridad la diferencia entre justicia y justificación, y este camino pasa por la necesidad de incluir a todo el mundo, no sólo a un bando u otro, y no pasa por discursos que justifiquen la erradicación de los derechos de los demás. Quizás aún no hayamos hecho las paces con esta sombra, pero cada uno de nosotros puede aprender la lección a nivel individual, aunque las naciones no parezcan ser capaces de neutralizar sus antagonismos mediante la equidad, que en este caso sería un antídoto.

Si una nación comete un genocidio, no podemos retribuirles cometiendo un genocidio con ellos. Tendremos que encontrar la manera de que no vuelvan a perpetrarse genocidios, y no permitir que nos maten. Y no peco de falta de humildad al hacer estas afirmaciones, pues soy plenamente consciente de las dificultades. Si alguien asesinara a toda mi familia, la diosa me libre, yo probablemente les asesinaría a todos ellos. Pero yo no soy tan fuerte. Tenemos que ayudarnos unos a otros para abordar tales delitos y digerir y transformar esta sombra. Quienquiera que haya sido víctima de esta sombra no va a ser capaz de transformarla por sí solo; es comprensible, y no lo enjuicio, simplemente contemplo la situación. Se trata de una sombra extremadamente difícil de trabajar. Por favor, que todo el mundo tome una pizca de ella y ayude a digerirla, pues vamos a ser necesarios todos para superarla. Es una sombra de la locura, qué duda cabe, y cualquier avance que se pueda hacer en este terreno supondrá un paso adelante para la humanidad.

Ejemplo en la naturaleza

La reciprocidad puede evolucionar si se dan encuentros repetidos entre los mismos individuos (en un juego reiterado del Dilema del Prisionero), y si un individuo es capaz de variar su estrategia en función de las acciones previas del compañero. El mantenimiento de un bacteriófago cooperativo, que evoluciona hacia una multiplicidad de infección baja (asegurando poblaciones clonales) durante experimentos de selección a largo plazo (Turner y Chao, 2003), puede interpretarse como un cambio de estrategia en un jugador para dominar el juego (p. ej., Chen et al., 2012). Una estrategia de juego eficaz es la del «ojo por ojo», en la cual un individuo responde a su compañero con la misma acción que el otro jugador realizó en el turno previo (Axelrod y Hamilton, 1981). En las colonias de bacterias *Pseudomonas aeruginosa* que crecen sobre un sustrato sólido, la costosa secreción de pioverdinas, un quelante del hierro, se mantiene en la población mediante un tráfico de ojo-por-ojo entre las células que se hallan en contacto (Julou et al., 2013) [...]. Este intercambio local modula el crecimiento de las células indivi-duales, previniendo así una larga secuencia de represalias, porque las parcelas locales de no productores se ven superadas por el cre-cimiento más rápido de los productores.

—C. J. Rose y P. B. Rainey[144]

♏

Sombra de Urano en Escorpio
El flautista de Hamelín

Urano de nacimiento: Tauro ♉
Revolución: El poderoso microorganismo

La sombra de Urano en Escorpio es una micro-revolución de organis-mos que difunden enfermedades. Actualmente estamos experimen-tando esta sombra y, según la historia, experimentamos una pandemia bajo su influencia cuando, a mediados de la década de 1850, la peste bubónica se difundió a un ritmo desastroso, afectando a millones de personas. Esta plaga, conocida también como la peste negra, se repitió en varias ocasiones, extendiéndose de nuevo bajo la sombra de Ura-no en las décadas de 1930 y 1940 en Asia, concretamente en China e India, y en África.

Esta sombra puede traer como respuesta una revolución científica, concretamente en la medicina, debido a las demandas de la población, que tiene que cambiar sus comportamientos sociales o evitarlos por completo en algunos casos. La toma de conciencia de estos riesgos y de

---

144. En «Cooperation and public goods, bacterial». *Encyclopedia of Evolutionary Biology 1* (Diciembre 2016), pp. 374-380.

cómo se difunden los gérmenes puede afectar al comportamiento social, dando como resultado cierto aislamiento y el incremento de activides solitarias. Aquí, la sombra de Urano nos recuerda los peligros potenciales que la naturaleza puede ocultar dentro de cada persona en cualquier momento, por lo que será conveniente mantener una buena salud mental durante estas épocas.

La palabra *influencia* está relacionada con el término *influenza,* que es un sinónimo de la contagiosa gripe; y en la antigüedad, la astrología, la influencia de los planetas, se consultaba para anticipar plagas o determinar cuándo podrían remitir. Los astrólogos de tiempos antiguos creían que existían correspondencias entre los planetas en el cielo y los microorganismos que pululan en las formas terrestres. La peste bubónica, por ejemplo, dio también como resultado una revolución de la astrología, en la medida en que la gente buscaba respuestas a la enfermedad en las profundidades de su desdicha.

Ubicada en la intersección entre la medicina y las matemáticas, la astrología fue en otro tiempo una metodología prometedora para monitorear la salud de las personas. Los astrólogos hacían predicciones anuales acerca de las enfermedades que predominarían en regiones particulares, diseminando sus pronósticos entre la población, junto con consejos sobre lo que deberían hacer como respuesta. Su capacidad para pensar en términos de «poblaciones» relativamente estandarizadas, junto con su búsqueda de correlaciones entre la incidencia de enfermedades y factores externos, hizo de los astrólogos los principales candidatos para el desarrollo de enfoques novedosos acerca de las pandemias. Antes del epidemiólogo estuvo el astrólogo, que observaba las estrellas con el fin de encontrar patrones entre las configuraciones celestes y los principales acontecimientos relacionados con la salud, utilizando sus hallazgos para determinar la llegada y la desaparición de las epidemias.[145]

---

145. Pfeffer, M.: «Astrology, plague, and prognostication in early modern England: A forgotten chapter in the history of public health». *Past & Present* (17 Febrero 2023).

Investigué a fondo las predicciones matemáticas de los expertos en estadística en lo relativo a la pandemia del coronavirus desde sus inicios y mientras se desarrollaba, y pude compararlas con las predicciones de los astrólogos modernos, y me resultó fascinante contrastar ambos tipos de predicciones, una al lado de otra. En retrospectiva, la mayor parte de las predicciones matemáticas más difundidas terminaron siendo erróneas cuando la realidad se hizo patente. Las predicciones matemáticas tendían a una inflación severa, en tanto que las perspectivas astrológicas eran más conservadoras y estuvieron más cerca del resultado final. Y yo sigo sin entender por qué la comunidad científica condena la astrología y apoya modelos que recurren a medios científicos, pero que terminan equivocándose. Habría que dejarse de menosprecios, y quizás, si vemos ambos sistemas de un modo objetivo, sin proyecciones de la sombra —en vez de defender a un bando en menoscabo del otro, como en los deportes—, podríamos alcanzar valiosas conclusiones.

Ejemplo en la naturaleza

Cinco condados de Florida siguen a merced del clima y de las corrientes de agua, mientras una «marea roja» de algas continúa asfixiando sus aguas, su vida marina y su economía [...]. El Condado de Manatee ha recogido hasta el momento, durante el mes de agosto, 164 toneladas de peces muertos. El condado de Sarasota, justo al sur, ha recogido más de 149 toneladas. Estos condados palidecen en comparación con Fort Myers, en el condado de Lee, en torno a 80 kilómetros al sur. Desde el 2 de agosto, las empresas contratadas por el condado de Lee han recogido más de 1700 toneladas de vida marina muerta. Aquí no se incluye la vida marina recogida por el departamento de parques y recreo del condado, ni incluye lo recogido en las islas de Boca Grande y Captiva. El total global tampoco incluye los peces muertos recogidos en la amplia red de canales de propiedad privada que se extienden por los cinco condados.

—Paul P. Murphy[146]

---

146. En «Florida's red tide has produced 2,000 tons of dead marine life and cost businesses more than $8 million». *CNN* (23 Agosto 2018).

Sombra de Urano en Sagitario
El fin de los dogmas

Urano de nacimiento: Géminis Ⅱ
Revolución: La reforma de la Iglesia

La ubicación natal de Urano en Géminis prospera cuando se comparte información, y esta posición, en la búsqueda de verdades superiores, se rebela contra las religiones institucionalizadas y los dogmas. Una de las principales corrupciones en la mayoría de las iglesias se da cuando empiezan a limitar las ideas, la información y los datos de los demás para controlar lo que la gente pueda creer, todo ello con el fin de instaurar su pensamiento único en toda su grey. Cuando la información fluye libremente a través de una congregación, sus miembros disponen de espacio para cuestionarse los dogmas, para someter a prueba sus verdades y determinar si todo eso encaja con sus propias experiencias espirituales. Nos encontramos aquí con el revolucionario espiritual que no encuentra la paz en las iglesias, sino en su propio corazón. Ésta es la revolución del sabio errante, de la suma sacerdotisa que vive en una cueva.

Urano entrará en esta sombra en 2025, de modo que cabe prever para entonces giros importantes en las religiones dogmáticas. Estos cambios adoptarán la forma de una rebelión contra las instituciones religiosas y de un incremento en la práctica de la espiritualidad individual. Más poder recaerá en la religión dirigida a la gente, en vez de en cualquier dogma sistemático que haya podido promulgar cualquier organismo religioso.

Sin embargo, el inconveniente de esta sombra es cierta tendencia al aislamiento, a convertirse en un sabio solitario, en vez de compartir la experiencia espiritual. Quizás tengas una iluminación, pero los demás no lo sabrán jamás ni se beneficiarán de ella a menos que la cuentes. Si un árbol se cae en el bosque y sólo tú lo oyes, tendrás que compartir la experiencia, o será como si tal caída nunca hubiera acaecido y ningún sonido se hubiera propagado jamás por el bosque. Cuéntaselo a un par de personas, aunque resulte arriesgado, sobre todo si están entregadas a los dogmas que tu experiencia contradice.

«Dado que sólo los seres humanos disponen de un lenguaje que pueda comunicar la riqueza de la experiencia espiritual, es poco probable que sepamos jamás con exactitud lo que un animal pueda experimentar subjetivamente», ha dicho a *Discovery News* Kevin Nelson, profesor de neurología de la Universidad de Kentucky.

«[Sin embargo,] sigue siendo razonable concluir que, dado que las regiones más primitivas de nuestro cerebro son las espirituales, sería de esperar que los animales sean también capaces de tener experiencias espirituales», añade Nelson.

En un estudio de una revista de neurología, por ejemplo, se determinó que las experiencias extracorpóreas en los seres humanos es probable que estén causadas por el sistema de excitación del cerebro, que regula los diferentes estados de conciencia.

«En los seres humanos, sabemos que, si alteramos la región (cerebral) en la que confluyen la visión, el sentido del movimiento, la orientación en el campo gravitatorio de la Tierra y el conocimiento de la posición de nuestro cuerpo, las experiencias extracorpóreas pueden producirse literalmente con sólo pulsar un botón», dice [Nelson]. «No hay absolutamente ningún motivo para creer que no vaya a ser así en el cerebro de un perro, un gato o un primate».

—JENNIFER VIEGAS[147]

♑

Sombra de Urano en Capricornio
El represor

Urano de nacimiento: Cáncer ♋
Revolución: La reacción conservadora

Aquellas personas nacidas con su Urano natal en Cáncer intentan rebelarse contra sus necesidades emocionales para evitar que éstas las con-

---

147. En «Animals said to have spiritual experiences». *NBC News* (8 Octubre 2010).

trolen, en tanto que la sombra de Urano en Capricornio se rebelará contra el control empresarial de los negocios y contra la intrusión gubernamental en nuestra vida. Los propietarios de empresas se revuelven contra los grandes organismos gubernamentales y sus reglamentos, y forman grupos propios para litigar contra lo que consideran opresión. Pero los valores conservadores pueden surgir también entre la clase trabajadora si la gente llega a pensar que tiene que defenderse y proteger su empleo, así como las ganancias de su trabajo. Con frecuencia, este impulso por asegurarse la autosuficiencia económica puede derivar en la búsqueda de chivos expiatorios entre los colectivos marginados, como ocurre con los inmigrantes, y puede llevar a la construcción de fuertes defensas en las fronteras.

Esto no es necesariamente malo, pues puede ayudar a mitigar la dependencia, sobre todo cuando vemos a tantas personas dependientes de los programas gubernamentales. Sin embargo, tendremos que reconocer también que gran parte de la dependencia viene provocada por el racismo, el edadismo, el sexismo, las enfermedades, las discapacidades y otros factores que no tienen nada que ver con las decisiones personales. La Ley de Seguridad Social de 1935 se puso en marcha durante esta sombra de Urano y fue respaldada por el Tribunal Supremo, a pesar de la fuerte reacción de los conservadores estadounidenses contra el New Deal.[148] El peligro de esta sombra rebelde de Urano es que olvidemos lo mucho que dependemos de los demás para nuestra supervivencia y que acaparemos recursos, perjudicando así al resto del mundo. Influidos por la mentalidad de esta sombra, quizás sintamos que todo aquello por lo que nos hemos esforzado se nos puede arrebatar, y puede que esto nos lleve a desarrollar una paranoia de escasez, haciéndonos sobreprotectores, revolviéndonos de forma agresiva contra las ayudas a los colectivos más vulnerables y contra los programas de bienestar, los servicios públicos y las donaciones humanitarias.

---

148. Se le dio este nombre al conjunto de políticas y planes económicos que el presidente Franklin D. Roosevelt puso en marcha para contrarrestar los efectos de la Gran Depresión de la década de 1930. Este programa tenía por objetivo ayudar a las capas más vulnerables de la población, hacer una reforma en los mercados financieros y reactivar la economía de los Estados Unidos. *(N. del T.)*

Ejemplo en la naturaleza

La expansión del *Homo erectus* desde África a Asia hace alrededor de 1,6 millones de años parece que fue provocada por la necesidad de encontrar pastos a gran escala [...]. Todas las especies arcaicas se adaptaron lentamente a sus nuevos asentamientos y, con frecuencia, se vieron disuadidas por barreras medioambientales y climáticas. El doctor Spikins sostiene que la traición de confianza resultante de las disputas morales pudo ser un motivo importante para tan arriesgadas migraciones hacia entornos aparentemente inhóspitos. Piensa que estas migraciones pudieron emprenderse para evitar daños físicos por parte de antiguos amigos y aliados, ahora descontentos, de tal modo que los infractores y los aliados de su red social quizás se sintieron impulsados a alejarse del peligro.

[El doctor Spikins dice:] «Los conflictos morales pudieron provocar una movilidad sustancial. El antiguo aliado, un viejo compañero o la totalidad del colectivo, ahora furioso, con una lanza envenenada o un proyectil, buscando venganza o justicia, pudieron ser una potente motivación para emprender el viaje y para estar dispuestos a asumir casi cualquier riesgo con ello.

»Y aunque veamos la dispersión global de nuestra especie como un símbolo de logro, parte de las motivaciones de tales migraciones reflejan un aspecto más oscuro, aunque no menos "colaborativo", de la naturaleza humana».

—Universidad de York[149]

---

149. En «Betrayals of trust: Human nature's dark side may have helped us spread across the world». *Science Daily* (25 Noviembre 2015).

Sombra de Urano en Acuario
Idolatría

Urano de nacimiento: Leo ♌
Revolución: La tecnología

Urano en la sombra de Acuario genera energía de creación en aras de la creación, en vez de orientarse a la autoexpresión o a la comunicación de valores superiores. Esto viene a ser algo así como una cadena de ensamblaje de robots atendida por robots. La sombra de Urano en Acuario intenta crear comunidades falsas, ecosistemas falsos y tecnologías falsas que no sirven para otra cosa que para hacer más de lo mismo. La energía de esta sombra uraniana es como un virus replicándose, simplemente, para crear más virus. La posición natal de Urano en Leo pretende provocar una revolución en la creación artística del yo, como el Sol. Aquí nos encontramos con el que intenta ser un sol que sólo hace más ego, una sombra dañina que esencialmente genera desechos. Nos encontramos aquí con un exceso de producción, un exceso de consumo y de contaminación; basura amontonada en pilas enormes. Es como si hacer millones de latas de soda fuera algo creativo y productivo, para después encontrarnos con un millón de latas vacías de desperdicios. Los avances por el mero hecho de avanzar llevarán siempre a esta sombra a tomarse a sí misma para «reciclarse». La idea de reciclar pertenece en sí a Urano, dado que la naturaleza siempre encontrará maneras de llevar de vuelta a su seno todo lo producido. Y si nos pasamos la vida haciendo más desechos de los que la naturaleza puede reciclar, ella misma nos obligará a hacer su trabajo cuando descubramos que no queda «basura» en este mundo. Todo se hace con el cuerpo de la Tierra y regresa al cuerpo de la Tierra. Hasta tú serás reciclado.

Procura mantener el equilibrio entre lo que creas y lo que desperdicias. Piensa en cuál es el propósito de tus creaciones. ¿Están ahí sólo para satisfacer tu necesidad de notoriedad o sirven para algo? ¿Durante cuánto tiempo son útiles? ¿Y qué dejan tras de sí? La humanidad tiene mucho que aprender del arquetipo de esta sombra en su intento por contrarrestar sus espectaculares resultados. Durante las décadas de

1950 y 1960, bajo la influencia de esta sombra, se desarrolló la legislación contra la contaminación a medida que la gente iba tomando conciencia de la ingente cantidad de desperdicios procedentes de nuestra «creatividad». Desde entonces se están intentando contrarrestar sus efectos.

Ejemplo en la naturaleza

De cuando en cuando, una enfermedad se vuelve tan peligrosa que mata a su huésped. Si la enfermedad es capaz de pasar a otro huésped antes de que el primero fallezca, no será tan mortal como para existir. La evolución no puede hacerla menos letal mientras pueda seguir propagándose. Si una hipotética enfermedad erradicara a su único huésped, ambos dejarían de existir. La cepa de la Peste Negra *(Yersinia pestis)* del siglo XIV fue extremadamente virulenta, al punto que se extinguió, en tanto que las cepas modernas de la bacteria [algo así como subespecies, como las razas de perros o variedades de cosechas] generan síntomas menos devastadores (aunque nada podría detener la aparición de otra cepa mortal nuevamente). La extinción forma parte de la evolución. No hay objetivo en la evolución, de modo que, si una criatura desarrolla un rasgo que la lleva a la extinción, que así sea.

—MATAN SHELOMI[150]

♓

Sombra de Urano en Piscis
Subcultura

Urano de nacimiento: Virgo ♍
Revolución: Psiconada

La sombra de Urano en Piscis se rebela contra toda norma, regulación y comportamiento apropiado. Ésta es la sombra de Urano que rigió la

---

150. En «Why did some diseases evolve to kill their hosts?», respuesta en Quora, *Forbes* (26 Mayo 2017).

década de los sesenta y las revoluciones psicodélicas de liberación mental y sexual a gran escala en nuestra cultura. Se llevó a cabo una rebelión contra las normas sociales, mientras la libertad de expresión avanzaba a grandes pasos y las personas comenzaban a seguir su propio sendero, en vez de seguir los caminos trillados que habían dejado las generaciones anteriores. El Urano natal en Virgo intenta reprimir y restringir, en tanto que su sombra dice que «de ninguna manera», y rechaza todo lo que se considera socialmente como correcto y apropiado, buscando vías hacia la sensualidad mientras desarrolla la capacidad para percibir las cosas tal como son.

Al modo típico de Piscis, la espiritualidad juega un importante papel en esta rebelión, y surge un marcado interés por los lugares donde el espíritu se hace perceptible. No es por casualidad que, durante aquellos años, terminarán apareciendo sustancias psicodélicas, haciendo saltar los sentidos por los aires y llevando a muchas personas a recorrer largos senderos en poco tiempo, hasta superar sus límites y adentrarse en lo desconocido. El peligro de esta sombra estriba en la carencia de formas de Piscis, porque esta sombra se sumerge en el océano, sin organización ni reglas que valgan, de tal modo que todo aquello que se contempla se desvanece poco después, si no hay nadie capaz de agarrarlo y darle algún tipo de estructura. Tan sólo unos pocos de los movimientos que se formaron durante esta época sobrevivieron, si bien mutaron y metamorfosearon en otras ideas y colectivos. Para robar el fuego de este *zeitgeist,* pon la disolución del ego a través de la cultura que esta sombra proporciona dentro de algún tipo de estructura, para que las intuiciones no se pierdan o se disuelvan en el olvido. Al menos, piensa en la posibilidad de plasmar por escrito las revelaciones que tú y tus compañeros seáis capaces de alcanzar bajo esta influencia.

Ejemplo en la naturaleza

La comunidad científica ha descubierto tres nuevas especies de peces en una de las regiones más profundas del océano, y estos animales son tan suaves y blandos que se desintegran si se les lleva a la superficie. En las investigaciones se obtuvieron imágenes remarcables que muestran a estos peces en su extraño hábitat [...].

«En las condiciones existentes a 7'5 kilómetros bajo la superficie del océano, un cuerpo blando es más útil para resistir el frío y las presiones extremas», comentó Linley. Así, lo más duro en los cuerpos de los peces babosos son los dientes y los huesos del oído interno, siendo mínimas las secciones estructurales de sus organismos.

—RAFI LETZTER[151]

151. «This squishy deep-sea fish "melts" at the ocean surface». *Live Science* (11 Septiembre 2018).

Las sombras de Neptuno

El sonámbulo

Neptuno en astrología encarna el principio de la receptividad pasiva que se manifiesta tanto por la inspiración, la intuición, la mediumnidad y las facultades supranormales como por la utopía, la locura, la perversión y la ansiedad injustificada [...]. Este planeta gobierna lo subconsciente y provoca las enfermedades mentales, las depresiones y las manías [...]. Neptuno es, en todas estas expresiones, el arquetipo de la integración o de la disolución universal, cuyo registro afecta a una gama diversificada: indiferenciación en el grupo, adhesión a la unidad superior, identificación, contemplación, comunión...

JEAN CHEVALIER y ALAIN GHEERBRANT,
en *Diccionario de símbolos*[152]

EL PLANETA NEPTUNO, regente de los océanos en la mitología, es la encarnación arquetípica de las profundidades del subconsciente en las tradiciones astrológicas. Cualidades pertenecientes a Neptuno son los sueños, las ilusiones y la espiritualidad. Algunos aspectos sombríos de estas esferas son los delirios, la locura y las adicciones. Hay muchas trampas presentes en los profundos reinos subacuáticos, que son de-

---

152. Publicado por Editorial Herder, Barcelona, 1986 (p. 751).

masiado densos para recibir la luz y están sometidos a una inmensa presión debido al sustrato circundante. La acción de la sombra de Neptuno se refleja en el sonámbulo, el que sueña despierto, el que entra o queda atrapado en el subconsciente mientras camina. Y, aunque esto pueda parecer creativo y divertido, si el subconsciente es quien lleva el volante en el auto nos vamos a ver abrumados por influencias de todo tipo. Las adicciones suelen acompañar a esta sombra debido a la ausencia total de fronteras; todo entra y sale de la conciencia, cosa que no favorece la integridad y suele llevar a un límite o punto de fractura. Las personas que se hallan bajo la influencia de la sombra neptuniana pueden caer fácilmente bajo la influencia de un gurú o predicador; y pueden verse sometidas al influjo de sustancias, igual que de las estrellas. Su conciencia se desvanece, y son invadidos como por un virus. De forma parecida a lo que ocurre con el sistema inmunológico, que falla y permite la entrada de enfermedades, cuando la conciencia cae, los arcontes descienden para llenar el espacio vacío.

El yo inconsciente está en el reino del propio inconsciente, como un pez de aguas profundas, perdido en la oscuridad del océano. Tu inconsciente se mece a la deriva dentro del inconsciente colectivo, que está lleno de quién sabe qué. Seres que existen en los lugares oscuros del mundo disponen de mecanismos de supervivencia sorprendentes. Las criaturas de las profundidades marinas y algunos moradores de las cavernas son bioluminiscentes; es decir, producen su propia luz y no necesitan de la luz del Sol. Quizás tenemos más que aprender de ellos de lo que creemos. Las formas de vida que moran en las sombras más oscuras de la naturaleza hacen la luz en sus organismos mediante un milagro de la química. ¡Qué sorprendente! ¿Qué más prueba de «iluminación» podríamos pedir que la de estas criaturas que han desarrollado la capacidad de brillar en la oscuridad?

Los planetas exteriores se mueven muy despacio, de modo que Neptuno ejerce sus efectos sobre generaciones enteras, además de a un nivel personal. Y es que le lleva casi 165 años recorrer su órbita alrededor del Sol, mientras atraviesa todos los signos. Esto significa que no vas a vivir lo suficiente como para ver todas las sombras y ocultamientos de Neptuno. Se trata de sombras colectivas por las que cada persona tiene que navegar, y conviene ver, reconocer y llegar a conocer sus energías. Animo a todo el mundo a que estudie estas grandes sombras generacionales para que puedan identificarlas en sí mismos y en los demás, en vez de dejarlas envueltas en las faldas de la oscuridad, que nos llevará a responder ante ellas inconscientemente cuando nos las encontremos en otras personas, otras naciones u otras instituciones.

♈ Sombra de Neptuno en Aries
El impostor

Neptuno de nacimiento: Libra ♎
Llamada a despertar: Quítate la máscara

Los delirios de grandeza entran en el ego con esta sombra de Neptuno. El hecho de tener elevadas aspiraciones y ambiciones es probablemente un activo que puede propiciar el crecimiento. Sin embargo, estar completamente desconectado de la realidad de tus capacidades y de quién eres es peligroso, y con el tiempo tendrás que hacer algo, pues no puedes pasarte el día soñando despierto. Cuando nos aferramos a ilusiones relacionadas con nuestro ego, no nos hacemos ningún favor, ni tampoco se lo hacemos a los demás. Pongamos, por ejemplo, que sueñas con ser piloto, y que, en vez de aprender a pilotar aviones y desarrollar las habilidades y disciplinarte, simplemente te metes en la cabina e intentas pilotar el avión sin más. A veces, podemos fingir que sabemos hacer algo hasta que aprendemos de verdad, pero saber bien quién eres, con los pies en el suelo, es la clave de la autenticidad, cosa que te permitirá eludir esta sombra de Neptuno.

La arrogancia no te va a ayudar a vivir el sueño. Sé realista en cuanto a lo que se necesita para lograr algo, si de verdad quieres llevarlo a su culminación. *Conócete a ti mismo* es una frase cargada de gran sabiduría, de modo que no te engañes a ti mismo y no dejes que esta sombra neptuniana te impida ser quien puedes ser. Es importante soñar a lo grande y pensar que disponemos de un potencial capaz de llevarnos más allá de la realidad de nuestras limitaciones, pero intenta que no se te suba a la cabeza.

Se les conoce por sus extravagantes técnicas de cortejo, en las que exhiben su espectacular plumaje y sus llamativas danzas. Pero, aunque estas maniobras pueden ser suficientes para atraer la atención de una hembra, precisarán de otras tácticas para asegurarse el emparejamiento. De ahí que el soberbio macho de ave lira recurra a una técnica más censurable: mentir. Estas aves son conocidas por su habilidad para imitar las llamadas de más de 20 especies distintas de pájaros en su hábitat; y, en determinadas situaciones de cortejo, imitan las llamadas de alarma de múltiples especies [...].

[T]ambién añaden engaño sobre engaño al imitar el sonido del batir de alas de los pájaros pequeños. Pero sólo recurren a este truco cuando las hembras intentan salir de las zonas de exhibición de los machos, o bien durante el largo período de cópula. Este maquiavélico mimetismo pretende evitar que las hembras se marchen antes de tiempo.

—Kayleen Devlin[153]

♉
Sombra de Neptuno en Tauro
Parasomnia

Neptuno de nacimiento: Escorpio ♏
Llamada a despertar: Tu cuerpo tiene más control del que imaginas

Esta sombra de Neptuno contiene la energía del cuerpo físico durante el sueño al que la conciencia despierta no puede acceder. En la ubicación de esta sombra, el cuerpo hace lo que quiere mientras la conciencia duerme. Técnicamente hablando, el cuerpo está haciendo cosas constantemente de las cuales no somos conscientes, controlando desde el latido cardiaco hasta la lucha contra infecciones.

---

153. En «Meet the fakers of nature». *BBC Earth*, sin fecha.

Normalmente, cuando nos vamos a dormir, el cuerpo entra en un estado de parálisis, y la mente subconsciente sale y se eleva hasta la conciencia a través de los sueños, para que la memoria juegue con ella o la amplifique. Pues bien, esta sombra de Neptuno permite que el cuerpo tome el control en este reino, cuando debería hallarse quieto y en plena tranquilidad. El efecto de esta sombra es que nos fuerza a actuar por instinto. Pueden darse episodios de sonambulismo, de ingesta de alimentos mientras se duerme y otro tipo de actividades que nuestro cuerpo intenta expresar, independientemente de nuestra conciencia despierta. Por horripilante que pueda parecer, se ha dado incluso algún caso de individuos que han cometido un asesinato estando en tal estado.

Para transmutar esta sombra de Neptuno, tendremos que elevar las funciones subconscientes del cuerpo hasta la conciencia despierta. Y, si bien esto puede parecer imposible, existen disciplinas que trabajan en esta línea, incluido el yoga, que gestiona la respiración y el ritmo cardiaco, el *qigong,* el trabajo de Wim Hof y muchos otros métodos, que buscan activamente vías para sumergirse en esta parte oculta de nuestra vida. Si sufres de esta sombra, valdría la pena investigar.

Ejemplo en la naturaleza

Se asume habitualmente que las aves, en vuelos prolongados, mantienen cierta conciencia del entorno y cierto control aerodinámico, durmiendo con sólo un ojo cerrado y un hemisferio cerebral activo por turnos. Sin embargo, hasta el momento, no se había llegado a demostrar que los pájaros durmieran en vuelo. En este estudio, utilizando registros electroencefalográficos de grandes aves fragatas, en vuelo sobre el océano durante 10 días, demostramos que pueden dormir, bien con un solo hemisferio, por turnos, o con ambos hemisferios simultáneamente. Pero nos hemos encontrado con algo inesperado, pues las fragatas duermen durante sólo 0'69 hd-1 (7'4% del tiempo que dedican a dormir en tierra), indicando que las exigencias ecológicas de atención normalmente exceden la atención que permite dormir con un solo hemisferio. Pero, además de establecer que estas aves pueden dormir en vuelo, nuestros resultados cuestionan la idea de que las aves sostienen vuelos prolongados mediante la consecución de cantidades normales de sueño sobre las alas.

—NIELS C. RATTENBORG et al.[154]

♊
Sombra de Neptuno en Géminis
El que habla en sueños

Neptuno de nacimiento: Sagitario ♐
Llamada a despertar: Cuidado con lo que dices

Esta ubicación de la sombra rige el diálogo subconsciente. Las palabras dichas desde la sombra generan problemas en el mundo exterior. En el principio fue la palabra, y lo que decimos es importante. Y cuando nuestra esfera sombría crea discursos, éstos pueden estar llenos de mentiras, rumores, cotilleos o, simplemente, seres imaginarios fantásticos que no tienen sus raíces en este mundo. Pueden jugar un importante papel a la hora de expandir la mente y la existencia al ampliar nuestras capacidades, pero también pueden causar daños.

Esta sombra de Neptuno genera ilusiones a través de las palabras y, para transmutarla, convendrá adoptar la práctica de decir la verdad o, al menos, ser capaces de discernir la verdad de la mentira, para que podamos diferenciarlas. Aquí impera la tendencia a inventar ilusiones. Esto puede ser manejable para una sola persona, pero, si naciones enteras o períodos temporales sucumben ante falsas ideas y discursos, construiremos realidades que pueden ser engañosas e insostenibles. Una forma de mantener a raya esta sombra de Neptuno consistirá en vigilar las mareas de las palabras pronunciadas y ponerlas a prueba frente a lo que percibimos como real. Esto puede significar reivindicar la verdad frente a una intensa marea de ilusiones, y tú, como individuo, quizás no puedas lograrlo. Intenta dedicar más tiempo a observar las

---

154. En «Evidence that birds sleep in mid-flight». *Nature Communcations,* vol. 7, n.º 12468 (3 Agosto 2016).

actuales tendencias en la narrativa; compáralas con la realidad objetiva y contrasta con otros que estén haciendo lo mismo para no perder el contacto con el suelo. De este modo, al menos, las palabras que tú mismo pronuncies no contribuirán a la difusión de ilusiones a tu alrededor. Esta sombra de Neptuno me recuerda a aquel antiguo programa de radio que dirigió Orson Wells, el de *La guerra de los mundos,* una ficción radiofónica que todo el mundo se creyó, sumiendo a una gran parte de la población en el terror de lo que creían era un verdadero ataque alienígena.

Ejemplo en la naturaleza

Los engaños han pasado por múltiples desarrollos en el contexto de las interacciones antagónicas entre especies. Los miembros de las «especies engañosas» transmiten información falsa («señales falsas») a los miembros de las «especies engañadas», que responden de un modo que les perjudica, pero que es beneficioso para las especies engañosas. El coste que esto supone para las especies engañadas da lugar a presiones de selección que podrían dar inicio a carreras co-evolutivas antagónicas. Por ejemplo, muchas especies de insectos apetecibles han desarrollado morfologías, olores y patrones de colores que les dan un aspecto similar al de otras especies tóxicas o peligrosas (mimetismo batesiano) y que les permiten engañar a sus potenciales depredadores.

—Yara Maquitico et al.[155]

---

155. En «Photuris lugubris female fireflies hunt males of the synchronous firefly *Photinus palaciosi*». *Insects,* vol. 13, n.º 10 (8 Octubre 2022), p. 915.

♋

Sombra de Neptuno en Cáncer
La pesadilla

Neptuno de nacimiento: Capricornio ♑
Llamada a despertar: Procesa la energía emocional negativa

Ésta es la sombra de la pesadilla emocional. Sentimientos y emociones reprimidas emergen desde las profundidades y se aferran a cualquier cosa en la que puedan clavar sus uñas. Se trata del epítome de la carta de La Luna del Tarot, en la que se ve a un cangrejo de río acechante en las aguas fangosas, emergiendo a la superficie bajo la falsa luz de la Luna. Si ha habido algún trauma o, simplemente, alguna experiencia negativa de la que no has sido responsable, se alojará en lo más profundo de ti y emergerá mediante una agobiante pesadilla que te bañará en sudor bajo la sombra nocturna de la Tierra. Ésta es una forma saludable de procesar tales traumas y experiencias, y es necesario que así sea, por desagradable que resulte. Sin embargo, a veces, estas pesadillas pueden tornarse excesivas, por lo que será necesario buscar ayuda para no ser víctima de incesantes terrores nocturnos.

El problema con esta sombra de Neptuno estriba en que puede drenar tu energía emocional. Los íncubos y súcubos pueden ser reales, o puede que no, pero lo que es real son las influencias que nos visitan por las noches y nos provocan visiones terribles, como hace esta sombra. El subconsciente no se olvida de nada e, incluso, aunque se nos olviden las cosas, nada quedará definitivamente eliminado de la memoria. Las profundidades del inconsciente albergan multitud de sombras que las pesadillas sacan a la superficie. Trabaja con ellas mediante el sueño lúcido, el registro diario de sueños y baños de agua salada.

Ejemplo en la naturaleza

Los peces lophiiformes están hechos con la materia de las pesadillas. *National Geographic* calificó a estos terrores del inframundo marino como de «posiblemente el animal más feo del planeta», y decididamente no estaban errados. Todo en estos peces resulta escalofriante, desde sus fauces, llenas de afilados y traslucidos dientes, hasta sus ojos de muerto, y, con todo, nos siguen fascinando por lo misteriosos que son. Los lophiiformes se emparejan de forma parasitaria, puesto que los lophiiformes machos, que son normalmente mucho más pequeños que las hembras, se fusionan a ellas de forma permanente. Las hembras terminan absorbiendo con el tiempo a los machos, que pierden sus órganos, incluidos los ojos, durante el proceso, hasta que el macho se convierte en un saco de esperma, que la hembra utiliza a su antojo para procrear. Los lophiiformes hembras pueden llevar consigo seis o más machos encima al mismo tiempo, según *National Geographic*.

—DAISY HERNÁNDEZ[156]

♌ Sombra de Neptuno en Leo
El sueño imposible

Neptuno de nacimiento: Acuario ♒
Llamada a despertar: No pierdas el contacto con el suelo

La sombra de Neptuno en Leo crea una ilusión de objetivos inalcanzables de carácter heroico, así como la necesidad de reconocimiento. Los increíbles logros de aquellos que llegan a las estrellas nos impulsan como especie, y sin duda estaríamos mucho más atrás sin ellos. Pero lo malo de la desconexión total con el pragmatismo es que no llegamos nunca a cumplir nuestros sueños, haciendo que cada vez sea más difícil alcanzarlos. El precioso poder creativo y la lucha de la sombra de Leo en combinación con los sueños e ilusiones de Neptuno es tan adorable como un osito de peluche. Pero mis observaciones me llevan a hacer una advertencia, no sea que perdamos más de nuestros valiosos soñadores, cuyo corazón se alejó demasiado en pos de sus sueños. Por favor, soñadores, preciosos míos, manteneos a salvo; no perdáis el co-

---

156. En «Why the anglerfish continues to haunt our dreams». *Popular Mechanics* (30 Julio 2019).

razón en la oscuridad de las grandes ideas que tenéis y que os hacen pequeños. No os rindáis. El mundo no es ideal y vosotros tampoco, pero valéis más que el oro.

El riesgo que se corre con la posición de esta sombra es que nuestros sueños se hagan demasiado grandes como para que los pueda asumir este mundo. Cuando nos confrontamos con esto, tenemos la tendencia a rendirnos y a no comprender los límites de esta realidad. Por favor, no abandonéis. Más bien, esforzaos por acercar la realidad a vuestros sueños, paso a paso. Aunque todo cuanto consigáis hacer sea que la realidad se parezca más a vuestra visión en sólo un aspecto, esa realidad ya será mejor que la que todos conocimos.

Ejemplo en la naturaleza

En ocasiones, hay pingüinos que simplemente se adentran en el desierto helado, lejos del agua nutricia y de sus territorios de alimentación y cría, donde lo único que pueden encontrar es la muerte. Y parece poco probable que hagan esto por un problema de desorientación, porque, si tomas a un pingüino y lo pones de nuevo en su hábitat cotidiano, incluso dentro de la colonia, volverá de nuevo al mismo desierto helado. Es como si las montañas les llamaran. No he podido encontrar ningún estudio revisado por pares acerca de esto y, por el momento, esto no pasa de ser una observación sobre el comportamiento de los pingüinos, sin propuesta de mecanismo subyacente, sin teoría alguna tras él. Los pingüinos parecen sufrir una especie de estado similar a la depresión.

—MIHAI ANDREI[157]

---

157. En «Some penguins commit suicide, walking away from the sea, alone, towards their demise». *ZME Science* (3 Julio 2014).

♍
Sombra de Neptuno en Virgo
El aguafiestas

Neptuno de nacimiento: Piscis ♓
Llamada a despertar: Sé feliz y relájate

La sombra de Neptuno en Virgo es lo opuesto de Neptuno y de Piscis en sí, pues su naturaleza viene a ser algo así como el Anticristo de Neptuno. Se trata de una ubicación muy incómoda para la sombra de este planeta porque el Virgo tiene que dedicar mucho tiempo a dar sentido a algo que carece por completo de sentido. Esta sombra de Neptuno da lugar a algo parecido a un matemático atrapado en la fiesta del té del Sombrerero Loco. El secreto para gestionar esta sombra de Neptuno consiste simplemente en cerrar la boca y unirse a la fiesta. El perjuicio y el detrimento de esta sombra de Neptuno es el aguafiestas, que es lo suficientemente poderoso como para arrastrarlo todo dentro de su ámbito de influencia. Los seres humanos no pueden trabajar a todas horas, y nada es perfecto. La sombra de Neptuno en Virgo es el agorero que genera un miasma que le persigue como el polvo sigue a Cochino (Pig-Pen), el personaje de la tira cómica *Peanuts (Charlie Brown)*.

Los medios materiales y el realismo acerca de lo que era necesario comer para sobrevivir se situaron en primera línea en la década de 1930, cuando esta sombra fue prominente, durante la Gran Depresión. El realista Virgo tuvo que meterse en las fantasías de Neptuno para tratar con ellas directamente. Así, cuando todo deviene materialista, la humanidad queda desnutrida en sus búsquedas espirituales y en todo aquello que da sentido a la vida. Lo espiritual y lo material tienen que darse en cantidades iguales para que sean productivos, de otro modo alguien intentará acaparar recursos y territorios, como ocurrió en la Segunda Guerra Mundial. Mientras escribo este libro, Neptuno está actualmente en Piscis, por lo que ésta es la sombra que Neptuno arroja en estos momentos. No te quedes sólo en las preocupaciones materiales y en la supervivencia, ni siquiera cuando la narrativa imperante intente obligarte a pensar constantemente en los recursos. El gran escándalo del papel higiénico durante la pandemia del coronavirus es un ejemplo de esta sombra.

Ejemplo en la naturaleza

El koala tiene una de las proporciones más bajas de cerebro por masa corporal de todos los mamíferos. Y, aunque los koalas son no son inteligentes, han sobrevivido porque su cerebro gasta muy poca energía. Utilizar la mínima cantidad de energía posible parece ser una adaptación clave para sobrevivir con una dieta nutricionalmente pobre y escasamente energética como la que proporcionan las hojas de eucalipto. Digámoslo claro: los koalas no son demasiado brillantes. Emplean tan poca energía como les resulta posible, dedicando en torno a 18-20 horas diarias de sueño. Se mueven lenta y deliberadamente desde el lugar donde duermen hasta su fuente de alimento y regresan al lugar donde duermen. Por desgracia, no parecen capaces de adaptarse a los automóviles en movimiento ni a los peligros que supone atravesar una autopista. La tasa de mortalidad es alta cerca de núcleos de población. Por suerte, pueden aprender a utilizar los pasos subterráneos diseñados para facilitar el tránsito de vida salvaje.

—GEORGE SRANKO[158]

♎

Sombra de Neptuno en Libra
Racionalizaciones

Neptuno de nacimiento: Aries ♈
Llamada a despertar: La justicia es una ilusión

Las ilusiones relacionadas con la justicia social son muchas. Con la justicia social tenemos dos problemas: aquellas personas que han sido

---

158. En «Koala brain – Why is the koala the dumbest mammal? How being dumb can be smart». *Animals FYI* (2022).

realmente maltratadas y victimizadas por el sistema o por otras personas, y aquellas otras que afirman en falso haber sido maltratadas. Esta sombra de Neptuno aparece cuando la gente utiliza la justicia social erróneamente, en beneficio propio. Nos encontramos aquí a la empresa de camisetas que hace gratuitamente camisetas Leonard Peltier y se queda con todos los beneficios. Esta sombra de Neptuno estuvo operativa en la década de 1940, y muchas de las atrocidades perpetradas entonces se hicieron en nombre de la justicia y la reciprocidad nacidas de ilusiones en la percepción y en la incapacidad de distinguir entre ser racional y las racionalizaciones.

Podemos aprender mucho del Neptuno sombrío en Libra. El lugar de nacimiento está en Aries, que es egoísta e intenta defender al yo mostrándolo como víctima, para que la sombra perpetre castigos y revanchas sobre aquéllos a quienes el ego considera culpables. La engañosa justificación de la violencia, a la que se recurrió para sustentar un fraude imaginario, corrió sin freno durante la Segunda Guerra Mundial, donde hubo que afrontar la dura realidad para reconciliarse con esta sombra de Neptuno. La mejor manera de transmutar esta ilusión neptuniana consiste en mirar fijamente y en profundidad aquellas racionalizaciones que te dicen que tú mereces vivir más o mejor que los demás y cuestionar las tácticas que empleas para quitarte de en medio a aquellos que percibes como amenazadores. Una cosa es tener que lidiar con alguien que te ataca violentamente y otra muy distinta racionalizar por qué no debería de existir. En la Biblia, Caín mata a su hermano por violentar una ley que él había proyectado sobre su hermano, y cuando Dios le recrimina, Caín intenta hacerse pasar por víctima, dejándose llevar por esta antigua sombra.

Ejemplo en la naturaleza

La comunidad científica ha registrado por vez primera el asesinato de gorilas por parte de chimpancés en dos impactantes ataques captados en vídeo en un parque nacional de Gabón, en la costa occidental de África Central, según un reciente estudio.

Los investigadores, de la Universidad de Osnabrück y del Instituto Max Planck de Antropología Evolutiva de Alemania, estaban siguiendo a un gran grupo de 27 chimpancés [...] cuando vieron a

éstos atacar a una partida de cinco gorilas de las llanuras occidentales –tres hembras adultas y una cría, liderados por un macho de
lomo plateado. «El lomo plateado lanzó por el aire a algunos de los
chimpancés, de modo que intentaba realmente protegerse y proteger al grupo», comentó a *Live Science* Simone Pika, bióloga cognitiva de la Universidad de Osnabrück. Pero, a pesar de herir a tres
chimpancés, el lomo plateado se vio superado en número y
los chimpancés capturaron finalmente a la cría de gorila, golpeándola hasta darle muerte.

—Patrick Pester[159]

♏

Sombra de Neptuno en Escorpio
Guerreros oníricos

Neptuno de nacimiento: Tauro ♉
Llamada a despertar: La manipulación es una ilusión

El Neptuno sombrío en Escorpio puede generar en la persona la ilusión de que sus manipulaciones de la realidad son también realidad;
dicho de otro modo, se puede creer sus propias mentiras. Se trata de
una situación diferente a la de quien utiliza la técnica narcisista de luz
de gas, que intenta engañar a su víctima haciéndola creer una falsa realidad, pues en esta sombra de Neptuno la persona cree que su distorsión es real.

Todo el mundo valora a aquellas personas capaces de generar cambios, sobre todo si son beneficiosos, pero a nadie le gusta despertar de
pronto dentro de un mundo totalmente onírico en el que han llegado
a creer siguiendo a alguien que tiene esta sombra. Aquí te pueden calzar una realidad en la cabeza, algo que puede tener graves consecuencias cuando se acaba la fiesta. Las ilusiones pueden ser tan severas que

---

159. En «Chimpanzee troop beats and kills infant gorillas in unprecedented clash». *Live Science* (22 Julio 2021).

la persona que sufre su influencia puede terminar actuando como si todo eso fuera real.

Esta sombra de Neptuno se dio durante la década de 1960, cuando se indujo a un amplio sector de la juventud al consumo masivo de alucinógenos. Las sustancias psicodélicas han aportado muchos beneficios a la humanidad y constituyen un importante recurso terapéutico. Pero conviene tomar conciencia también de la disociación que provocan, y asegurarse de que la persona que busca a través de ellas una limpieza perceptiva vuelve a poner los pies en el suelo y lo integra todo posteriormente, no sea que las ilusiones la aniquilen. Si las sustancias psicodélicas tuvieran lo que se necesita para sanar a la humanidad, la gente que participa de los festivales Burning Man serían nuestros salvadores, pero no es así. Muchas personas que proponen esta solución han adoptado comportamientos de la sombra, como intentar convertirse en gurúes, abusar sexualmente de sus seguidores y sumergirse en los más destructivos delirios de grandeza. Nadie en todos estos festivales ha contribuido en modo alguno a la legalización de ninguna de estas sustancias que tanto alaban. Eso han tenido que hacerlo, con mucho esfuerzo, un par de personas que se han dedicado a rellenar papeles, que es como se hacen las cosas de verdad en el mundo. Mantened los pies en el suelo, soñadores, y llegaréis más lejos.

Ejemplo en la naturaleza

El programa *All Things Considered (Tomándolo todo en consideración)* de la Radio Pública Nacional tomó en consideración a Lady, un cocker spaniel que se pasaba mucho tiempo junto al estanque que se abría en la parte trasera de la casa. «Lady deambulaba por la zona; parecía desorientada y retraída, y parecía sumida en un sopor, con los ojos vidriosos», comenta Laura Mirsch, propietaria de Lady a *NPR*. Pero, entonces, una noche, Lady no regresó. Cuando apareció, iba tambaleándose entre los juncos y abrió la boca como si fuera a vomitar. Pero no vomitó, recuerda Mirsch, sino que «soltó un sapo asqueroso». El sapo era un *Bufo alvarius*, un sapo del río Colorado, cuya piel contiene dos triptaminas diferentes... lamer a un sapo de éstos produce alucinaciones. Y los perros alucinados con sapos no es lo único que vas a encontrar [...]. Las abejas se drogan con el néctar de las orquídeas, las cabras engullen setas mágicas, los pájaros picotean semillas de marihuana, las ratas mordisquean opio, y también los ratones, los lagartos, las moscas, las arañas y las cucarachas se ceban con el opio, los elefantes se beben cualquier cosa que encuentren –normalmente fruta fermentada en cualquier agujero pantanoso, pero se sabe que hacen también incursiones en las fábricas de cervezas de la India–, los felinos se vuelven locos con la hierba gatera, las vacas enloquecen con la hierba loca, las polillas prefieren la increíblemente alucinógena flor de la datura, y los mandriles ingieren la aún más potente raíz de iboga.

—STEVEN KOTLER[160]

↗ Sombra de Neptuno en Sagitario
Con la cabeza en las nubes

Neptuno de nacimiento: Géminis Ⅱ
Llamada a despertar: Para ir al espacio exterior, hacen falta recursos

Soñando con el cosmos, la sombra de Neptuno en Sagitario intenta escapar del mundo y explorar las estrellas. Quizás muchos de los primitivos astrólogos tenían esta posición y preferían levantar los ojos al cielo en vez de mirar dónde ponían los pies. El Neptuno natal se halla en Géminis con esta sombra, e intenta articular y cartografiar la imaginación, recogiendo datos y conocimientos acerca de lo maravilloso y lo numinoso. Pero en la propia naturaleza de lo maravilloso está el deplorar y cuestionar las frías constricciones, y la sombra de Neptuno en Sagitario atravesará por la fuerza esas fronteras como un caballo mesteño escapando del corral.

---

160. En «Animals on psychedelics: Survival of the trippiest». *Psychology Today* (29 Diciembre 2010).

Y, aunque recoger datos es parte importante en cualquier exploración, pues nos permite tener una navegación más segura, esta sombra de Neptuno nos enseña a abrir mente y corazón ante lo desconocido, ante lo inesperado. El aspecto negativo de esta sombra nos lo encontramos cuando no hacemos preparativos de ningún tipo e intentamos vivir sólo de la maravilla, navegando de un lugar a otro sin nada ni nadie. Toda Pollyanna necesita de alguna amiga con los pies en el suelo que acuda en su rescate, pero podemos evitar esto si somos prácticos. Las ilusiones que son peligrosas para esta sombra de Neptuno la convierten en una carga para los demás cuando no toma en consideración sus propias necesidades ni cuida de su propia supervivencia mientras sigue sus senderos por el cielo.

Ejemplo en la naturaleza

En 2012, Dani Rabaiotti se puso a seguir el rastro de un zorro rojo [...]. Otros estudiantes que participaban de este estudio científico seguían también a los zorros que tenían asignados por los alrededores de la ciudad inglesa de Bristol. Pero el zorro de Rabaiotti daba la impresión de no ir nunca a ninguna parte. «Estuvo descansando bajo el cobertizo de aquel tipo» durante seis semanas, comentó ella, de modo que le llamó Geoff el Perezoso. Rabaiotti, que es ahora investigadora de la Sociedad Zoológica de Londres, se estuvo acordando de Geoff el Perezoso durante el pasado mes de marzo y contó su historia en un hilo de Twitter. La respuesta fue sorprendente. Miles de retuits y comentarios, muchos de otros científicos del mundo animal, que habían tenido experiencias similares con atunes, tarántulas, leones marinos, osos y ranas, todos aberrantemente perezosos... o eso parecía. Pero, en el duro mundo natural, donde sólo el mejor adaptado sobrevive, ¿cómo va a ser perezosa la vida salvaje?

—DEAN RUSSELL[161]

---

161. En «Lazy foxes, bold mice: How wildlife personalities shape the world». WBUR-FM, Boston (14 Octubre 2022).

♑ Sombra de Neptuno en Capricornio
No es oro todo lo que brilla

Neptuno de nacimiento: Cáncer ♋
Llamada a despertar: No sólo de pan vive el ser humano

La sombra de Neptuno en Capricornio es el alquimista que intenta hacer oro en vez de construir su espíritu inmortal, que es el verdadero objetivo del proceso alquímico. La ilusión presente en la sombra de Neptuno en Capricornio es que el dinero puede comprar la felicidad. La posición natal de Neptuno en Cáncer se guía por las emociones y conoce la felicidad cuando la siente. Pero, si la persona no se siente realizada en este sentido, la sombra de Neptuno, en vez de enfrentarse a las emociones negativas, se precipitará en la ambición con el fin de rellenar el agujero negro de la insatisfacción.

La decepción y la falta de satisfacción pueden generar sentimientos depresivos y de hastío en lo más profundo del individuo, por lo que puede ser fácil caer cautivo en la sombra de Neptuno e intentar reemplazarlo todo con ilusiones y planes para ganar dinero y ser importante. Es cierto que necesitamos ser felices y que podemos ser felices aquí. Pero puedo decir que, a lo largo de tantos años como he estado ayudando a las más diversas personas, los multimillonarios están tan insatisfechos como los más pobres; la desdicha no discrimina en cuestiones de riqueza, simplemente toma aspectos diferentes.

Aprendí pronto en mi vida que la gente puede tenerlo todo y, sin embargo, no tener nada en absoluto, y que aquellas personas que tienen muy poco pueden sentirse realmente satisfechas y dichosas. Transmuta esta ilusión dándote por satisfecho, con independencia de tu nivel de éxito o fracaso.

Ejemplo en la naturaleza

Cualquier relato sobre la religión de los animales debería comenzar planteándose la posibilidad de que existan sistemas corporales invisibles de los afectos que den vida a las diferentes geografías de la experiencia animal. Estas geografías emergen de manera directa de la inmensa variedad de cuerpos animales y pueden adoptar en sus prácticas formas observables –como el enterramiento de los muertos o las danzas en cascada–, o bien formas no observables, integradas en la dinámica sutil entre cuerpos y mundos. Los chimpancés en la base de la cascada, el zorro que entierra a su pareja, el macaco japonés que se sumerge en el manantial de agua caliente: ¿qué sienten?... La religión animal, por tanto, nos proporciona lo que debería convertirse en la máxima de la religión material: que la religión afecta a los cuerpos de los animales no menos que a los cuerpos humanos, y que la religión animal afecta a los seres humanos no menos que a los cuerpos de los animales.

—Donovan O. Schaefer[162]

♒

Sombra de Neptuno en Acuario
Utopía

Neptuno de nacimiento: Leo ♌
Llamada a despertar: La comunidad perfecta no existe

El concepto de utopía es antiguo y se ha dado en todas las culturas humanas durante milenios. La perspectiva de un grupo de personas viviendo juntas y en armonía, prosperando, sigue siendo un sueño que vale la pena alimentar. Hay líderes que se han propuesto hacer realidad una utopía y que la sitúan por encima de la realidad. Pero ignorando los aspectos negativos que pueden surgir en la convivencia, estos líderes terminan fantaseando con una sociedad perfecta, aun cuando su fantasía siga sin cumplirse cuando se la pone a prueba.

---

162. En «Do animals have religión? Interdisciplinary perspectives on religion and embodiment». *Anthrozoös,* vol. 25, n.º 3, pp. 173-180 (Agosto 2012).

Para encontrar el equilibrio perfecto para vivir en este mundo, tenemos que incluir tanto a la naturaleza como a los seres humanos. En los últimos tiempos se ha publicado mucha literatura donde se analiza y se critica el ecofascismo, que culpa a la superpoblación y la inmigración de la degradación del entorno, con la consecuencia de que con ello se margina a los más vulnerables, dando a entender que determinadas personas tienen derecho a sobrevivir mientras que otras tienen que ser erradicadas. Y también hay activistas que llegan a decir que la naturaleza es pura y perfecta, y que los seres humanos son corruptos y poco más que un virus mortal para el planeta, en tanto que a otros parece importarles bien poco la naturaleza, situándose por encima de ella y viendo a la naturaleza y a otras formas de vida simplemente como recursos a los cuales explotar. Quizás nuestras mentes sean capaces de comprender todo esto algún día. Quizás la mejor manera de transmutar esta sombra de Neptuno sea integrar la naturaleza humana en nuestro propio corazón para luego proyectarla al exterior, mientras digerimos nuestras sombras y nos convertimos en formas de vida más naturales.

Ejemplo en la naturaleza

Utopía (1516), de Tomás Moro, no ha recibido mucha atención ecocrítica seria, a pesar de representar un entorno supuestamente ideal en el cual la naturaleza y la sociedad existen en perfecta armonía. Esto podría explicarse en parte por el carácter preindustrial de la economía de principios de la modernidad, que no tenía que contender con la explotación a gran escala de los recursos naturales, ni con la contaminación del aire, el agua y el suelo que tanto perturba a los ecocríticos de hoy en día [...]. Conceptos tales como la Gran Cadena del Ser, basada en una serie de correspondencias entre la naturaleza y la sociedad humana, aunque cuestionado vigorosamente por los marxistas, las feministas y los nuevos historicistas hasta el punto de que muchos sienten estar actualmente en un descrédito permanente, ofrecen al ecocriticismo un modelo de parentesco ecológico entre un conjunto de metáforas de principios de la modernidad ampliamente utilizado y lo real.

Se podría argumentar que, si marxistas, feministas y nuevos historicistas se esforzaron por desnaturalizar a la naturaleza, entonces los ecocríticos se estarían esforzando por renaturalizar la naturaleza y, en este proceso, por naturalizar aspectos de la sociedad humana.

—Ivo Kamps y Melissa Smith[163]

♓

Sombra de Neptuno en Piscis
Soltad al kraken

Neptuno de nacimiento: Virgo ♍
Llamada a despertar: Aquí hay monstruos

El subconsciente, cuando es completamente ignorado, se eleva desde sus profundidades para atacarnos en los momentos más inoportunos, normalmente sin que nos demos cuenta de lo que está haciendo y, habitualmente, delante de todo el mundo. En esta posición, el kraken, ese gigantesco monstruo marino de la mitología escandinava, se eleva desde la prisión en la que ha sido encerrado y se dispara como un misil para defendernos y tomar una víctima sacrificial. El homólogo del kraken en la mitología griega es el *ketos* o *cetus,* que también era un monstruo marino. En el mito, el rey Cefeo y la reina Casiopea van a consultar el oráculo, y éste les dice que sacrifiquen a Andrómeda al cetus, si quieren apaciguar al colérico Poseidón. Y, según el mito, Perseo, al enterarse del apuro en el que se halla Andrómeda, acude en su rescate y se remonta en el cielo a lomos de Pegaso, mientras sostiene en una mano la cabeza de Medusa, cuya mirada transforma al cetus en piedra. Sin embargo, lo que la mirada de Medusa hace es

---

163. En «Utopian ecocriticism: Naturalizing nature in Thomas More's *Utopia»*, en Hallock, T.; Kamps, I. y Raber, K. L. (eds), *Early Modern Ecostudies: From the Florentine Codex to Shakespeare* (pp. 115-129). Palgrave Macmillan, Nueva York, 2009.

338

obligar al cetus a mirar en las profundidades de su propia alma; de este modo, sus justificaciones quedan congeladas y, mediante el autoconocimiento, consigue comprenderse. En resumen, nos podemos beneficiar enormemente de aquellas ocasiones en que nuestros temores subconscientes más profundos emergen, pero sólo si podemos verlos.

El hecho de reflexionar sobre algo nos permite ver a estas fuerzas profundas tal cual son, en su verdadera forma, en vez de cómo nos gustaría que fueran o como preferiríamos imaginarlas, lo cual nos vincula profundamente a su mundo. De esta manera, aprendemos a respetarlas. En ocasiones, nuestros propios krakens o cetus son demasiado horribles para mirarlos a la cara, de tal modo que sólo podemos contemplarlos de forma vicaria, o bien observar nuestros monstruos, los monstruos de los demás o de la naturaleza desde una distancia prudencial. A veces, lo único que necesitamos es un buen amigo con el cual conversar. Ésta es una forma muy saludable de integrar, siempre y cuando nuestro amigo no se vea invadido por una sombra enjuiciadora durante el proceso y termine condenándonos por nuestros krakens.

Ejemplo en la naturaleza

Muchas especies de las profundidades marinas, incluidos los calamares, disponen de sistemas visuales monocromáticos que están adaptados a la luz azul y a la bioluminiscencia azul, en lugar de la luz roja, cuya longitud de onda es más larga [...].

Los investigadores se aprovecharon de la atracción que los calamares sienten por la luz azul equipando a la Medusa con un señuelo personalizado al que denominaron E-Jelly (medusa electrónica). Este pequeño anillo giratorio de luces azules de neón estaba situado en el extremo de un brazo extensible, imitando el movimiento y el brillo de una medusa bioluminiscente. El señuelo funcionó, sacando a *A. dux* de la oscuridad tanto en 2012 como en 2019. De hecho, el calamar gigante que se avistó en el Golfo de México también se dejó convencer un poco por el E-Jelly. Tal como se puede ver en las filmaciones del suceso, el calamar gigante atacó con sus tentáculos el brazo de la cámara de la Medusa con la esperanza de llevarse una sabrosa medusa a casa [...]. Se trata de un truco muy útil, ya que hay mucho que aprender sobre el comportamiento del kraken, que sólo puede salir a la luz en la oscuridad de su hábitat natural.

—Brandon Specktor[164]

---

164. En «How scientists caught footage of "the Kraken" after centuries of searching». *Live Science* (30 Abril 2021).

Las sombras de Plutón

El señor del inframundo

En el contexto pagano, un hombre sin sombra no era un demonio, ni un hombre lobo ni un Schlemhil, sino alguien cuya alma había entrado en la dicha eterna. Plutarco decía que, al fin del mundo, los benditos serían felices para siempre «en un estado en el que no necesitarán alimento ni arrojarán sombra alguna».

Barbara Walker, en *The Women's Encyclopedia of Myths and Secrets*[165]

Plutón se mueve con suma lentitud, pues le lleva 248 años recorrer los doce signos del zodiaco. En 2006, los astrónomos degradaron a Plutón catalogándolo como «planetoide», pero son muchos los que afirman que se debería recatalogar como planeta. Soy consciente de que muchos lectores sólo leerán parte de esta sección, pero yo sugeriría la lectura de todas las posiciones de Plutón para familiarizarse con las formas sombrías por motivos arquetípicos.

¿Quién es el señor de la sombra? Dado que algunas de las interpretaciones de la propia sombra están estrechamente vinculadas con los muertos y con el inframundo por su carácter sombrío, el soberano del

---

165. Publicado en castellano bajo el título de *Enciclopedia de los mitos y secretos de la mujer*, por Ediciones Obelisco, Barcelona, 2019.

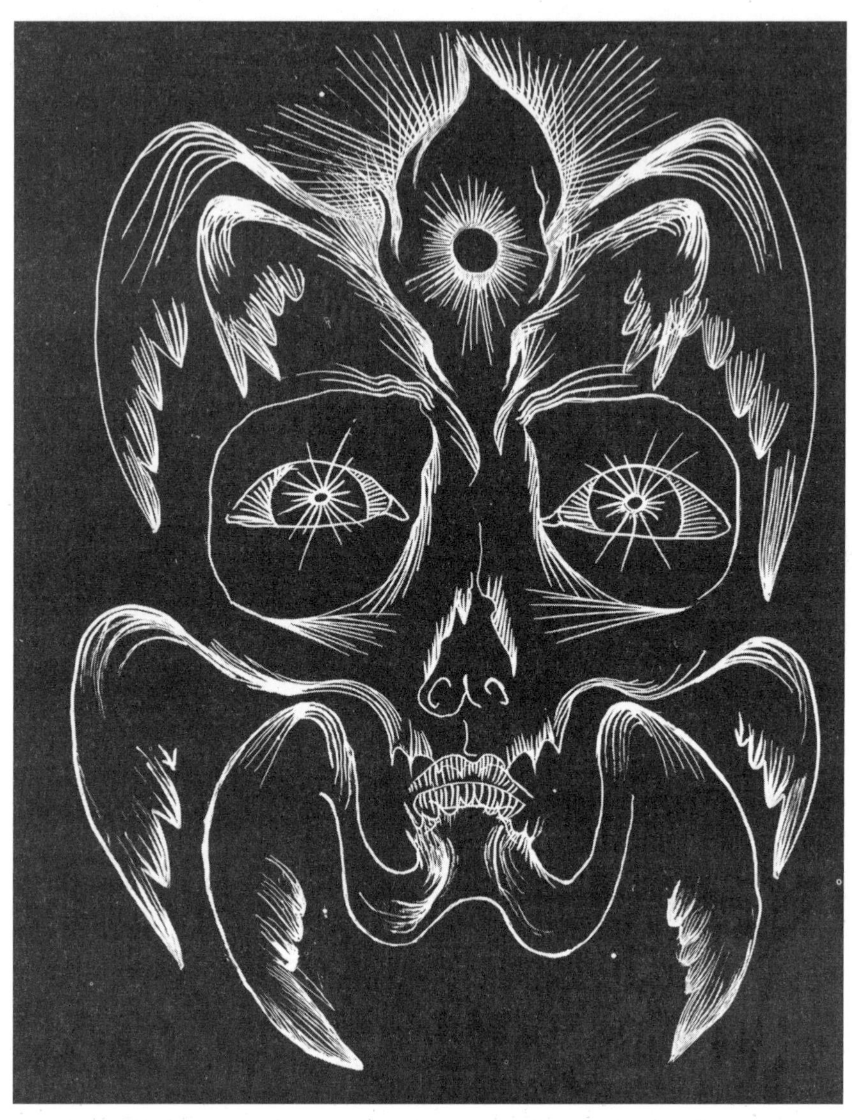

inframundo deberá jugar necesariamente un papel prominente en un libro como éste. El señor del inframundo es Plutón. Y, en el inframundo, y concretamente en las profundidades de la Tierra, hay gemas, diamantes, rubíes y esmeraldas, y metales preciosos, rodio, platino y oro. El nombre de Plutón significa «señor de las riquezas», refiriéndose concretamente a las joyas y los metales preciosos que se forjan en las profundidades de la tierra. Estos extraños y brillantes objetos no son otra cosa que luces en la oscuridad. ¿Qué gema ilumina tu sendero a través de las esferas sombrías? A cada persona se nos da una vela en la oscuridad, y nos la da Plutón.

En las posiciones de Plutón vemos en qué punto hemos dominado una sombra, o quizás la sombra de otro. Busca en tu carta natal cuál es tu capacidad innata para apropiarte de la sombra. Aunque el lento Plutón tiene un influjo generacional, en nuestra existencia interactuamos con muchas generaciones y nos podemos encontrar con diversas sombras de Plutón. Las posiciones de Plutón que vemos nos mostrarán las sombras del inframundo en los rostros con los que nos encontremos.

Aquí, quizás sea Plutón la mayor de las lecciones. Plutón te pregunta: ¿De dónde eres, señor? ¿Qué posees? ¿Qué te pertenece verdaderamente a ti y sólo a ti? ¿Cuál es la identidad más profunda de tu sombra? Ser el señor de la sombra no es necesariamente algo bueno; pero nos indica exactamente dónde manejamos la sombra con destreza. Te puede resultar útil familiarizarte con los relatos míticos de Plutón y de Hades para comprender las lecciones que aquí se contienen. En muchas culturas, los soberanos del inframundo son femeninos, como Hécate, la Santa Muerte, las reinas de las hadas de los túmulos y las diosas subterráneas Deméter y Cibeles. Hay mucha interacción entre los mitos y las culturas en lo relativo a las identidades del inframundo, y Plutón no es el único; aquí se utiliza sólo como un arquetipo representativo.

El hecho de ser el señor de las sombras exige que lo veamos y lo conozcamos, primero y antes de nada, para ver si puedes identificar las formas sombrías que se te ofrecen a continuación. Estas sombras se pueden ver también cuando los planetas las activan con su tránsito, es decir, con la ubicación en tiempo real de cada planeta, o cuando Plutón en tránsito interactúa con estas sombras.

♈ Sombra de Plutón en Aries
Plutón de nacimiento: *Libra* ♎

Plutón en Aries es un maestro del ego. Esto puede parecer poco porque solemos avergonzarnos del ego, pero en realidad estamos hablando de celebridades. Son personas que se han apropiado de su ego y lo utilizan en su beneficio. La sombra de Plutón en Aries es atractiva para las personas que no han dominado este arquetipo, por lo que es probable que atraigan a muchos que están buscando este mismo nivel de logro con el ego. El peligro de ser señor de esta sombra es que quien la domina también puede manipular los egos de los demás y ponerlos al servicio del poder de este señor. Ser el líder de un culto a la identidad puede parecer divertido, pero estas cosas nunca terminaron bien a lo largo de la historia.

♉ Sombra de Plutón en Tauro
Plutón de nacimiento: *Escorpio* ♏

La sombra de Plutón en Tauro es la del amo de la Tierra. Las artes creativas, los alimentos y la agricultura son algunos de los talentos que se les dan a estas personas. También suele darse cierta afinidad con los animales, de forma parecida a san Francisco de Asís. Las personas con la sombra de Plutón en Tauro sienten la necesidad de liberar de la esclavitud a las formas de vida no humanas. Aquí, el ser humano tiene la oportunidad de desarrollarse ayudando a las formas de vida no humanas y cuidando de sus necesidades básicas. Esto puede suponer dar de comer a animales y regar plantas, domesticar animales salvajes y cuidar de ellos de un modo sostenible, no al modo de las granjas industriales. El peligro del amo de esta sombra estriba en que falte a sus responsabilidades con la tierra y no cuide la flora y la fauna diligentemente, perjudicándolas con ello.

♊

Sombra de Plutón en Géminis
Plutón de nacimiento: *Sagitario* ♐

La sombra de Plutón en Géminis es la que domina las palabras y la comunicación. Esgrimir palabras no es un don menor, pues las naciones se forjan a través de la comunicación. Las palabras tienen significado, y ese significado puede transmitirse a través de analogías, relaciones y lenguaje. Utilizamos el lenguaje allí donde lo creamos, y encontramos el lugar allí donde nos conectamos con los demás. Esta posición de Plutón no es sólo la posición del señor de las palabras, sino también la de un creador de lenguajes, construyendo cultura mediante el uso del significado interno. Esto le da al señor de esta forma la capacidad para crear mundos, para encontrar matices en la comunicación y para arrojar luz sobre el estudio del propio lenguaje.

♋

Sombra de Plutón en Cáncer
Plutón de nacimiento: *Capricornio* ♑

Plutón en Cáncer es el señor de la manipulación emocional. Y, aunque la palabra *manipulación* tiene decididamente una connotación negativa, se puede utilizar de forma beneficiosa; no tienes más que preguntar a un padre o una madre que haya tenido que engatusar o engañar a uno de sus hijos para que se coma las verduras. En la sociedad, la manipulación existe en todos los ámbitos, y estos individuos la dominan. Los poseedores de esta sombra pueden encontrarse a veces trabajando como publicistas o abogados. Normalmente, se mostrarán inmunes a toda manipulación y se resistirán a dejarse arrastrar por el drama.

♌

Sombra de Plutón en Leo
Plutón de nacimiento: *Acuario* ♒

Estaremos entrando en esta sombra de Plutón mientras escribo este libro. La sombra de Plutón en Leo es el señor creador. Nos encontramos aquí con los artistas y con la aparición de un maestro de las artes que ejerce desde las profundidades de la experiencia personal y se libera de influencias artísticas con el fin de crear para sí mismo. El Plutón natal en Acuario trae influencias de la historia de la sociedad y del arte, pero aquí la persona es capaz de dominar un singular estilo individual, sea en la música, en la pintura o en cualquier forma artística; encontrando la expresión pura del ego, en lugar de limitarse a imitar, que es en lo que caen muchos creadores. El peligro de esta sombra estriba en adelantarse a su tiempo, pues las singulares expresiones del artista pueden alejarle de la sociedad hasta tal punto de que muchos quizás nunca descubran su arte. Mientras Plutón entra en Acuario nos encontramos con que la inteligencia artificial se está convirtiendo en una amenaza para artistas y escritores al ser capaz de crear gratuitamente a partir de los registros colectivos, en lugar de hacerlo desde el alma viva. Será interesante ver en qué acaba todo esto.

♍

Sombra de Plutón en Virgo
Plutón de nacimiento: *Piscis* ♓

Plutón en Virgo es el analizador supremo, el resolutor de enigmas, el creador de sistemas y el que resolverá el caso. Plutón dominando la sombra de Virgo capacita a su poseedor para ver las minucias bajo el microscopio, para introducirse en lo pequeño, en las particularidades, para ver al demonio en los detalles. No se pierde ni una pizca cuando los ojos de esta sombra de Plutón echan un vistazo sobre algo. Pero este señor puede perderse en su propia capacidad y obsesionarse con la solución, sumiéndose en una especie de locura hasta que realiza el descubrimiento. Pero puedes estar seguro de que encontrará la respuesta.

Alguien que señala los defectos de todo puede resultar molesto, aunque también puede ser un minucioso consultor capaz de encontrar patrones de error en sistemas más grandes.

♎

Sombra de Plutón en Libra
Plutón de nacimiento: *Aries* ♈

La sombra de Plutón en Libra ha dominado la reciprocidad. Para este maestro del karma, todo termina en tablas, una cosa por otra. Es el juez incorruptible y el señor de la justicia. Los Vengadores, los superhéroes de los cómics de Marvel, son famosos por la admiración que despiertan, por ser tan justos y por servir a la justicia. Ellos equilibran la balanza sin recibir nada a cambio. Los justicieros no están a la venta y no se les puede comprar, pues su corazón está gobernado por la justicia en su esencia más pura, que pertenece a este señor de Plutón, y no puedes persuadirles ni con ideologías ni con sofismas. La balanza determina su sistema de valores, y es evidente en todas las decisiones que toman.

♏

Sombra de Plutón en Escorpio
Plutón de nacimiento: *Tauro* ♉

La sombra de Plutón en Escorpio es el señor del sexo y de la muerte. Esto puede adoptar diferentes formas, como la de alguien que trabaja en una clínica de cuidados paliativos y ayuda a la gente a hacer el tránsito al término de esta vida o la trabajadora sexual que es habilidosa en las artes amatorias y trabaja en general con el chakra raíz. La raíz precisa de la reproducción y la muerte provoca un intenso temor en la mayor parte de la población, pero esta posición está libre de preocupaciones tales y puede centrarse en otros asuntos.

↗

Sombra de Plutón en Sagitario
Plutón de nacimiento: *Géminis* Ⅱ

La sombra de Plutón en Sagitario da a su poseedor la capacidad para destilar sabiduría a partir de los comportamientos más oscuros de los demás. Esta posición puede ayudar al señor de esta sombra a convertirse en un maestro de la personalidad, la psicología y la espiritualidad de un modo que reste poder a nuestros peores comportamientos y nos permita comprender la naturaleza humana desde una perspectiva más elevada. El señor de esta sombra de Plutón puede educar y enseñar a los demás acerca de la propia personalidad, pero desde un nivel transpersonal, capacitándonos para unificarnos mediante la experiencia colectiva de los rasgos egoicos compartidos.

♑

Sombra de Plutón en Capricornio
Plutón de nacimiento: *Cáncer* ♋

La sombra de Plutón en Capricornio es el maestro de la propiedad inmobiliaria. Se trata de la capacidad que permite a la persona convertirse en un gran propietario, una posición ciertamente envidiable. Pero, si no se cuida de los inquilinos o arrendatarios, este magisterio cubrirá a la persona de vergüenza, como ocurre cuando se compran y se venden reservas naturales o tierras de cultivo, subdividiéndolas en parcelas, en vez de preservar el hábitat para la vida salvaje o las tierras para cultivar alimentos. Con qué rapidez dejan de satisfacerse nuestras necesidades cuando todo lo que tenemos es dinero, pero no techo ni alimentos. Si somos dueños de la tierra, eso significa que somos cuidadores de un lugar donde muchos seres intentan vivir. ¿Vas a hacerte responsable de sus necesidades? Ser dueño de la tierra supone señorío, y si somos señores de personas y animales que viven inmersos en miseria y penalidades, ¡qué reino más terrible el tuyo!

ᴹᴹ

Sombra de Plutón en Acuario
Plutón de nacimiento: *Leo* ♌

La sombra de Plutón en Acuario es el señor de la tecnología. El Plutón natal en Leo es un adepto de la creación, y con este señorío se da la habilidad para inventar tecnología y utilizarla. Tenemos aquí la energía del *hacker,* el innovador y el descifrador de códigos. El dominio de esta sombra da lugar a importantes descubrimientos, pero también abre la puerta a que abusemos de los demás. Para cerciorarte de ser dueño de esta sombra no te corrompas, no la utilices para controlar los datos de los demás, como hacen algunas empresas de redes sociales, por ejemplo.

Sombra de Plutón en Piscis
Plutón de nacimiento: *Virgo* ♍

La sombra de Plutón en Piscis, Plutón natal en Virgo, es el soberano de los muertos. Aquí, la sombra de Plutón es la poseedora de los muertos mediante la propiedad de unos terrenos o de los derechos sobre las obras de los fallecidos. Es el soberano del nombre y la reputación de las celebridades fallecidas. Para mí, esto es un poco como el coleccionismo de cabezas reducidas, que no se preocupa por nadie. Obtener beneficios de la fama de los muertos es en realidad una especie de necromancia, pero si yo tuviera que llamar nigromante a Walt Disney Company, heriría algunas susceptibilidades. Esta posición es un arquetipo del señor de las sombras. Si la riqueza obtenida con estas propiedades no se comparte ni con los herederos ni con los antepasados, tal comportamiento de buitre puede dar lugar a la acumulación de un gran karma negativo.

Las sombras de Ofiuco

El maestro de los venenos

En la mitología griega, la constelación de Ofiuco representa a Asclepio el sanador, y la serpiente que sostiene representaría probablemente la serpiente de la leyenda, de quien Asclepio aprendió a resucitar a los muertos. Asclepio estranguló a una serpiente, pero, cuando arrojó su cuerpo, otra serpiente apareció con una hierba en la boca y se la administró a la serpiente muerta, resucitándola así. Antes de que la segunda serpiente pudiera escapar, Asclepio le arrancó un poco de hierba de la boca, utilizándola a partir de entonces para revivir a los muertos.

FRED WATSON, en *Astronomica*

OFIUCO ES LA DECIMOTERCERA CONSTELACIÓN DEL ZODIACO y permanece oculta bajo la eclíptica durante gran parte del recorrido del Sol a lo largo del año, haciendo de él un signo oculto en gran medida, por lo que sus sombras merecen cierta atención. Probablemente no podrás encontrar a Ofiuco en tu carta natal porque no se le incluye en la astrología moderna, pero Ofiuco está situado entre las constelaciones de Sagitario y Escorpio. Eso significa que las sombras arrojadas sobre Ofiuco son las de los planetas situados en el los grados opuestos a esta ubicación, que estarán en la constelación de Géminis. Podemos examinar los efectos de cada uno de los planetas en la sombra que arrojen sobre esta posición. Ofiuco es alguien que sana y que maneja serpien-

tes, y por eso miramos al portador de la serpiente para encontrar nuestro veneno.

Si tienes un planeta natal situado en Géminis, cerca de la constelación de Orión, estará arrojando su sombra sobre Ofiuco. Si tienes un planeta natal situado en Ofiuco, puedes leer las posiciones de la sombra de Géminis que encontrarás en este libro en las ubicaciones planetarias. Las posiciones aquí son los maestros de los venenos y los artistas de la ponzoña, que normalmente estudian las plantas, la sanación y las medicinas. Aquellas personas que tienen una sombra de Ofiuco prominente en su carta natal deberían familiarizarse con el tipo de veneno que su naturaleza les está ofreciendo. También podemos ver los tránsitos de los planetas a través de Géminis para buscar oportunidades de sanación durante la época activa de la sombra de Ofiuco.

Sombra del Sol en Ofiuco: Este veneno es un reventador de egos y es una buena posición para maestros de artes marciales, pues les permite demoler los egos de la gente y, en especial, el suyo propio. Practica alguna técnica para la muerte del ego y siéntete cómodo con ella; el veneno aquí disuelve el ego.

Sombra de la Luna en Ofiuco: Los aguijones emocionales son ciertamente los peores. Pero, en cuanto dominamos el veneno emocional, ya no nos pueden manipular con los sentimientos. La sanación aquí es muy necesaria, y la capacidad para soportar emociones venenosas puede ser más valiosa que la más bella de las gemas.

Sombra de Mercurio en Ofiuco: El veneno mental es el agente activo aquí. Este veneno tiene un efecto estabilizador sobre la salud mental, y te hace inmune a la técnica manipuladora de la luz de gas por parte de otra mente venenosa. El veneno es capaz de soportar ataques mentales y te puede ayudar a sanar o, simplemente, a soportar las enfermedades y los abusos mentales.

Sombra de Venus en Ofiuco: El veneno del amor es el brebaje aquí. Este veneno es inmune a las ideaciones románticas y al drama que suele acompañar al juego del amor. Pero ten cuidado con la cantidad del veneno de esta sombra que ingieres, pues podría ser tu perdición. Este veneno generará una fuerte atracción sobre los demás, una buena posición para alguien que se dedique a la interpretación.

Sombra de Marte en Ofiuco: El arte de la guerra es un juego de riesgo, y el veneno aquí es la habilidad para el combate. Éste es el sorbo de la copa del guerrero, y no está hecho para los débiles de corazón. Adentrarte en la conciencia del deporte y la estrategia sin que te supere emocionalmente es el don de este veneno; a todos nos vendría bien.

Sombra de Júpiter en Ofiuco: Aquí tenemos el veneno de la autoridad. El sendero del autodominio estriba en no dejar que nadie te controle, aunque no dispongas de control alguno sobre tu vida. Convertirse en soberano de uno mismo implica el leve equilibrio de mantener una actitud sana con tus límites sin ser abusivo con los límites de los demás. Asumir la autoridad significa ejecutar las decisiones por ti mismo y expandir tu libertad.

Sombra de Saturno en Ofiuco: Éste es el veneno del no. Hace falta mucho para volverse inmune ante la palabra *no,* dado que el rechazo es una de las pastillas más difíciles de tragar. Respetar el no de los demás constituye una medicina singular, y se encuentra aquí. Hay personas que no tienen ningún problema en establecer límites ni en respetar los límites de los demás; en tanto que hay otras que no hacen más que traspasar límites. Utiliza este veneno para toda transgresión de límites.

Sombra de Urano en Ofiuco: El veneno aquí es la sociedad; el veneno desarrollado es la capacidad de separarse de él y romper con el fin de investigar el yo y la naturaleza de la dinámica mayor que se está produciendo. Aquí está el que ha logrado la autosuficiencia y puede mantenerse en pie estando aislado. Éste es el veneno del ermitaño, que se desenvuelve bastante bien solo.

Sombra de Neptuno en Ofiuco: El veneno de la imaginación es un producto muy especial para los artistas. Acceder al subconsciente y a los sueños fue el alimento del movimiento surrealista, que vivía de este veneno. En cuanto podemos recordar nuestros sueños y nos volvemos lúcidos, podemos dar esta medicina sanadora a los demás bajo la forma del arte. Tenemos que extraer el veneno de estos reinos para ayudarnos en nuestros viajes aquí, en el mundo cotidiano.

Sombra de Plutón en Ofiuco: El veneno de la muerte es difícil de tragar. No disponemos de control alguno sobre la muerte pero, una vez atravesamos sus puertas, volvemos más poderosos. Este veneno se adquiere a través de las experiencias cercanas a la muerte. Volver del reino de los muertos es una experiencia especial, y contiene una potente medicina que puede ayudar a aquellas personas que están lidiando con el dolor y la pérdida de seres queridos.

Las sombras del destino

El papel de los nodos lunares
en nuestra evolución

*La reliquia de antes de nacer
entra en el corazón un día.
Sé tan cuidadosa como si sostuvieras una jarra repleta,
sé tan suave como si acariciaras a un bebé.
La puerta de la tierra debe estar bien cerrada,
los portales del cielo deben abrirse primero.
Lava bien los brotes amarillos,
y en lo alto de la montaña el trueno sacude la tierra.*

SUN BU'ER, en *Immortal Sisters:
Secret Teachings of Taoist Women*

SE HA ESPECULADO RESPECTO A QUÉ SIGNIFICAN y qué propósito tienen los nodos lunares norte y sur en las cartas astrológicas, y se han hecho diversas interpretaciones. Los nodos aparecen en tu carta natal con unos símbolos que parecen las herraduras de un caballo: el nodo norte se abre por la parte de abajo y el nodo sur se abre por la parte de arriba. Todos coinciden en afirmar que los nodos parecen guardar relación con nuestro propósito en la vida, con nuestro destino, con el designio que nos mueve. El nodo norte está vinculado al presente, en tanto que muchos expertos en astrología y astrólogos védicos piensan

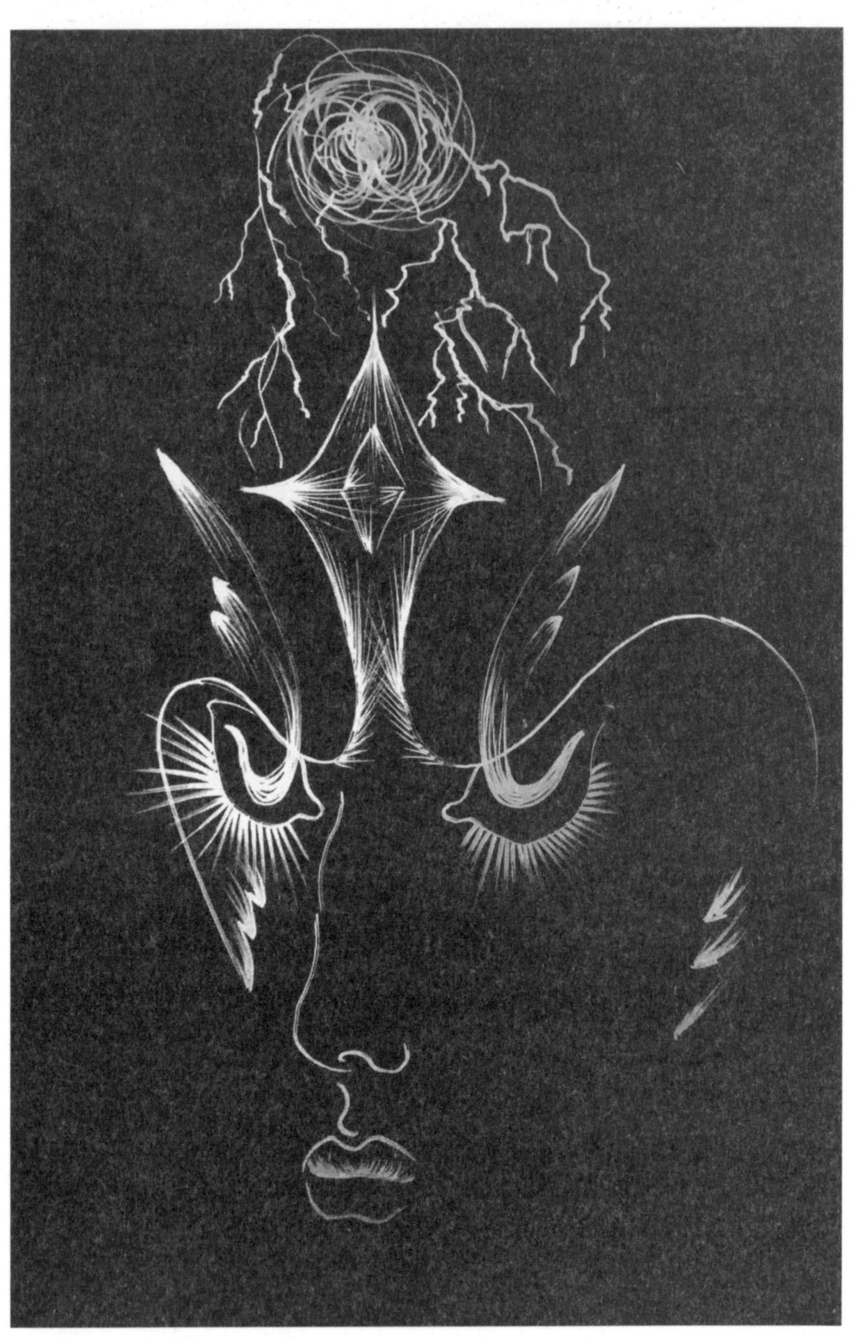

que el nodo sur está vinculado a las vidas pasadas, a nuestras encarnaciones previas, o a nuestros antepasados, a algo así como una especie de herencia o karma que hemos traído hasta nuestra actual encarnación.

Muchas personas hablan de las vidas pasadas, vidas literales que tuvieron en otras épocas, con una identidad individual y un ego, y yo no puedo decir que esto sea incorrecto, pues no dispongo de experiencia alguna que me oriente al respecto. Sin embargo, yo veo las vidas pasadas como recuerdos de nuestros antepasados, que siguen almacenados en nuestro cuerpo, en nuestro ADN. Cuando recordamos vidas previas, es posible que se trate de algún tipo de memoria que albergamos. Cabría imaginar, como hacen los trabajadores espirituales, que podemos acceder técnicamente a recuerdos que se remontan a los mismos inicios del ADN, dado que el ADN es un sistema de almacenamiento. Pero esto es sólo una manera de verlo, y en este libro abordaré la sombra del destino como la herencia de lo que tuvo lugar anteriormente.

Tenemos que llevar a cabo un trabajo ancestral para liberarnos de los patrones del pasado de nuestros progenitores y demás familiares. Esto no significa que tengamos que dejar de lado o abandonar a la familia, sino que tenemos que descubrir los patrones que hemos heredado de nuestros progenitores, tomar conciencia de ellos e integrarlos, todo ello con el fin de seguir avanzando. La naturaleza nos exige, como iniciados espirituales, que llevemos a cabo esta tarea antes que nada para que podamos avanzar y evolucionar como individuos.

> *La naturaleza, en su autenticidad y simplicidad, es la verdadera «madre», siempre amable y cariñosa, que sólo nos hace daño para salvarnos. Cuando la insultamos de forma negligente e intencionada, ella se convierte en la «madrastra» y, si la violentamos, se convierte en la más inexorable de las maestras, adoptando el rostro terrible de un tirano.*

Ethan Allen Hitchcock, en *The Red Book of Appin*

Estaba pensando en el fenómeno de la identidad y en cómo algunas personas se echan a perder cuando identifican su ego con alguna figura notable del pasado, aferrándose a ella. En cierta ocasión, alguien me agredió verbalmente afirmando que había sido Madame Blavatsky en su anterior vida, y estaba enfurecida porque yo no la había reconocido. Para ser honesta, me impresionaría más si alguien me dijera que es la nebulosa 456789 que si me dice que es un ser humano conocido del pasado.

En esencia, la sombra de tu nodo norte es el nodo sur. El nodo sur pertenece al pasado y el pasado pertenece a los muertos. El nodo sur es de dónde vienes, la semilla de la cual brotaste. Si te parece extraño que esto pueda ser una sombra, piensa que podría estar expresando una dificultad en tu proceso de individuación, un obstáculo que te distancia de tus progenitores y tu familia. Gran parte del trabajo de sombra es también trabajo con los antepasados. Y aunque domines tu propia sombra personal, seguirás teniendo que hacer las paces con lo que te dio a luz a ti y a los seres humanos de los cuales procedes. Quizás tus antepasados fueron víctimas de crímenes terribles, o quizás fueron ellos los que los perpetraron. La sombra del nodo sur es donde puedes discernir algo de todo esto y donde puedes desarrollarte en tu propósito, que está dirigido a través del nodo norte. La individuación precisa del trabajo con los antepasados, independientemente de cuál sea tu origen. No podremos lograr la liberación espiritual sin incluir primero a nuestros antepasados, lo cual supone un enorme trabajo. Para alcanzar la unidad, para ser uno, tendremos que ser todos primero.

Para examinar tu nodo sombrío, busca el nodo norte en tu carta natal y, luego, ve al punto directamente opuesto a éste. Ahí verás el signo de tu nodo sur. Debajo tienes una descripción de cada ubicación de la sombra nodal.

♈

Sombra del nodo en Aries

La sombra del nodo en Aries sitúa el nodo norte en Libra (♎). Aquí se nos hace descendientes de guerreros, de comportamientos agresivos, poniendo al yo en primer lugar. La lección guarda relación con la necesidad ancestral de aislamiento y egoísmo. Se trata de una táctica de supervivencia, y merece ser reconocida. Quizás alguno de tus antepasados fue un soldado, o bien tuvo que proteger su vida distanciándose de los demás. Descubre qué papel cumplió esto en el pasado y libérate de la tendencia a evitar las relaciones, por cuanto el sendero de tu nodo norte te lleva a mantener relaciones. Tienes que combatir a esa sombra que sólo quiere estar sola.

♉
Sombra del nodo en Tauro

La sombra del nodo en Tauro sitúa el nodo norte en Escorpio (♏). En esta sombra los antepasados estuvieron destinados a trabajar la tierra. Agricultores, granjeros y alimentos aparecen en este nodo sombrío, así como placeres sensuales, adicciones y apegos. Pero ese enfoque sensual pudo dar también a tus antepasados cierta disposición para el arte y la música. Entre las cosas que tendrás que integrar del pasado se hallan los deleites terrenales, y el movimiento deberá reenfocarse en un esfuerzo emocional y en la disciplina. No será necesario actuar en detrimento de los valores terrenales, sino simplemente evitar los excesos. El poder del nodo norte en Escorpio estriba en que puedes resistirlo casi todo, de modo que no te sorprendas al descubrir que puedes hacer mucho más de lo que crees y que eres capaz de desprenderte de casi todo.

♊
Sombra del nodo en Géminis

La sombra del nodo en Géminis sitúa a los antepasados en un contexto social, en la búsqueda de estatus y como comunicadores expertos. Esta sombra se corresponde con el nodo norte en Sagitario (♐). El problema a superar con el destino de esta sombra es el de establecer relaciones profundas que no busquen notoriedad en la sociedad. Tienes que ser muy cuidadoso con tu manera de comunicarte y tienes que evitar los chismorreos y la adulación con el fin de granjearte la voluntad de otras personas. El hábito de fundamentar la vida en el estatus es muy difícil de vencer porque, para ello, hace falta una sólida autonomía, y eso supone esfuerzo. A lo largo de tu vida, esfuérzate por descubrir quién eres y por buscar la compañía de aquellas personas con las que de verdad congenias, en vez de establecer vínculos superficiales. El nodo norte en Sagitario te dotará con una clara conexión con tu yo superior, haciendo que la necesidad de alcanzar estatus social se difumine cuando te sumerjas en la autenticidad del yo.

$$\mathfrak{S}$$

Sombra del nodo en Cáncer

La influencia sobre el destino de la sombra en Cáncer se centra en los influjos matriarcales y en los comportamientos emocionales. Tienes que revivir la vida de tu madre o tu abuela, sobre todo si tuvieron que sacrificar sus anhelos personales por tener que criar a sus hijos. También puedes, si todavía viven, animar a tus matriarcas a que persigan sus anhelos. Te puedes liberar del influjo del lado matriarcal de la familia ofreciendo un sacrificio de devoción sincera a las metas que ellas estaban intentando lograr. El nodo norte en Capricornio ($\mathfrak{V}$) intenta tirar de ti para que tengas éxito en tu profesión, de modo que quizás sea bueno que emplees parte de tu tiempo en este tema. Una manera de honrar la sombra matriarcal estriba también en trabajar con las energías de la Tierra y devolverle a ella todo cuanto tú has recibido, quizás haciendo donaciones a una reserva natural.

$$\mathfrak{Ω}$$

Sombra del nodo en Leo

Con la sombra del nodo en Leo, tus antepasados están intentando eclipsar tu ego con el suyo. Quieren ser recordados, honrados y vistos como personajes heroicos. El trabajo de antepasados que hay que hacer aquí estriba en hacerles altares, darles las gracias y contar sus historias. En ocasiones, el mero hecho de escribir un libro sobre tus ancestros es una buena manera de transmutar esta sombra del destino; publicar relatos de tu familia puede satisfacer también esta necesidad. Un buen relato, contado en torno al fuego del hogar ante amigos o familiares, puede ser suficiente. Lo que se necesita es el relato oral y divertido de las diabluras de aquellos que vinieron antes que tú. Entonces podrás avanzar y podrás crear relatos propios. El nodo norte en Acuario (♒) garantiza que crearás o inventarás algo propio de lo que se beneficiará toda la comunidad. El nodo norte en Acuario te dota con ideas singulares. ¿Por qué no recordar las ideas de aquellos que vinieron antes de ti con el fin de buscar el equilibrio?

♍

Sombra del nodo en Virgo

Con Virgo sirviendo de fondo a la sombra del nodo, las raíces estarán orientadas al análisis y al servicio. Si tus predecesores consagraron su vida al servicio de los demás o incluso al martirio no tienes por qué emularles. Junto con su sombra, pueden haberte legado cierta tendencia a la culpabilidad por no ser de determinada manera o por no hacer determinadas cosas. Pero te abrirás paso y encontrarás tu nodo norte en Piscis (♓) cuando dejes a un lado tales expectativas y dejes que tus antepasados tengan sus valores mientras tú tienes los tuyos, que serán probablemente más abiertos y menos rígidos. El nodo norte en Piscis se expandirá con una fractura o mediante la disolución de ciertas normas, de modo que no te centres demasiado en la gramática y consiéntete un poco de desorden.

♎

Sombra del nodo en Libra

La sombra del nodo en Libra suele arrojar sombras de desencuentros con la ley, o incluso sombras de prisión, que pueden haber tenido lugar en tu legado ancestral. También podría indicar un empleo o la implicación de algún tipo en el sistema judicial; quizás tus progenitores querían que te dedicaras a la judicatura, pero tú no tenías interés o tomaste la decisión de hacerte abogado simplemente porque metieron a tus progenitores entre rejas. Todo esto sería un indicio de presión y de un sendero que no es el tuyo. Con el nodo norte en Aries (♈), tendrás que decidir tu destino por ti mismo. Ayuda a tus antepasados a actuar con reciprocidad y justicia, pero sigue tu propio sendero a pesar de todo. Si te vieras arrastrado hacia algún lío legal a causa de la familia, asegúrate de mantener tus límites y no cedas ante esa influencia.

♏

Sombra del nodo en Escorpio

La presencia de un nodo sombrío en Escorpio podría ser la señal de una experiencia de abuso sexual o de pobreza entre tus antepasados. Quizás exista una sombra de desigualdad, o quizás no dispusieran de recursos para ayudarte. La posición de esta sombra intentará llevarte hasta tus raíces a la fuerza en busca de seguridad, pero no te preocupes. Tu nodo norte en Tauro (♉) te traerá el confort y la seguridad si sigues su rumbo y vives tus propios deleites y gozos; éste es el sendero que tienes que tomar. Si tus antepasados pasaron hambre, quizás te conviertas en chef; o bien, si no tenían dinero, quizás termines siendo banquero. Si hay un trauma sexual, quizás te liberes de tus expresiones sexuales como consecuencia de sus pruebas. Respétalos en sus sufrimientos y siéntete en tu camino de bienestar. Evita cuestionar tu valía con esta posición, y anima a los demás a incrementar su autoestima.

♐

Sombra del nodo en Sagitario

Superar el nodo sombrío en Sagitario requerirá permanecer en un lugar y dominar el arte del compromiso. El influjo del nodo tirará de ti para que te vayas, para que pruebes otras cosas, para que te disperses y explores. Pero ése no es tu sendero. Tu sendero te pide que consolides, que permanezcas en un lugar y te esfuerces por articular y reunir información antes de actuar. Si tus antepasados fueron nómadas o tuvieron dificultades para asentarse, sé consciente de que tú no tienes por qué seguir sus pasos y que vas a ser perfectamente feliz arraigando en un lugar. El nodo norte en Géminis (♊) intenta encontrar amigos que perduren y hacer cosas con sentido; alguien que disfrute de tus conversaciones. El nodo norte en Géminis facilitara la publicación o la radiodifusión de tus palabras para que perduren durante mucho tiempo y recorran largas distancias, siempre y cuando no sigas buscando aventuras por no querer arraigar en un lugar.

♑
Sombra del nodo en Capricornio

La sombra del destino en Capricornio te exigirá el éxito en el trabajo y en tu profesión. Quizás tu familia te exija eso, aunque quizás tú tengas otros planes y no quieras saber nada acerca de ser banquero o de seguir una tradición familiar. Quizás seas más un emprendedor en busca de su propio camino. Para trabajar con esta energía ancestral, deja de depender económicamente de tu familia. Esto quizás sea difícil, pero el primer paso te exige eliminar el influjo de sus finanzas en ti con el fin de emprender tu propio sendero. El nodo norte en Cáncer (♋) te dirigirá al cuidado de los demás, o bien a procurar alimento y empleo a todo un colectivo de personas, sea como padre o madre en una familia o a través de una empresa innovadora.

♒
Sombra del nodo en Acuario

La sombra del nodo en Acuario indica que tus antepasados fueron inventores merced a sus singulares dones mentales, quizás incluso fueron genios. Nos encontramos aquí con una marcada creatividad mental: quizás un predecesor inventó una máquina o patentó una idea. Quizás seas el beneficiario de tal propiedad intelectual y de sus resultados, pero tu viaje ha de ir hacia el nodo norte en Leo (♌) y tienes que asegurarte de que tu fundamento en ese predecesor no te impida crear algo por ti mismo. Esta sombra te hace unos zapatos a la medida para que te los pongas y te los quites. Si todavía no se le ha dado uso al invento de tu antepasado, estaría bien que honraras a ese predecesor haciendo que su invento se conozca y se utilice, si ves que puede ser valioso para la sociedad en su conjunto.

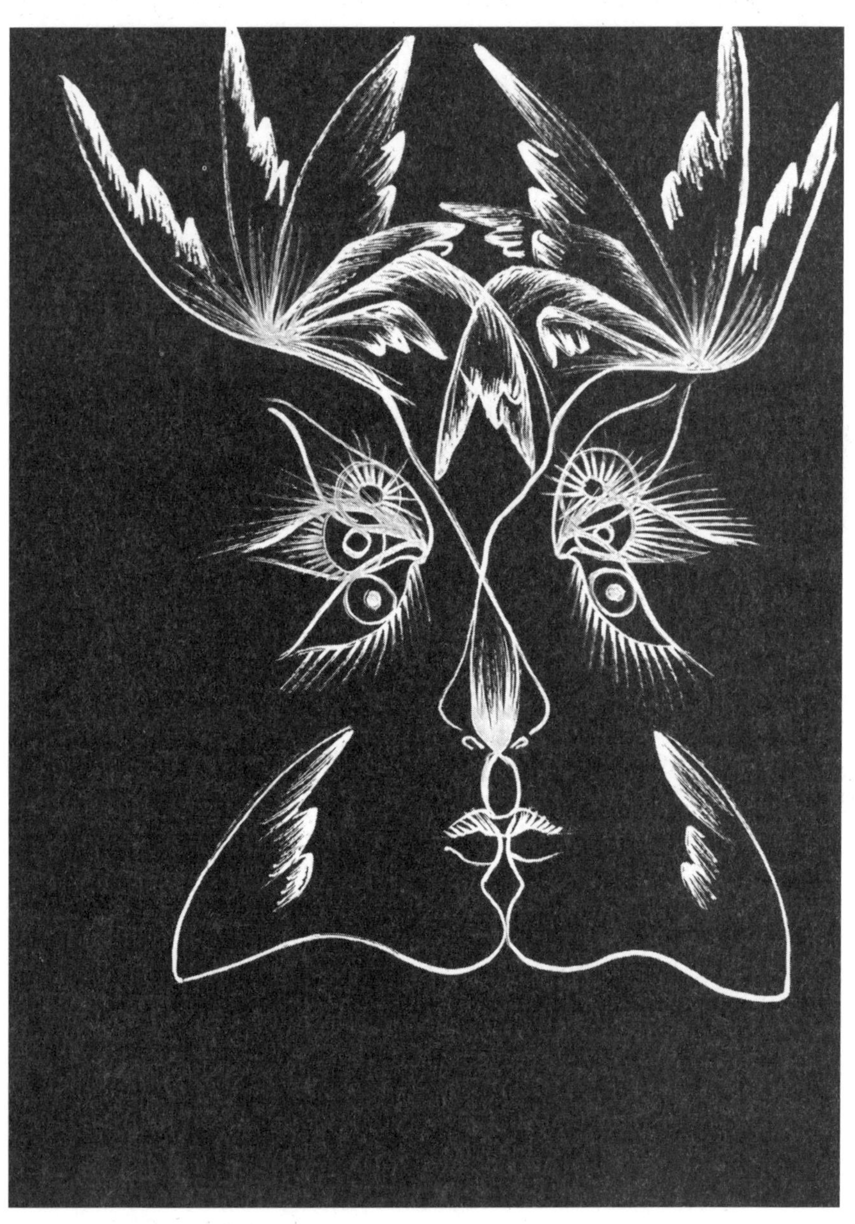

♓

Sombra del nodo en Piscis

La sombra del nodo en Piscis sitúa el nodo norte en Virgo (♍). Los antepasados de la sombra del nodo en Piscis quizás pertenecieran a un culto, a una mentalidad colectiva o alguna especie de grupo espiritual. El abandono total del ego aquí podría indicar una vida comunitaria, servidumbre, esclavitud u otras cosas similares. Si perteneces a una iglesia simplemente porque tu familia ha pertenecido a ella, quizás estaría bien que hicieras un recorrido y vieras qué otras prácticas hay por ahí. Es posible que encuentres tu propio sistema de creencias, lo cual puede alejarte de la religión de la que siempre formaste parte debido a tus vínculos familiares. El nodo norte en Virgo desea que sirvas a la comunidad, y para ello te pide que ayudes a los demás, pero no a expensas de tu identidad o de tu supervivencia. Por ejemplo, puedes ser enfermera y ganarte la vida con tu servicio, de modo que salgáis todos ganando y no tengas que sacrificarte.

El poder de las identidades de oposición

La carta de la sombra y sus implicaciones

Porque el contramovimiento es el portador de la quietud. Ahora bien, las esferas planetarias se mueven en dirección opuesta a las estrellas fijas. Se mueven por oposición entre sí. Se mueven en torno a su opuesto por un punto que es fijo y no puede ser de otra manera. Esas dos Osas (las constelaciones que ves) ni se ponen ni emergen por el horizonte, sino que giran sobre el mismo punto. ¿Qué crees, que se mueven o que están fijas?

A: Se mueven, oh Trismegisto.

H: ¿Con qué clase de movimiento, Asclepio?

A: Con un movimiento que gira en torno a ese punto.

H: El movimiento circular es un movimiento alrededor de ese punto gobernado por lo que está quieto, pues la revolución en torno a ese punto impide cualquier desviación; la desviación se impide si se establece la revolución. Así, el movimiento en sentido opuesto es estabilizador y se fija por el principio del contramovimiento.

Clement Salaman et al. (trad.), en *The Way of Hermes*

Si combinamos todas las posiciones de la carta natal en las ubicaciones de la sombra, la carta natal opuesta será la carta de la sombra en su totalidad. Esta imagen especular de la carta natal conforma una *persona* (un personaje) en profundidad de la sombra, que puede leerse en la totalidad de la carta, del mismo modo que hacemos con la carta natal. Tanto la carta natal como la carta de la sombra se pueden desmenuzar en sus aspectos individuales para luego verlas en su conjunto con el fin de ver patrones y aspectos más amplios. Te animo a que contemples las posiciones de la sombra en su conjunto, poniendo la carta natal al lado de la carta de la sombra, así como por separado. ¿Qué patrones ves? ¿A qué lado de la carta se inclina todo? ¿Se distribuyen bien? Quizás tengas que hacer la carta de la sombra a mano, dibujando un círculo y dividiéndolo en doce secciones, o simplemente imprimiendo una carta natal en blanco y rellenándola. Yo te sugeriría también que tomes las cartas de amigos, de la persona que amas, familiares y relaciones para ver cómo sus posiciones astrológicas se relacionan con tus sombras, a fin de investigar si esos patrones interactúan de algún modo.

> *Si no recurrimos al sentido crítico, encontraremos siempre lo que queremos encontrar: buscaremos, y encontraremos confirmaciones, y dejaremos de buscar, y no veremos todo aquello que pueda suponer una amenaza para nuestras teorías favoritas. De este modo, resulta fácil obtener lo que se nos antojan evidencias abrumadoras en favor de una teoría que, si se aborda de forma crítica, quizás tendríamos que rechazar. Con el fin de hacer que funcione el método de selección por eliminación, y para asegurarnos de que sólo las teorías más aptas sobreviven, habrá que hacer que su lucha por la existencia sea difícil.*
>
> Karl R. Popper, en *The Poverty of Historicism*[166]

La capacidad para ver el opuesto polar de tu identidad astrológica puede dar lugar a una experiencia expansiva, aunque sólo sea mirando

---

166. Trad. cast.: *La miseria del historicismo*. Alianza Editorial, Madrid, 2002.

la carta, sobre todo si entiendes de astrología y has estudiado con frecuencia tu carta natal. El cambio de percepción que provocan las oposiciones es palpable. ¿Por qué conviene enfrentarse a la contrafuerza? Vivimos en un universo en el que operan las oposiciones como ley física de la realidad; la naturaleza está buscando siempre alcanzar la homeostasis y el equilibrio. Y encontramos la paz no destruyendo las oposiciones, pues esto desequilibraría la balanza, haciendo que las pesas salieran por los aires. Lo que tenemos que hacer es ecualizar y neutralizar. Éste es el sistema de los taoístas y de los alquimistas, que no adoptan una postura opositora y separadora, sino que buscan neutralizar. Esto no es para todo el mundo, pues quizás no puedas salir de la oposición. Comprende, por favor, que el sendero medio del equilibrio no significa una positividad tóxica, donde dejamos que tenga lugar la destrucción. El trabajo que supone tiene muchos más matices que el de simplemente intentar destruir la destrucción. Pues resulta que destruir la destrucción es energéticamente inútil a la hora de alcanzar la paz y el equilibrio. Es una falacia lógica asumir que tú tampoco puedes lidiar con ello, pues entonces ese sendero lleva también a la destrucción. Entonces, ¿qué podemos hacer? Enfrentarse a ella con una fuerza positiva no siempre es acertado, aunque a veces, dependiendo de la situación, no deba descartarse tal opción. No se puede adoptar una actitud positiva ante crímenes y destrucción que alcanzan niveles ofensivos; simplemente no se puede. Necesitamos otras formas de actuar.

Yo siento que podemos utilizar la astrología para investigar esto porque el enemigo también es una cuestión de percepción equívoca —de un modo muy parecido a un planeta retrógrado, cuya órbita gira en sentido contrario cuando, en realidad, su órbita, más rápida en torno al Sol, es lo que hace que parezca que vaya retrógrado con respecto a la rotación de la Tierra. Cierto es que se cometen crímenes y se causan traumas mutuamente —nadie puede negarlo—, pero tomarse todo eso de forma personal y verlo como algo que se hace contra ti, dando como resultado una *vendetta,* precisa de determinada percepción que puede ser acertada, o puede que no. Sí, la otra persona hizo algo; sí, te afectó, pero ¿realmente lo hizo contra ti específicamente? ¿Fue mucho más grande que la persona, que quizás haya estado cautiva en la pauta repetitiva de un arquetipo que afecta e influye a otras muchas personas? Cuanto más capaces seamos de ver con claridad más allá de la postura contraria, más imparciales seremos y más datos podremos asimilar. Y en cuanto seamos capaces de ver más allá de las fuerzas que se nos oponen y de calibrar la naturaleza de esas fuerzas y cómo nos afectan, comprenderemos mejor tales fuerzas. De este modo, liberaremos nuestra mente del combate continuo con esas fuerzas, y podremos diseñar una estrategia para tratar con ellas de la mejor manera posible. La diferencia aquí estriba en el gasto de energía, de emociones y de libertad espiritual en los que incurramos.

Estaba meditando sobre el significado del caduceo cuando el relato de Jacob luchando con el ángel apareció de pronto en mi cabeza. No sabía por qué había aparecido, de modo que busqué el relato en la Biblia y me puse a contemplarlo. A través de una serie de acontecimientos sincrónicos, me di cuenta de un significado importante del caduceo, un significado que no había visto antes, referente al poder de la oposición.

En la imagen del caduceo, vemos dos serpientes entrelazadas en torno a un bastón, o a veces entrelazadas entre sí. Las dos serpientes se oponen mutuamente, enfrentadas, iguales y opuestas mutuamente. En cada punto del bastón donde los cuerpos de las dos serpientes se tocan, existe una confrontación, un contacto. En este contacto, las dos serpientes se impactan mutuamente, combinando sus esencias en la intimidad de la batalla. Pero, como ninguna de las dos serpientes resulta vencida, el crecimiento prosigue, y las serpientes pueden seguir ascendiendo. Las serpientes se habrían quedado reptando en el suelo si no hubieran tenido a la otra, oponiéndose, para poder elevarse. Es la fricción la que les permite elevarse del suelo. Si una de las serpientes —o ambas— hubiera intentado destruir a la otra en la pugna, ninguna de ellas habría podido ascender, pues cada una dependía de la otra para crecer, aunque dudo que las serpientes se hubieran tomado a bien este hecho. Y dado que cada serpiente se aprovecha del cuerpo de la otra para elevarse, al final les crecen alas, dado que ambas evolucionan al no matarse mutuamente. Este crecimiento y elevación queda simbolizado por las alas que se pueden ver en el extremo superior del caduceo. El peligro al lidiar con la oposición es siempre la muerte; pero, si no hay destrucción, hay crecimiento.

La historia de Jacob en el Génesis 32 nos habla del relato metafórico y oscuro del enfrentamiento entre dos hermanos. Pero, según los eruditos judíos, este relato nos cuenta, a un nivel más profundo, el enfrentamiento de un individuo con su doble o sombra, o como se le llama en la tradición hebrea, el *yetzer hara*. En la Cábala, y según los rabíes, este sencillo relato tiene grandes implicaciones para el trabajo de sombra y la identidad de oposición.

El Degel Mahane Efraim afirma que Esaú y Jacob, los gemelos que se peleaban en el vientre de Rebeca, simbolizan la lucha del *yetzer tov* y el *yetzer hara* en todos y cada uno de nosotros, una lucha que entablamos cada día de nuestra vida. El judaísmo enseña que toda persona tiene dos inclinaciones: el *yetzer tov*, la inclinación buena, y el *yetzer hara*, la malvada, con frecuencia entendida como la inclinación egoísta o autoprotectora. En nuestra tradición, al igual que en otros senderos religiosos, los seres humanos son vistos como si se hallaran en un campo de batalla entre estas dos inclinaciones aparentemente opuestas. Se nos suele decir que el *yetzer hara* es una fuerza negativa a la que el *yetzer tov* tiene que someter. Sin embargo, muchas fuentes en el judaísmo no hablan de la destrucción del *yetzer hara*, sino de la necesidad de transformarlo para la realización del bien en el mundo. Nuestra tradición enseña que se nos ha dado la capacidad de elegir el sendero moral, incluso cuando estamos bajo la influencia de la inclinación egoísta/autoprotectora. Disponemos de la capacidad de utilizar nuestro *yetzer hara* para hacer el bien. El Degel viene a decir esto, poderosamente, cuando afirma que la palabra *yitrozzetzu* (forcejear)... está relacionada con la palabra *ratzutz* (roto) en hebreo. Estas dos inclinaciones están siempre forcejeando dentro de nosotros, rompiéndonos por la mitad, desgarrándonos. A veces, la inclinación egoísta somete a la buena y, a veces, la buena triunfa sobre la egoísta/autopro-

Este relato es sumamente importante, pues parece representar simultáneamente tanto el combate de Jacob con su hermano, que es posiblemente su sombra, como el combate de Jacob con la mente superior, o yo superior, representado por el ángel.

A lo largo de su vida, Jacob tuvo innumerables problemas con su hermano gemelo, aunque primogénito, Esaú, que lo acosaba y lo aterrorizaba, incluso en el vientre de su madre, de forma parecida a lo que hacen algunas especies de tiburones, que matan y se comen a sus hermanos en el vientre materno para asegurarse de que son los únicos en nacer. Jacob recibe la noticia de que su hermano viene a su encuentro y se le dice que prepare obsequios para él. Pero Jacob se prepara en secreto para el combate, dividiendo sus campamentos y disponiendo sus armas. Aquella noche, según la traducción inglesa de la Biblia del Rey Jacobo, se le acerca un hombre. En los textos más tradicionales, como el Rashi Chumash, este «hombre» es o bien un ángel (posiblemente el ángel guardián de Esaú) o bien la propia conciencia de Jacob (algo así como Pepito Grillo para Pinocho), que podría ser un símbolo de su libido, si tenemos en cuenta la posición de la herida que Jacob recibe en la pelea. Esta entidad le pregunta a Jacob, «¿Qué estás haciendo?». Jacob le explica la situación al ángel para justificar por qué tiene que prepararse para la llegada de su malvado hermano. El ángel le dice que lo que tiene que hacer es preparar comida para dar la bienvenida a su hermano en su casa, pero Jacob no quiere hacerlo. Finalmente, Jacob y el ángel se traban por los brazos y comienzan a forcejear, se inicia la lucha. La palabra *lucha* es interesante, sobre todo aquí, dado que guarda relación con las dos serpientes del caduceo. En el Rashi Chumash, la palabra utilizada no es *lucha* en sí, sino *entrelazados* o anudados, de forma parecida a las dos serpientes en oposición. Algunos expertos afirman que el caduceo es una referencia de hecho al apa-

---

167. Rabí Cantor George Mordecai, «Drash on Parashat Tol'dot 2021». Página web de la Union for Progressive Judaism.

reamiento de las serpientes. El ángel vence en la «lucha», provocándole a Jacob una herida, que viene a decir que, cuando tiene lugar una buena competición deportiva, si las cosas llegan demasiado lejos, alguien termina herido.

Como el comentario del *Etz Hayim* indica, esta extraña historia y el cambio de nombre que la acompaña se han interpretado de diversas maneras. El «hombre» en Gén. 32:25 o el «ser divino» *(Elohim)*, en Gén. 32:29 y 31, se interpreta en la mayoría de los comentarios clásicos como un espíritu empeñado en hacer daño a Jacob. Podría ser el ángel guardián de Esaú (Génesis Rabbah 77:3) o, como se señala en comentarios más antropológicos, el guardián demoniaco del río que Jacob está a punto de cruzar. Sin embargo, podría ser que Jacob estuviera luchando con su propia conciencia, pues sale de ahí como un hombre transformado, un hombre íntegro (Gén. 33:18, *shalem),* en el sentido en que ahora se enfrenta a Dios y a los hombres en lugar de evitarlos o manipularlos. Y, en última instancia, esta historia puede ser simplemente un mito etiológico para explicar por qué los judíos no se comen el *gid ha-nasheh* ni siquiera de un animal kosher, traducido en la Jewish Publication Society como el «músculo del muslo» (Gén. 32:33), interpretado como el nervio ciático en la ley rabínica, aunque refiriéndose probablemente a los genitales del animal en su sentido originario.[168]

El lugar de la herida también es importante para el trabajo de la sombra, dado que son las entrañas,[169] específicamente el corte de *filet mignon,* y podría simbolizar la castración de la libido. Jacob, herido, acepta la recomendación del ángel, teniendo que someterse, que en los textos judíos esotéricos simboliza la sumisión del ego ante el espíritu, o el sometimiento de la inclinación a hacer el mal ante la fuerza del

---

168. Rabí Elliot Dorff: «Wrestling with God». Página web de la American Jewish University (4 Diciembre 2011).
169. Forma arcaica de designar los genitales. *(N. del T.)*

bien. El ángel le honra después dándole un nombre de ángel, Israel, reconociendo su evolución, de forma parecida a las serpientes que se elevan en el caduceo (y una referencia esotérica a Jacob recibiendo un título de Ba'al, un título honorífico, tal como se explica en el capítulo de la sombra de Saturno).

El espíritu me mostró, a través de este relato, que un israelita es alguien que hace el trabajo de sombra, que se compromete y avanza, como las serpientes por el bastón. Israel es un título honorífico para aquel que entabla la batalla de la sombra, la batalla con *hara,* la batalla con el espíritu. Claro está que no puedo hablar por el pueblo judío; esto es sólo lo que yo vi en el relato y a partir de mi investigación en la literatura rabínica judía.

Ejemplo en la naturaleza

Los conflictos entre animales de la misma especie son normalmente del tipo de «guerra limitada», por lo que no se causan heridas graves. Esto se explica normalmente mediante el concepto de selección grupal o de especie, pues el comportamiento beneficia a la especie más que a los individuos. Sin embargo, los análisis en teoría de juegos y en simulación computarizada muestran que la estrategia de «guerra limitada» beneficia tanto a la especie como a los animales individualmente.

—J. Maynard Smith y G. R. Price[170]

Vemos oposiciones constantemente, cada día, y la tendencia nos hace ver la oposición como enemigo, como alguien o algo a temer u odiar. Fíjate en las posturas opuestas en los medios de comunicación, en la política o el deporte. Es como si la sociedad tratara al opositor como al enemigo en el ring de un combate de lucha libre profesional, en un drama sensacionalista. Observa bien eso. Una ley de la termodinámica afirma que por cada fuerza en un sentido hay una fuera igual en sentido contrario; por cada acción, existe una reacción igual en sentido

---

170. En «The logic of animal conflict». *Nature,* vol. 246 (2 Noviembre 1973), pp. 15-18.

contrario. Todo esto se da simultáneamente. Es la realidad física que existe en el interior. Si vemos al «enemigo» como una contrafuerza de oposición, en vez de como una amenaza, estaremos más cerca de la verdad y nos elevaremos hacia las alas del bastón.

Epílogo

Las revelaciones de los eclipses

Al mismo tiempo, las estaciones cambiaban con el sonido del trueno. Observando las fuerzas en oposición que se esforzaban por traer los cambios en el mundo natural, la naturaleza me mostró que, a través de la fricción, se da el crecimiento más productivo. Los antiguos taoístas reconocieron que, sin esta energía de oposición, la vida pierde su vitalidad y se estanca. De ahí que un sabio fuera siempre un observador de la naturaleza. Cuando los obstáculos se hacen insuperables, uno siempre emula los caminos de la naturaleza.

KARI HOHNE, en *Tao Te Ching: The Poetry of Nature*[171]

UN ECLIPSE ES UN FENÓMENO NATURAL MUY IMPORTANTE para el ser humano que está intentando comprender el trabajo de sombra, la astrología y lo oculto. El eclipse es la manifestación física del ocultismo. Mucha gente asocia la palabra *oculto* con algo malvado, pero la palabra significa simplemente *velado*. En astronomía, una ocultación tiene lugar cuando el objeto A se oculta del observador en el momento en que el objeto B pasa entre A y el observador; por ejemplo, cuando la Luna

---

171. *El Tao Te Ching: La poesía de la naturaleza.* Sin traducción al castellano.

oculta al Sol, pasa entre el Sol y la Tierra, y te impide ver el Sol. Durante una ocultación, un objeto se esconde tras otro, y eso es esencialmente lo que todos nosotros somos. Ésta es la naturaleza del trabajo de sombra en sí. En nuestros puntos ciegos hay profundos conocimientos, y una de las mejores oportunidades para ver reflexiones de significado es durante un eclipse. La definición de eclipse está estrechamente relacionada con la definición de lo oculto. Estamos ocultos tras otra cosa, y sólo podemos aparecer bajo determinadas condiciones. Tú estás oculto detrás de tu cuerpo, que la Tierra misma representa. Curiosamente, los eclipses marcan un importante inicio de las ciencias, dado que los eclipses fueron uno de los primeros fenómenos que fueron probados merced a una teoría basada en hallazgos astrológicos.

La importancia de una ocultación o un eclipse estriba en que el eclipse muestra la oposición a través del contraste; y, a través de un contraste de oposición, tú puedes obtener conocimiento de la cosa en sí misma. Mediante la totalidad de la cosa *y* la no-cosa —es decir, el inverso de la cosa—, tenemos que enfrentarnos a la noche, a lo que no somos, para obtener conocimiento. Abrazarse a la luz *y* a la oscuridad brinda conocimiento a través tal definición, pues nos encontramos en algún punto entre las polaridades.

Una de las principales razones por las cuales la astrología es una herramienta tan valiosa para el trabajo de sombra es porque las ocultaciones nos proporcionan un período temporal, una envoltura o un portal, para revelar aquello que ha sido ocultado y traerlo a la luz. Irónicamente, esto se realiza arrojando una sombra, proporcionando una oposición. Es algo así como utilizar la mano para hacer un teatro de sombras chinas en la pared, pues las sombras que arrojan los planetas durante ocultaciones y eclipses son momentos especiales donde se puede revelar la gnosis. Puede haber ocultaciones con objetos celestes aparte del Sol y la Luna, y existen ventanas en la energía de la sombra que son decisivas para la conciencia humana. Mi consejo es elevar la conciencia hasta estas influencias y sentirlas.

Los eclipses llegan a pares; dos eclipses se acoplan y se doblan en función de las relaciones del Sol y la Luna. Uno de los eclipses es de Sol, el otro es de Luna. Se forman juntos en períodos de tiempo, y conviene mirar en las sombras que arrojan para ver qué energías hay presentes. Si descubres que va a haber un eclipse, echa un vistazo a su sombra en este libro, bajo la posición de la sombra del Sol o la Luna en el zodiaco, para comprender qué hay que buscar.

Durante un eclipse solar, se nos ofrece información referente a nuestro ego personal. También se nos da información referente al ego en sí, qué es y cuál es su naturaleza. Es más probable que veamos al ego en los demás y no en nosotros mismos porque en la naturaleza del ego está proyectarse; el ego tiende a desviarse, a ocultarse, y sólo ve el mal en los demás, y no en sí mismo.

El ego, al igual que el Sol, tiene la poderosa habilidad de eclipsar todo lo demás que se encuentre a la vista. Cuando el Sol brilla durante el día, te impide la visión de las demás estrellas del cielo. No puedes ver las estrellas cuando el Sol está en el cielo. Del mismo modo, el ego bloquea la visión de todo lo demás en su cegadora necesidad de adulación y atenciones.

Yo tuve una experiencia, cuando aún estaba activa en esa entidad tóxica que son las redes sociales, que me ayudó a comprender todo esto. Yo había hecho un *post* en una red social intentando llamar la atención sobre la intolerancia de muchas personas con las brujas. En el *post,* compartía un artículo de la *US News and World Report* acerca de Lady Gaga. Después de compartir aquel *post,* que yo pensaba que había sido claro y directo, me vi de pronto abrumada por los comentarios de personas que se habían centrado en la figura de Lady Gaga, en vez de en el tema que yo había pretendido sacar a colación. Aquel *post* tomó otros derroteros y descarriló, simplemente, porque establecía un vínculo con el nombre y el ego de Lady Gaga, que se apoderó de todo el *post,* eclipsando todo lo demás que yo pretendía decir. Fue ciertamente un fenómeno que observé con gran interés.

Si te estás preguntando ahora qué cotilleo estaba compartiendo yo acerca de Lady Gaga, quizás es que tú también estés bajo el influjo del ego; pero no te avergüences por ello, dado que éste es un fenómeno que merece ser reconocido. El artículo de la *US News and World Report* era un *fact check,* una verificación de hechos, donde se afirmaba que Lady Gaga no era una bruja. En aquel artículo se hacía referencia a una larga cadena de campañas de difamación con las que se intentaba embarrar la reputación de personas diciendo que eran brujas y que comían bebés. Lo que yo intentaba señalar en el *post* era que *US News* no había limpiado con ello el nombre de las brujas, y añadía que las brujas no comen bebés; el artículo se centraba en limpiar el nombre de Lady Gaga de la acusación de brujería, en vez de corregir la falacia de acusar a las brujas de comer bebés. Ninguna de las personas que leyó el *post* pareció comprender esto, y todas ellas procedieron a hacer comentarios sobre la presencia egoica de Lady Gaga, insultando a Lady Gaga con comentarios poco amables, al estilo de los *trolls*. Fue toda una revelación en el trabajo de sombra del ego, pues me di cuenta de que yo podría no haber dicho nada en absoluto, y todo el mundo se habría quedado con el nombre de Lady Gaga, con su ego eclipsándolo todo.

La importancia del eclipse solar para el trabajo de sombra

El eclipse solar permite observar y percibir cómo emergen a la superficie y se hacen visibles los egos de las personas. Observa a los demás y obsérvate a ti mismo en esos momentos si buscas alguna revelación acerca del ego, quién lleva qué máscara y qué respuesta suscita en ti. Luego, busca en este libro la posición del eclipse en el zodiaco, en función de cuándo ocurra, y compara y contrasta las tendencias que observes, los sentimientos que te evoque y todo aquello que tus amigos y seres queridos puedan sacar a la luz en esos momentos. El eclipse solar ofrece también la rara oportunidad de observar las tendencias colectivas de aquellos sucesos que aparecen en las noticias y de las cosas que puedan hacer personas destacadas y celebridades, que reciben mucha atención. ¿Qué deseos emergen en tu ego en esos momentos? ¿De quién tienes celos o envidia durante estos acontecimientos? Quizás te parezca extraño centrarte en tus celos o envidias, pero éstos pueden proporcionarte gran cantidad de información acerca de tus deseos. Céntrate en lo que te dicen acerca de ti mismo, y no apuntes a matar a nadie con ellos.

Hay un pasaje de la crucifixión de Jesucristo en el que se lamenta y grita en su oración a Dios, algo extraño en Jesús porque, al igual que Job, Jesús no solía quejarse a Dios. Éste es el pasaje:

Existe cierta controversia entre los expertos, tanto en ámbitos cristianos como judíos, en lo relativo a la traducción de la palabra *abandonado.* Los cristianos lo suelen ver de un modo diferente porque resultaría incomprensible que Dios hubiera abandonado a su hijo. Sin embargo, si leemos todo el fragmento, veremos que dice que el cielo se oscureció, algo que, para la mayoría, significa que hubo un eclipse solar.

Lo más probable es que Jesús hablara arameo, y que sus palabras hubieran sido *Eloi, Eloi, lema sabachthani?* Sin embargo, los autores del Nuevo Testamento escribieron en griego, y el pasaje de Mateo decía originalmente: *Thee mou, thee mou, hinati enkatelipes?* La palabra griega *enkatelipes,* que puede aparecer también como *egkataleipo* –que normalmente se traduce como «abandonado»– significa también «dejar atrás» y tiene una conexión etimológica con la palabra *eclipse.* La raíz griega de eclipse es *ekleipsis,* que a su vez se deriva de *ekleipein,* un término griego que significa «dejar fuera, abandonar». Pues bien, mi guía espiritual personal me reveló que la crucifixión de Cristo es una metáfora del sufrimiento de nuestro propio ego, que es dañado por los demás, castigado, humillado y avergonzado delante de la multitud. Y las escuelas esotéricas caracterizan también la crucifixión de Cristo de esta manera, siendo habitual entre los iniciados de las tradiciones esotéricas pasar por pruebas y tribulaciones que imitan las pruebas de Cristo, la muerte del ego.

Estas palabras aparecen en otra parte de la Biblia, por ejemplo, en el Salmo 22.

La aparente traición de Dios a Jesús refleja de algún modo la traición de Caín a Abel. Caín comete el primer asesinato, el de su hermano, a causa del odio y la envidia. El nombre hebreo Abel significa unas cuantas cosas: puede significar un vacío, un espacio vacío, y también una cosa creada para ser destruida. Algo creado para ser destruido puede que no le diga mucho a la mayoría de las personas en nuestros tiempos, pero si viajáramos en el tiempo sabríamos que estos ídolos sacrificiales se hacían para los dioses de los cereales y las cosechas de la tierra; y otra palabra para designarlos es *perros de paja.* Jesús dijo que su destino era sólo el haber sido creado para la destrucción, lo cual es un lamento sobre el destino de Abel y un reproche por su asesinato, ordalía por la cual también pasó Jesús.

El ego quiere que se le reconozca, no ser abandonado en su momento de mayor necesidad. El ego quiere que todo el mundo lo conozca, lo quiera y lo respete, tener una tumba donde se le recuerde y no ser abandonado como un montón de huesos en el Gólgota. Sin embargo, al sufrir la humillación, el ego crece hasta superar este estado y sumergirse en su muerte, donde sufre una transmutación. El eclipse nos proporciona una ventana a las heridas de nuestro ego y exige que nos enfrentemos a él y tratemos con él en nuestro interior. Los cristianos dicen que ya no hay necesidad de esto, dado que Cristo cumplió con su papel de perro de paja. Y a mí me gustaría que esto fuera cierto, pero las noticias que nos llegan a diario parece que están reproduciendo la historia una y otra vez, sacrificando a uno detrás de otro.

Cuando mi *doppelgänger* se reveló ante mi conciencia durante un eclipse solar, lo vi en su integridad. Él no dejaba de repetirme «¿Y qué hay de mí?», como si hubiera sido abandonado. Fue tras este suceso que se me llevó a las citas de arriba de Mateo y al Salmo 22. Y, mientras estaba escribiendo esto en mi ordenador, el texto se ha vuelto blanco, aunque yo no había seleccionado tal color, de modo que he decidido dejarlo así. Mi sombra está hablando a través de las páginas de este libro, invirtiendo el color del fondo para convertirlo en negro.

La importancia del eclipse lunar
para el trabajo de sombra

El eclipse lunar nos permite echar un vistazo sobre la naturaleza oculta de nuestras emociones y temores. Cada vez que haya un eclipse lunar, presta especial atención a todo cuanto salga reptando desde las sombras. Mi consejo es que sigas de cerca el rastro de tus sentimientos, que tomes nota de las emociones negativas que te asalten a ti y a los demás en esos momentos. En mi trabajo he tomado nota de temas y patrones de rupturas, peleas entre parejas y en familias, y estallidos sociales durante los eclipses lunares.

El eclipse lunar es especialmente bueno a la hora de revelarnos cuál es nuestra respuesta defensiva básica. Estas respuestas pueden ser lucha, huida, parálisis, ocultación y sumisión, de modo que, durante el eclipse, fíjate en cuál es tu actitud por defecto si tienes un encontronazo o un altercado con alguien. ¿Cuál es tu defensa preferida como último recurso? ¿Cuál es la respuesta básica de tus seres queridos? Simplemente, obsérvala e identifícala; aprende de ti mismo y de los demás viendo qué tipo de criatura se presenta en esos momentos.

Los eclipses lunares nos proporcionan una magnífica oportunidad para desvelar nuestra oscuridad emocional y transmutar parte de ella. Se nos da la oportunidad de elevar a la conciencia los aspectos más oscuros y menos trabajados de nuestras sombras lunares. Lo más probable es que veas las sombras lunares emocionales de los demás durante estos momentos, y me he dado cuenta de que, si soy consciente de que lo que está ocurriendo es obra de la sombra, mi reacción ante ella se hace más llevadera y puedo guiar a los demás para que la superen o, al menos, puedo ofrecer posteriormente alguna idea para que puedan ver lo que ha sucedido desde otra perspectiva. Si conservo la conciencia de la energía del eclipse y de cómo me afecta, me doy cuenta de que también puedo evitar algunos errores al sentir mis emociones en lugar de proyectarlas. No siempre lo consigo, pero, al prestar atención, puedo ver lo conseguido gracias a la atención puesta.

Muchas de las interacciones y comunicaciones que tenemos con los demás no llegan a establecer contacto, aunque nos gritemos directamente en los oídos. La sombra intenta utilizar al otro para dejar a la vista al yo, para que podamos vernos con nuestros propios ojos, pero a menudo nos perdemos la imagen. Si la sombra es densa, no conseguimos avanzar en nuestras relaciones porque la sombra tiñe nuestras gafas con sus propios colores; es decir, proyectamos nuestro yo sombrío en la otra persona y, de este modo, no vemos con claridad ni al otro ni a nosotros mismos. Y así, la proyección mutua nos deja atascados en un ciclo de aislamiento y distanciamiento. Las traiciones y los comportamientos sombríos que nos arrojamos mutuamente nos provocan dolor, sufrimiento, y nos quedamos con la sensación de que el otro es inhumano, de que no tenemos nada que ver uno con otro, dando lugar a sucesivos cismas en la sensación inhumanidad. Porque, ¿cómo se podría comportar así el otro si fuera humano? ¿Por qué no me ve? Tenemos la sensación de que algo no va bien en nuestra cabeza cuando creemos que nos hemos explicado, que nos hemos comunicado, que hemos abierto el corazón, sólo para constatar que la otra persona ha distorsionado todo cuanto hemos dicho, como un tabloide al interpretar las noticias, que lo retuerce todo para que encaje con determinada lente o narrativa. La verdad queda hecha pedazos, como un espejo que se estrellara contra el suelo, con cada esquirla reflejando algo completamente distinto. El sufrimiento que causa la sombra es un sufrimiento de aislamiento, que nos distancia, que nos impide tocarnos, que bloquea el amor, la comprensión y la compasión.

Pero ten cuidado en el modo en que indicas a otra persona la presencia de la sombra cuando la veas, amigo, pues lo primero que ocurrirá cuando intentes iluminar una sombra será que te atacará como si en ello le fuera la propia vida.

Conciencia es conocimiento y vida; inconsciencia es ignorancia y muerte. Si somos conscientes de la existencia de algo, sabemos que existe una relación entre nosotros y ese algo. Si no somos conscientes de su existencia, ni nosotros ni ese algo dejaremos de existir, pero no reconoceremos la relación que nos vincula. Tan pronto como comencemos a darnos cuenta de esa relación, la naturaleza del objeto percibido en la esfera de nuestra mente se convertirá en parte de nuestra constitución mental, y comenzaremos a vivir en relación con él.

Entonces, lo poseeremos en nuestra conciencia, y podremos retenerlo allí merced al poder de la voluntad.

Franz Hartmann, en *Magic White and Black*[172]

---

172. Trad. cast.: *Magia blanca y negra.* Biblioteca Orientalista de Ramón Maynadé, Barcelona, 1929.

Recursos

Para levantar cartas natales gratuitamente, recomiendo la página web **Astro.com**

Para más información sobre lecturas y consultas de cartas astrológicas conmigo, Maja D'Aoust, así como sobre mis escritos, mi arte y otros proyectos, visita **Witchofthedawn.com**

Para aquellos lectores interesados en continuar con su trabajo de sombra, recomiendo los siguientes libros.

BASTIAN, S.: *The Way of Demons: Shadow and Opposition in Taoist Thought, Ritual, and Alchemy.* Hadean Press, Keighley, Inglaterra, 2020.

HOLLIS, J.: *Swamplands of the Soul.* Inner City Books, Toronto, Canadá, 1996.

MEADOR, B. de S.: *Inanna, Lady of Largest Heart: Poems of the Sumerian High Priestess.* University of Texas Pres, Austin, 2001.

NAYDLER, J.: *Shamanic Wisdom in the Pyramid Texts: The Mystical Tradition of Ancient Egypt.* Inner Traditions, Rochester, VT, 2004.

READ, J.: *Fox Magic: Handbook of Chinese Witchcraft and Alchemy in the Fox Tradition.* Mandrake of Oxford, Oxford, Inglaterra, 2021.

STARHAWK Y MACHA NIGHTMARE, M.: *The Pagan Book of Living and Dying: Practical Rituals, Prayers, Blessings, and Meditations on Crossing Over.* HarperOne, San Francisco, 1997.

WANG, W. C. Y JI, W. C.: *Honoring Darkness: Embrace Shadow Work to Nourish and Grow Your Power.* Soulfully Aligned Publishing, Toronto, Canadá, 2022.

WOLKSTEIN, D. Y KRAMER, S. N.: *Inanna, Queen of Heaven and Earth: Her Stories and Hymns from Sumer.* Harper Perennial, Nueva York, 1983.

Zweig, C.: *Meeting the Shadow on the Spiritual Path: The Dance of Darkness and Light in Our Search for Awakening*. Park Street Press, Rochester, VT, 2023. (Hay traducción española, *Encuentro con la sombra*, Editorial Kairós, Barcelona, 2020).

Índice analítico

Índice